아이의 잠재력을 깨워라

암 백신 명의 래리 곽 박사의
힐링 자녀교육법

아이의 잠재력을 깨워라

래리 곽·루스 곽 글 | 박선아 옮김

푸르메

부모의 사랑은 시간이다

우리의 부모로서의 여정은 아직 끝나지는 않았지만 확실히 모험이었다. 우리는 지난 25년 동안 네 자녀를 키워오고 있다. 열여덟 살인 막내아이가 대학 입학을 위해 올 가을에 집을 떠나면 26년간의 양육이다.

미리 말하고 싶은 것은 이 책은 자녀 교육 지침서가 아니다. 우리 또한 전문가도 아니다. 우리의 자녀들이 지금까지 잘해주었지만 재능과 성취 면에서 그들을 훨씬 능가하는 많은 아이들이 있다. 이 책은 단지 한 가정의 아버지와 어머니로서 자녀들의 신체적, 정신적, 감정적, 영적, 그리고 학문적 잠재력을 최대한 깨워주기 위해 같은 목표를 가지고 함께 노력한 부부의 팀워크에 관한 책이다.

아시아 문화권의 많은 아버지들은 그들의 존재가 자녀들에게 얼마나 중요한지를 깨닫지 못하고 있다. 대다수 아버지들이 소극적인 역할만 할 뿐이며, 아예 아무런 역할을 하지 않는 아버지도 많다. 어머니들은 자녀들의 행복과 교육의 모든 면에 책임을 지며 거의 혼자의 힘으로 그들을 양육하느라 매우 힘들고 지친 상황이다. 동서양을 막론하고 어떤 아버지들이 그들의 자녀들을 사랑하지 않겠는가. 그러나 많은 아시아계 아버지들은 그들의 자녀들에게 어떻게 사랑과 관심을 전해야 하는지 그 방법을 모르는 것 같다. 단순히 말해서 '사랑은 시간'이다. 자녀들과 함께 시간을 보내게 될 때 그들은 부모의 사랑과 헌신을 알게 된다. 옛말에 "사람들은 자신이 중요하다고 생각하는 것을 위해 시간을 투자한다"고 했다. 자녀와 함께 시간을 보낸다는 것은 삶의 우선순위를 완전히 새롭게 정리하는 적극적이고 신중한 선택이다.

래리는 일찍부터 불가피한 경우가 아니라면 일이 가정보다 앞설 수 없다는 결단을 스스로 내렸다. 대부분의 저녁시간에 집에 있을 수 있도록 시간 관리를 했고 출장을 가야 하는 경우에는 그 기간을 최대한 단기화했다. 직장과 가정, 모두에서 자신의 효율을 극대화하기 위해 가족이 함께 참석하지 않는 활동은 사절했다. 심지어 골프를 향한 그의 열망도 뒤로 미룰 정도였다. (아이들을 다 키운 지금은 꽤 멋진 골퍼이다.)

그동안 아내를 돕기 위해 아이들에게 수많은 시간과 책임을 다한 래리의 헌신에 감사한다. 래리의 헌신은 아이들이 어렸을 때 기저귀를 갈고, 목욕을 시키고, 침대맡에서 책을 읽어주고, 그들이 자라남에 따라 밖에 데리고 나가 놀아주고, 숙제와 악기 연습을 도와주고, 그들의 운동팀의 코치를 하고, 소풍을 갈 때 함께 가주었던 육체적인 헌신 그 이상의 것이다.

그는 아이들에게 그보다 더할 수 없는 맞춤형 조언자였고, 그들을 다듬어가는 옹기쟁이였으며, 바른길로 인도하는 인도자였다. 그리고 그는 항상 한걸음 뒤에서 아내를 뒷받침해준 성실한 조력자였다. 우리는 서로의 실수를 나누며 한 팀으로서 일하는 법을 배웠고, 열심히 노력할 뿐만 아니라 웃음과 기쁨이 가득한 단란한 가족을 만들어가기 위해 부단히 노력했다. 돌이켜보면 잘한 것도 있었고 잘하지 못한 것도 있었다. 우리 가정은 완벽하지도 못했고 지금도 여전히 완벽하지 못하다. 래리 또한 완벽한 아버지는 아니었지만 최선을 다해주었고 하나님께서 우리에게 네 명의 자녀를 맡겨주셨다는 믿음이 있었기에 매일매일의 도움과 인도를 하나님께 구하며 함께 전력했다.

우리는 한국의 아버지들이 이 책을 읽고 좀더 많은 시간을 자녀들과 함께하고, 그래서 자녀들과 더욱 친밀한 관계를 형성하기 위해 그들의 가장 소중한 자산인 시간을 자녀들에게 투자할 수 있기를 소망한다. 이 책이 그런 계기나 동기가 되면 더 바랄 게 없겠다. 그렇게 되기를 소망하며 기도한다.

가족과 아버지들의 능력을 믿으며……
2012년 5월 미국 휴스턴에서
래리 원신 곽과 루스 정은 곽

차례 🌿

타국에서
소수민족으로 살다

부모님은 수시로 내가 타국에서 태어난 부모 아래서 자라는 이민 2세대임을 상기시키며 성공하기 위해서는 다른 사람들보다 더 열심히 일해야 하는 것이 얼마나 중요한지를 늘 강조했다. 부모님은 행여나 노출될 수 있는 차별을 극복하기 위해 근면하게 일해 다른 사람들에게 존중받는 것이 중요함을 항상 일깨워주었다.

❟ 한국계 미국인으로서의 본질적인 난제

여러 면에서 나의 부모님은 전형적인 이민 첫 세대였다. 그분들은 타국에서 소수민족으로서 언어의 장벽과 낯선 문화에 직면하여 어떻게 살아야 할지를 잘 알았다. 많은 다른 이민 가정처럼 부모님은 내 동생과 내게 단지 개인의 성공을 위할 뿐 아니라 타국에서 소수민족의 신분으로 성공하기 위해 열심히 일하는 것이 얼마나 중요하며 그 성공의 가치가 얼마나 큰 것인지를 수시로 일깨워주었다.

아버지가 캔자스 주립대학교의 조교수로 자리를 잡은 1965년, 우리 가족은 캔자스 주에 있는 로렌스라는 도시로 이사했다. 그때 내 나이는 여섯 살이었고 동생 사라의 나이는 두 살이었다. 로렌스는 캔자스 시티에서 차로 한 시간 가량 걸리는 위치에 있는, 인구 5만 명의 비교적 작은 중서부 도시이다. 교육도시였기에 중서부에 위치한 대부분의 다른 도시들에 비해 다소 진보적이기는 했지만, 여전히 정치·문화적으로는 뿌리 깊은 보수주의가 팽배했고 아주 작은 수의 소수민족만 살고 있는 도시이다. 여동생과 나는 우리가 다녔던 초등학교 학생 중 유일한 한국 사람이었다. 내 기억에는 고등학교 시절 일본계 미국인 학생이 한 명 더 있었다. 환경이 그러하다 보니 나는 내가 친구들과 다르다는 것을 늘 인식하고 있었다.

다행히도 나는 예민한 편이 아니어서 미묘하게 있었던 차별을 인식하지 못했을 수도 있다. 기본적으로 모든 아이들은 친구들 속에 섞이길 원하며 자신이 그들과 다르게 보이길 원하지 않는다. 한국계 미국인으로서 내가 경험했고 나의 자신감 형성에 영향을 주었던 세 가지 본질적인 난제가 있었다. 첫째, 나는 다른 아이들과 다르게 생겼다. (다른 친구들이 내 처진 눈꼬리를 놀리는 행동을 하면 내가 그들과 다르게 생겼음이 떠올랐다.) 둘째, 신체적 크기가 가치를 정하는 세상에서 나는 백인 동기생들과 친구들보다 작았다. 셋째, 나의 부모님은 강한 액센트가 섞인 말을 했으며 사회적으로도 친구 부모들과 다르게 행동했다.

내가 미국에서 자라면서 다른 아이들과 달랐던 또 다른 한 가지는 나의 할아버지와 할머니에 대해 몰랐던 점이다. 한국은 내게 멀리 떨어진 나라처럼 느껴졌으며, 나는 그곳의 사람들과 풍습에 대해 궁금했고, 자랑스러운 한국의 전통 유산을 더 많이 알고 싶었다. 그런데 한번은 외할아버지가 미국으로 출장을 왔다. 다행히도 외할아버지는 영어가 가능해서 함께 대화를 나눌 수 있었는데 한국에 대한 것과 외할아버지 본인의 이야기를 들을 수 있어서 매우 좋았고 흥미로웠다.

; 목표를 높게 가지라는 부모님의 가르침

모든 아이들은 그들의 친구들에게 받아들여지기를 원한다. 이 점에 있어서 우리 부모님은 참으로 현명했다. 부모님은 수시로 내가 타국에서 태어난 부모 아래서 자라는 이민 2세대임을 상기시키며 성공하기 위해서는 다른 사람들보다 더 열심히 일해야 하는 것이 얼마나 중요한지를 늘 강조했다. 부모님은 행여나 노출될 수 있는 차별을 극복하기 위해 근면하게 일해 다른 사람들에게 존중받는 것이 중요함을 항상 일깨워주었다. 그래서 초등학교 시절부터 성취의 기쁨을 배우도록 뭐든 성취했을 때는 인정을 해주고 상을 주었다. 내가 가장 좋아했던 것 중의 하나는 학기말 시험 후 좋은 결과의 성적표를 받으면 이를 축하하기 위해 근사한 중국 식당에서 저녁식사를 먹는 것이었다. 우리 가정은 거의 외식을 하지 않았기 때문에 이것은 내게 큰 기쁨이었다. 이같은 작은 보상은 성공에 따른 만족감을 경험할 수 있게 했다. 친구들로부터 듣게 되는 칭찬은 더 큰 만족감을 얻게 해주었다. 중학교와 고등학교 때 나는 친구들 사이에서 '가장 성공할 것 같은 인물'로 뽑혔다. 후에 과학 경시대회, 토론 경연대회, 그리고 음악 경연대회에서 상을 받았을 때 그 성취감 자체가 내게 큰 보상이 되는 것을 경험했다.

부모님은 또한 우리에게 책임감을 가르쳤다. 아주 어린 시절부터 쓰레기통을 비우거나 자기 전에 장난감을 치우는 등의 작은 집안일을 했다. 나이가 들면서 집안일의 책임 분량도 늘어 진공청소기로 바닥 청소를 도운 후 적은 금액이었지만 용돈을 받았다. 이것은 돈을 벌 필요 없이 일주일에 한 번씩 용돈을 받는 미국 친구들과는 다른 점이었다. 고등학교 시절 여름 방학에 했던 일 중의 하나는 식당에서 접시를 닦는 일이었다. 한번은 식당 매니저가 새벽 3시까지 바닥 청소를 시켰다. 아주 혹독한 경험이었다. 이 일을 통해 단순 노동일이 얼마나 힘든지를 깨닫게 되었고, 학교에서 열심히 공부하여 전문인으로서 경력을 쌓는 것이 더 낫겠다는 결정을 스스로 하게 되었다.

평소 열심히 일을 하되 즐겁고 편안한 일은 나중으로 미룰 줄 아는 것, 보다 나은 삶을 살기 위해 배움에 최우선 순위를 두는 것, 그리고 부모의 권위를 존중하는 것 등과 같은 한국 문화의 가치를 나는 가정에서 배웠다. 한편 나의 부모님은 또한 미국 사회와 미국 문화의 좋은 관습과 가치를 이미 본인들 스스로가 경험했기에 그것들을 자녀 양육에 적용할 수 있었던 것을 큰 행운으로 여기기도 했다. 예를 들면 부모님이 더욱 열린 환경을 제공해주어서 자유롭게 토론할 수 있었고, 우리의 재능과 흥미를 직접 찾아낼 수 있도록 여름 방학을 활용하여 음악 캠프나 과학 프로그램에 참석할 기회를 마련해줌으로써 장래에 대한 결정을 우리 스스로 내릴 수 있도록 하셨다.

개인주의와 독립성의 미국적 가치 또한 우리 가정에서 강조되었다. 타국에 살면서도 한국 문화의 가치를 보전할 수 있었던 것은 어머니의 독립적이며 단호한 성격 덕분이었다. 어머니는 항상 "군중이 달리는 반대 방향으로 달려라"라고 말씀하셨다. 미국 어머니들은 자녀들에게 방과 후에 텔레비전을 시청하게 하고(심지어는 아이들 방마다 텔레비전이 있었다) 다른 집에 가서 잠을 자며 노는 슬립 오버 파티(sleep over party) 참석을 허락하기도 한다. 그러나 나의 어머니는 이러한 양육방법에 동의

하지 않았다. 그래서 "군중이 달리는 반대 방향으로 달려라"라는 교훈은 미국 어머니들과 다른 양육방식을 가진 어머니 본인에게도 그들과 다르게 양육한다는 스트레스로부터 벗어나게 했다. 또한 이 인생 교훈은 지금도 여전히 나를 인도하고 있다. "공부 먼저, 놀이 나중"이라는 모토로 내 아이들을 가르칠 때도 흔들리지 않게 했고, 심지어 나의 연구에 있어서도 대부분의 과학자들이 암 백신 연구를 단념하고 다른 길을 찾았을 때도 나는 꾸준히 참고 백신 연구를 할 수 있었다.

결과적으로 우리 가정의 삶은 미국식과 한국식 생활이 잘 조화된 하이브리드였다. 우리의 식생활도 그랬다. 아침식사와 점심식사는 미국식이었고, 대부분의 저녁식사는 한국 음식을 먹었다. 그래서 나는 미국 음식과 한국 음식을 둘 다 즐기며 자랐다. 부모님이 한국어와 영어를 둘 다 하셨기 때문에 아주 어렸을 때에는 어느 정도 한국어를 하고 이해할 수 있었다. 하지만 부모님이 도미한 첫 세대 한국인이었기 때문에 그 당시에는(1960년대 초) 주변에 함께 놀 한국 친구가 없었다. 내가 유치원 때 한국어와 영어를 섞어서 사용해서 다른 친구들을 혼란케 하자, 부모님은 의도적으로 집에서조차도 내게 한국어 사용을 금하고 내가 미국 문화에 완전히 동화되도록 했다. 지금은 이상하게 들리는 이야기지만 당시에는 많은 이민자들이 비슷한 생각을 하고 있었다. 하지만 어른이 된 지금 나는 한국어를 유창하게 하지 못하는 것을 후회한다.

부모님은 항상 우물 안의 개구리가 되지 말고 목표를 높게 가지라고 가르쳤다. 내가 자람에 따라, 비록 지금은 작은 타운에 살고 있지만 세계적인 시각을 가지라고 주지시켰다. 큰 생각을 품게 하려고 동생과 나를 보다 넓은 교육·문화적 기회에 노출시켜주기도 했다. 유럽에서 교환교수로 안식년을 보내게 되었을 때는 가족들도 함께 데리고 가기로 결정하셨다. 그래서 나는 오스트리아 비엔나에서 미국 학교에 다니는 대신 독일 고등학교를 선택하여 일년 동안 공부했다. 이것은 세상을 향한 나의 시각을 넓혀준 큰 경험이었고, 학과 과정에서 비록 영어가 아닌 독일어로 된 수업을 들었지만 내 능력을 뛰어넘는 도전을 해봄으로써 또 다른 만족감을 맛볼 수 있었다. (나는 최고 학점을 받았다.)

❜ 참여하는 아버지로서의 각오

부모가 된 지금 나 역시도 내 아이들에게 넓은 세상을 경험할 수 있는 기회를 마련해주고 있다. 가령 다른 나라에 의학 학회나 과학 학회에 초청을 받아 연사로 가게 되면 때로는 아이들을 데리고 가 그들이 보지 못했던 다른 세상에 그들을 노출시키곤 한다. 한 아이씩 데리고 여행을 가는 것은 이제 우리 가정의 전통이 되었는데 이런 여행은 각아이들에게 개인적인 많은 추억을 남겨주는 특별한 시간이 되었다. 가장 인상 깊었던 여행 중 하나는 큰아이가 열두 살 때, 풍부한 문화유산과 역사를 자랑하는 독일의 베를린에 둘이 방문한 일이다. 둘째 아이와는 고등학생이었을 때, 스페인의 마드리드에 함께 가 고속열차를 타고유럽에서 가장 오래된 대학인 살라망카와 바르셀로나를 여행했던 것도 기억에 남는다.

1974년 아버지가 안식년을 마치고 유럽에서 미국으로 돌아오는 길에 나는 처음으로 가족들과 함께 한국을 방문했다. 내 나이 열다섯 살이었다. 당시만 해도 비행기를 타는 것이 감당할 만한 비용이 아니었고 손쉽지도 않았기에 부모님도 학생으로 미국에 도착한 후 20년 만에 처음으로 한국을 방문하는 것이었다. 우리는 한국 전역을 여행했는데, 경주나 부산과 같은 역사적인 장소와 한국의 문화를 배우는 것이 무척 좋았다. 처음으로 할아버지와 할머니도 만날 수 있었고, 그분들의 삶에 대한 이야기도 들으면서 강한 연대감을 느꼈다. 나는 지금도 할아버지의 따뜻한 성품과 미소가 생생하게 기억난다. 비록 대화를 나눌 수는 없었지만 장손인 나를 매우 자랑스럽게 여기심을 느낄 수 있었고, 할아버지 집에서 머물렀던 기간 동안 무척 편안함을 느꼈다.

경쟁이 치열한 학계에 몸담고 있던 아버지는 연구와 학교일로 딴 데 신경 쓸 겨를이 없었고, 그런 노력 끝에 마침내 정교수가 되었다. 당시 한국 문화에선 가치가 없었던 자녀의 스포츠 활동에 참석하는 일은 만일 그것이 주중이라면 우리 아버지에게도 우선순위는 아니었다.

상대적으로 주말과 휴일이 자유로운 아버지는 주말이면 주로 집에서 나와 동생을 위해 시간을 보냈다. 예를 들면 교육적, 문화적 기회들을 열심히 찾아 전통 음악 콘서트나 박물관 전시에 데리고 다녔을 뿐 아니라, 교육적으로 좋은 행사가 있을 때는 다른 도시도 마다하지 않고 한두 시간을 차로 달려가곤 했다. 이러한 아버지의 모습은 내 인생에 깊은 영향을 끼쳤고 내가 가정을 다스리며 참여하는 아버지로서의 역할을 하는 데 중요한 본보기가 되었음은 물론이다.

나는 어려웠던 나의 유년시절의 경험이 있었기에 내 자녀들을 어떻게 양육해야 할지를 구체화할 수 있었다. 나는 나의 장래 후손들에게 더 나은 환경을 마련해주기 위해 앞으로도 더 참여하는 아버지가 될 것을 스스로 다짐한다. 나는 내 아이들의 삶에 더 많이 참여하는 것을 삶의 우선순위로 삼아 아이들과 함께 풍성한 경험을 나누고 싶다.

Chapter 2

부모가 된다는 것

"나는 언제나 아버지가 되고 싶었고 아이를 돌보는 것을 내가 맡은 책임의 하나로 생각했었어. 그리고 재미있었어. 아들과 관계를 가지는 것이 좋았고 늘 피곤해했던 당신을 도와주고 싶었어."

나는 래리에게 항상 이 점에 대해 감사하게 생각하고 있다. 그는 늘 자신보다는 가족에게 우선순위를 두는 사람이었다.

🍂 루스를 만나다

교육도시에 살았던 것이 내게는 소중한 문화적 기회들을 제공해주었다. 예를 들면 고등학생으로서 대학 수업을 들을 수 있었고, 그래서 의학 연구에 일찍이 참여할 수 있었다. 고등학교 시절 나의 멘토(mentor, 의대 실험실에서 인턴십을 했을 때 많은 배움을 얻은 병리학자셨다)였던 분이 인체가 암과 싸우기 위해 면역체계를 이용할 수 있다는 한 개념을 소개해주었다. 나는 완전히 거기에 매료되어 그때 이후로 지금까지 그것을 연구하고 있다.

고등학교를 졸업한 후 나는 내과 의사와 과학자로서의 삶을 살고 싶은 열망이 생겼다. 나의 비전은 실험실에서 의학적 발견을 만들어 이것을 직접 환자에게 적용하여 암을 치료하는 것이었다. 그래서 내가 비록 스탠퍼드, 예일, 그리고 MIT에 합격했지만 나의 꿈을 이루기 위해 시카고에 있는 노스웨스튼 대학의 학사 겸 의학박사 아너스 프로그램 (B.S.-M.D. Honors Program)에 입학하기로 결정했다. 매년 단지 60명의 학생만 선별하여 뽑는 곳이었다. 무엇보다도 내 목표를 이룰 수 있는 가장 직접적인 길이었기 때문에 이 학교를 가기로 결정했다.

미국 내 리버럴 아트 칼리지(Liberal Arts College)*는 4년제 학부로 되어 있고 이 기간 동안 각자가 선택한 전공과목에 맞게 다양한 강좌를 들을 수 있다. 대학 2학년까지는 학생들이 자신의 전공을 생물학으로 할 것인지 아니면 역사나 영문학으로 할 것인지를 결정해야 한다. 예를 들어 의학을 전공으로 택할 학생들은 대학 졸업을 위해 선정해놓은 이수 과목 외에 의과 대학(pre-med) 과목을 이수해야 한다. 의학을 전공할 학생들도 역사나 문학 등의 폭넓은 지식을 배울 수 있게 하는 데 그 목적이 있다. 그래서 대학 4학년 학기 중에 대학원 입학시험을 치루고 각자가 원하는 대학원에 지원할 수 있게 된다. 의과 대학에 지원하는 경우 대학을 졸업한 후 4년을 더 공부해야 한다. 내 경우는 대학 4년을 2년 만에 마칠 수 있는 노스웨스튼 대학의 특별과정에 입학했기 때문에 대학교 3학년 때에 의과 대학에 입학할 수 있었다. 이 앞당겨진 2년 동안 나는 박사학위를 따기 위해 공부와 연구에 몰두할 수 있었다.

루스와 나는 바로 이 노스웨스튼 대학에서 만났다. 나보다 1년 후배인 그녀를 같은 한국계 학생모임에서 만나 우리는 1984년 6월 2일에

---

* 한국의 종합대학과는 조금 다르다. 보다 깊은 전공을 공부하기 전에 배워야 할 교양에 가까운 필수 과목을 배울 수 있고 학생과 교수가 의사소통을 원활히 할 수 있는 작은 규모의 대학으로 대학원은 없다. 대학원생이 없기 때문에 대학생들이 교수를 도와 연구를 하므로 오히려 더 깊이 공부를 할 수 있다.

시카고에서 결혼했다. 나는 노스웨스트 대학에서 종양 생물학 부분에 박사학위를 막 받은 직후였고, 루스는 시카고 대학의 사회복지학과에서 석사학위를 받은 후였다. 신혼여행 직후 일주일 만에 우리는 짐을 싸서 캘리포니아 주의 팔로알토로 이주했다. 거기서 나는 내과 레지던트를 시작했고 연이어 스탠퍼드 대학에서 연구원 기간을 끝마침으로써 8년을 훈련받았다.

‚ '듀라셀 건전지' 나단 (1986년 10월 21일)

_____ 루스   나는 래리가 어떤 아버지가 될지 전혀 짐작할 수 없었다. 나의 아버지는 내 인생에 거의 관여하지 않은 분이어서 과연 아버지가 해야 할 일과 하지 않아야 할 일이 무엇인지를 상상할 수조차 없었다. 목회자로서 나의 아버지는 교회와 다른 사람들의 필요를 채우는 일에 항상 바쁘셨기 때문에 가족과 함께 보낸 시간이 많지 않았다. 나는 이것을 부정적으로 생각하진 않았는데, 이유는 그러한 아버지의 모습이 내가 아는 전부였기 때문이다. 게다가 주변의 다른 한국인 아버지들을 보면서 나는 모든 한국인 아버지들이 가족과 함께 시간을 보내지 않는다고 생각했었다.

그러나 래리는 달랐다. 심지어 첫아이가 태어나기도 전에 앞으로 태어날 아이를 매우 신중하게 받아들였다. 태어날 아이를 위해 기도 제목을 만들자고 먼저 제안했고, 그래서 함께 그 태아를 위해 기도하기 시작했다. 우리는 주 단위로 태어날 아이에 대해 일반적인 것에서부터 세세한 것까지 기도하기 시작했다. 그즈음 래리가 읽은 책이 뱃속의 태아와 대화하는 것을 강조하는 내용의 책이었다. 그 후 래리는 나의 임신 기간 동안 매일 밤 몇 분씩 뱃속의 아이와 대화를 나누는 시간을 가졌다. 처음에는 래리가 서툴러서 상당히 우스웠으나 시간이 지나면서 익숙해졌고 어떤 때는 아이가 발을 차면서 반응하기도 했다. 래리는 네 번의 임신 기간 동안 모두 이렇게 각 아이들과 대화를 시작했다. (출생 전후로 각 아이를 위해 기도하는 것은 우리 삶의 중요한 일부가 되었다. 우리의 한계를 깨달았고 도저히 우리의 힘으로 할 수 없는 일이 있다는 것을 알기 때문에 래리와 나는 여전히 우리의 네 아이들을 위해 기도하고 있다.)

_____ **래리**　　아기가 태어난다는 것이 우리에게는 새로웠다. 그래서 함께 예비부모 출산교실에도 참석했다. 일주일에 한 번 한 시간씩, 6주에 걸쳐 임신 중에 있는 예비부모들에게 출산과정을 설명해주고 출산 중 옆에서 아내를 돕고 격려하는 아버지의 역할을 배우게 되는 수업이었다. 그 교육 과정 중 한 번은 아이가 옆으로 누워 있는 경우나 예상치 못한 응급상황의 경우에 출산 직전에 선택하게 되는 제왕절개에 관한 수업이 있었다. 평상시 별로 중요하지 않다고 생각하는 것에는 관심을 두지 않기 때문에 제왕절개 수업을 할 때 이런 드문 경우가 우리에게 일어나지 않을 것이라 여기고 주의 깊게 듣지 않았다.

예정일보다 빠른 어느 날 새벽 2시에 루스의 진통이 시작됐고 병원에 도착하자 산부인과 의사로부터 아이가 거꾸로 앉아 있어서 제왕절개를 해야 한다는 말을 듣게 되었다. 아이가 태어난다는 것도 새로웠지만, 내가 의사가 아닌 환자의 입장(정확히는 환자 보호자의 입장)으로 역할이 바뀐 상황 또한 매우 새로운 경험이었다. 내과 의사로서 나는 발생할 수 있는 모든 위험과 응급상황을 알고 있었지만 루스에게는 염려하는 모습을 보이지 않으려고 애썼다.

수술은 성공리에 마쳤다. 첫 아이 나단도 건강했다. 루스가 수술을 해서 병원에 며칠 더 머물러야 했기 때문에 나는 간호사로부터 어떻게 우유를 먹이고, 기저귀를 갈고, 목욕을 시켜야 하는지 등의 신생아를 돌보는 일을 자세히 더 배울 수 있었다. 거의 풀타임의 일처럼 느껴졌다. 퇴원하는 날이 되었는데도 여전히 불안하고 나만을 의지하며 혼자서는 아무것도 할 수 없는 갓 태어난 아기를 어떻게 돌봐야 할지 몰라 당황했던 기억이 난다. 이런 경험은 내 인생에서 몇 번 안 되는 순간이었다. 경험이 없었기 때문에 어떻게 해야 할 줄 몰라 염려했지만, 한편으론 아빠가 되는 것과 내 인생의 새로운 시대를 맞이한다는 생각에 기뻤다. 어머니와 장모님이 번갈아 보살펴주셨던 것이 크게 도움이 되었다. 어머님은 캔자스 주에서 피아노 스튜디오를 운영했고, 장모님 또한 시카고에서 사업을 했기 때문에 일주일씩밖에 머무를 수 없었지만 심리적으로 큰 위로가 되었고 실제로 많은 도움을 주셨다. (두 분은 우리가 네 아이를 낳았을 때마다 오셔서 도와주셨다.)

나단이 태어났을 때 나는 레지던트 3년차였다. 레지던트 동안에는 3일에 한 번씩 밤에 병원에서 환자를 돌봐야 했다. 3일에 한 번 꼴로 병원에서 밤을 새며 일하느라 잠을 잘 시간이 없었던 너무도 빡빡한 스케줄이었다. 밤을 샌 후에도 다음날 온종일 일을 해야 했다. 3일에 한 번씩 집에 들어갈 수 밖에 없었고 다음날 집에 들어가면 너무 피곤해서 휴식이 필요했다. 루스 또한 아기에게 우유를 먹이기 위해 밤에 여러 번 깨서 일어나야 했기에 피곤했다. 나는 퇴근을 하면 루스와 아이가 있는 집으로 부리나케 달려가 기저귀를 갈고, 목욕을 시키고, 우유를 먹였다. 같은 처지에 있는 다른 아버지들은 집에 가면 곧장 침대로 가서 누웠을 텐데 무슨 이유로 내가 그렇게 아이에게 했는지를 루스가 물어보곤 했다.

"나는 언제나 아버지가 되고 싶었고 아이를 돌보는 것을 내가 맡은 책임의 하나로 생각했었어. 그리고 재미있었어. 아들과 관계를 가지는 것이 좋았고 늘 피곤해했던 당신을 도와주고 싶었어."

_____ **루스**　나는 래리에게 항상 이 점에 대해 감사하게 생각하고 있다. 그는 자신보다는 가족에게 우선순위를 두는 사람이었다. 레지던트를 하는 동안 래리는 늘 고단한 상태였지만 언제나 나단을 돌보면서 내게 쉴 시간과 다른 일을 할 시간을 주었다. 하지만 당시에는 이런 래리의 도움에 진심으로 감사할 줄 몰랐다. 입양 사회복지사로 일주일에 두 번씩 일하면서 정신없었던 나는 새로 태어난 아이의 요구조차도 벅찬 새내기 엄마였다.

래리는 항상 집에 오자마자 곧장 아이 돌보는 일을 맡아주었다. 그리고는 나단이 잠든 후에야 논문을 쓰고 연구비 신청서를 쓰는 일을 시작했다. 나단이 순한 아이여서 배가 고프거나 졸리지 않으면 좀처럼 울지 않았기 때문에 우리가 그 시간을 잘 견뎌냈던 것 같다. 이것은 우리 가정의 정해진 일상이 되었다. 래리는 집에 돌아오면 아이들에게 완전히 헌신적으로 함께 놀아주고, 먹여주고, 목욕을 시켜준 다음 아이들을 침대에 뉘여 책을 읽어주고 기도해준 뒤에야 자신의 일을 시작했다.

그러다 래리가 출장이라도 가게 되면 아이들과 나는 모두 어려움에 빠졌다. 아이들은 아버지를 너무도 그리워했고, 나는 너무나 지쳐서 불만이 가득 찼다. 혼자 아이들을 돌보는 일은 무척 어려웠고 나의 한계를 벗어나는 일이었다. 다른 가족들이 근처에 살지 않았기 때문에 나는 래리만 의지했다. 지금 생각해보면 부담을 줄이기 위해 차라리 아기 봐줄 사람을 구했더라면 나았을 뻔했다.

그러나 우리는 둘이서 모든 일을 짊어지고 다른 사람들의 도움 없이 아이 넷을 키웠다. 그래서 나는 쉽게 스트레스를 받았고 몸이 지쳐서 화를 자주 내곤 했다. 아무것도 모른 채 뛰어다니며, 웃고, 소리 지르며, 행복한 시간을 보내고 있는 네 명의 아이들을 돌볼 힘이 필요하다고 하나님께 간절히 기도했다. 어떻게 이 아이들을 잘 양육할지를 고심하며 배워나갔다. 아이들은 때론 너무 지쳐서 소파에서 쭉 뻗어 자는 불쌍한 엄마를 완전히 잊어버리곤 했다.

_____ **래리**   내가 아버지가 된다는 사실에 무척 흥분되었다. 나단은 단순히 첫 아이가 아니었고 나의 '첫 아들'이었다. 무의식적으로 그 아이에게 높은 기대를 하게 되었고 아이가 나와 같은 기질을 가졌을 것이라 생각했다.

그러나 나단은 나의 예상과는 다르게 집중력이 있기보다는 지나치게 활동적이며 좀처럼 가만히 앉아 있기 힘든 아이였다. 도대체 멈출

줄 모르는 나단의 에너지 때문에 주일학교 선생님은 그 아이를 '듀라 셀 건전지'라고 불렀다. 나는 나단을 자기 나이보다 조금 빨리 학교에 보내고 싶었지만 소아과 의사는 반대하며 도리어 1년 후에 학교에 보내라고 권했다. 나단은 장난꾸러기였고 본인이 의도하지 않아도 가는 곳마다 사건 사고가 그를 따랐다. 사실 나단은 단지 생기 넘치는 아이였다.

아이가 초등학생이 되었을 때 나는 아이의 책상 앞에 계획표를 붙여놓고 계획대로 나단에게 글쓰기 연습을 시켰다. 쉽게 산만해지는 아이의 책상 위에 나는 일관성 있게 매일 각기 정해놓은 위치에 숙제, 공부할 어휘들, 숙제에 도움이 될 산수 문제들 그리고 읽을 소설책 한 권을 정리해놓았다. 이것들이 그나마 나단에게 체계를 정해주었고 내가 저녁시간 내내 아이의 경과를 지켜보면서 하루의 책임 분량을 마치게 했다. 비록 나단이 똑똑하여 고등학교까지 계속 우수한 성적을 받았으나 장난치기 좋아했던 아이와 나의 신중한 성향이 맞지 않았기 때문에 나단이 학업에 더 열의를 내지 않았을 때 나는 참기 힘들었다. 내 생각에는 나단이 충분히 잘할 수 있음에도 불구하고 다양한 대회에서 최상위 학생이 아니었고, 토론대회에서 최고도 아니었고, 축구나 야구팀에서도 최고의 선수가 아니었던 것에 무척 실망했다. 공교롭게도 아이는 그의 성과로 좌절하고 실망한 나의 마음을 읽었고, 이것이 아이의 자신감 형성에 부정적인 영향을 끼치고 있음을 알았다.

돌이켜보면 나단은 '대기만성형 아이'였는데 첫 아들이라는 이유로 짐 지워진 부모의 무거운 기대는 아이에게 정당하지도 현실적이지도 않았던 것 같다. 첫 아이가 나의 생각대로 완벽하게 해주기를 기대한 것은 비현실적인 생각이었다. 아이의 성격이나 기질은 전혀 고려하지 않았고 그 아이의 약점과 강점 또한 생각해보지 않았다. 나는 첫 아이가 성취나 학업 면에서 동생들을 위해서 길을 잘 터놓으면 동생들이 그 길을 순조롭게 따라갈 것이라고 여겼다.

그러나 그 아이의 인생을 향했던 나의 모든 수고와 공급이 헛되지는 않았다. 현재 나단은 집중력이 탁월할 뿐만 아니라 잘 훈련된, 열정이 넘치는 젊은 의학도가 되었다. 아내는 나단이 그렇게 아버지에게 눌려 지냈는데도 불구하고 여전히 유머가 넘치고 누구에게나 따뜻한 웃음으로 먼저 다가서는 청년이 되었다고 말한다. 그리고는 나를 가장 덜 닮은 큰아이가 나와 같은 기질을 많이 가진 사람으로 변했다면서 웃곤 한다.

나단과 너무 다른 벤자민 (1990년 9월 7일)

루스　　　한 번의 유산을 경험한 후 래리와 나는 둘째 아이를 가지기를 간절히 원했다. 벤이 태어났을 때 래리는 특별연구원 3년차였고 이때까지 풀타임으로 연구에 집중하고 있었다. 미국에서 의사가 되기 위해서는 상당히 오랜 시간을 훈련받아야 한다. 의과 대학을 마친 후 어떤 전공을 선택하느냐에 따라 레지던트로 3년에서 5년을 보내야 한다. 만일 부전공을 원할 경우에는 3년에서 4년의 특별연구원 기간을 마쳐야 한다. 특별연구원은 보다 더 자유로운 스케줄을 가질 수 있어서 래리는 더욱 열심히 아버지의 역할을 감당했다.

벤은 나단과는 반대로 잘 움직이지 않는 순한 아이였다. 벤은 혼자 잘 놀면서 늘 웃었고 항상 행복한 아이였다. 다른 아이들보다 좀 느렸지만 벤이 혼자 앉을 수 있었을 때 가장 좋아했던 놀이 중의 하나는 집 안을 소리치며 달리는 형을 지켜보는 일이었다. 나는 늘 벌어지는 이 광경을 바라보며 아들들을 주시해야 했다.

"벤, 이것 봐. 나는 비행기야!"

나단이 급히 위로 뛰어올랐다가 재빠르게 떨어졌다. 잠시의 고요함 이후 벤이 안도의 한숨을 내뱉었다. 벤이 무척 놀랐던 것이다.

"좋아 벤, 이제 나는 대포야!"

나단이 데굴데굴 거의 벤에게 부딪칠 만큼 가까이 굴러갔다. 다행히도 나단은 의도적이건 사고건 한 번도 벤을 다치게 하지는 않았다. 그러나 너무도 벤의 가까이에까지 가서 놀았다. 나단의 무모한 행동 때문에 나는 한 번도 아이들만 남겨놓을 수 없었다.

그러나 나단은 동생을 즐겁게 하는 데는 늘 탁월했다. 나단의 얼굴에 상처가 가실 날이 없었던 것에 비해 벤은 좀처럼 멍이 들거나 상처가 생기지는 않았다. 벤은 조금이라도 상처가 나거나 어딘가 베이면, 마치 대단한 부상이라도 입은 것처럼 행동했다. 아이의 상처에 밴드를 붙여주고 그 상처 위에 뽀뽀를 해주어야 벤은 기분이 나아지곤 했다. 어떻게 래리와 내가 저렇게도 기질이 다른 두 아이를 낳았는지 종종 믿어지지 않았다.

내가 자주 말하는 벤의 어린 시절 이야기는 아이가 혼자 낮잠을 자러 갔던 일이다. 다른 부모들은 내 말을 믿지 않았고 내가 과장해서 이야기하는 줄로 생각하곤 했다. 두세 살쯤 되었을 때 오후가 되어 벤이 피곤해지면 내게 다가와 말을 건네곤 했다.

"엄마, 나 졸려. 가서 잘게."

그러고는 2층 자기 방에 올라가 혼자 이불을 덮고 자곤 했다. 나단은 항상 졸리기는커녕 피곤한 기색조차 없었기에, 늘 아이와 씨름해야 했다. 그래서 나는 30분 동안 타이머를 맞추어서 나단 방에 넣고 이 타이머가 멈출 때까지 방 안에서 휴식 시간을 보낼 것을 권하곤 했다. 책을 읽어도 좋고, 누워도 좋고, 조용히 장난감을 가지고 놀아도 되지만 꼭 시끄럽지 않은 시간을 보내야 한다고 했다. 결국 아이는 엄마의 의도를 깨달았고 자기 방에서 조용히 있었다. 이 30분이 내게는 소중한 시간이었고 그때서야 소파에 누워 쉴 수 있었다.

둘째 아이를 임신했을 때 파트타임 직업을 그만두고 전업주부로 아이들과 함께 집에 있을 수 있게 되었다. 직장일과 집안일 둘 다 병행하는 여성들을 높이 평가했지만 정작 나는 두 가지를 잘 해낼 것 같지 않았다. 더욱이 육아 문제는 스트레스를 갖게 했다. 래리도 내 뜻을 받아주었고 심지어 내가 직장을 그만두었을 때 도리어 안심하는 눈치였다. 그러나 나의 수입이 없어지고 적은 연구원 월급으로 생활하기가 어려워 래리는 지역 병원에서 한 달에 서너 번 대기호출을 받는 가외의 일을 하곤 했다.

_____ 래리   벤은 성격과 외모에 있어 나단과 다른 아이였다. 나는 좀더 쉽게 그 아이와 동일시될 수 있었는데 그것은 나와 비슷하게

내성적인 성격이었기 때문인 것 같다. 벤은 혼자 자신의 드럼을 치며 행군하는 아이 같았다. 늘 앉아 있는 생활을 즐기고, 무엇이든 급할 게 없이 모든 것을 자기 속도로 했다. 걷기나 말하기도 다른 아이에 비해 느린 대신 먹는 것을 너무나 즐겨 외모는 퉁퉁했다.

그러나 나와는 다르게 별날 정도로 예술에 마음을 사로잡히는 아이였고 꽃과 식물에 관심이 많아 오랜 시간을 들여다보고 만지며 감탄하곤 했다. 운동에는 거의 관심이 없었지만 나는 나단에게 한 것처럼 벤에게도 다양한 경험을 하게 해주고 싶어 벤의 운동팀의 코치를 했다. 하지만 나단과는 반대로 다른 아이들보다 뒤처지는 그 아이의 운동 실력 때문에 다소 실망했다. (미국에서는 지역사회 안에 부모들이 직접 운영하는 운동팀이 있다. 아이들의 코치도 운동에 관심이 있거나 소질이 있는 부모가 자원하여 팀을 지도한다. 이러한 팀에서 나도 아이들 운동팀의 코치를 했다.) 벤은 경기장 밖 관중석에서 야구 게임을 보는 것을 더 좋아했고, 거기서 노란색 민들레를 따는 것을 더 흥미로워했다. 어린이 축구팀에서도 공을 향해 가장 늦게 달려드는 아이가 벤이었다. 팀 스포츠를 하면서 벤이 가장 좋아했던 한 가지는 바로 게임 후의 간식 시간이었다.

벤의 경우는 아이가 팀 스포츠에 참가해서 자신감을 기르거나 사회성을 기를 수 있기보다는 도리어 아이들과 섞이지 못하고 위축될 것 같았다. 이런 부정적인 경험을 하지 않기를 원했기 때문에 나는 관중으로서가 아닌 아이가 속한 운동팀의 코치가 되어 직접 아이의 삶에 관여하는 것이 중요하다고 느꼈다.

벤은 십대 초부터 음식을 엄청나게 많이 먹기 시작했다. 특별히 단

것을 너무 즐겼다. 아이러니컬하게도 지금 벤은 무척 활동적이고 몸매도 근사하다. 십대 말에 거짓말처럼 키가 크더니, 지금은 180센티미터 정도여서 우리 가족 중에서 가장 키가 큰 인물이 되었다. 벤이 키가 쑥쑥 크게 된 건 아무래도 성장시기와 맞물려 고등학교 때 테니스와 태권도를 열심히 한 게 원인이 된 것 같다. 그 아이는 또한 브라운 대학교의 럭비팀에 들어가 코가 부러지고 눈에 부상을 입은 것도 알지 못한 채 연습에 집중하기도 했다. 지금은 체육관에서 심혈관 운동과 역기를 들며 열심히 근육을 만들고 있다.

조숙한 아이 라이언(1992년 6월 30일)

루스   나와 두 아이들이 라이언의 임신 소식을 전했을 때 충격받던 래리의 모습이 지금도 생생하다. 래리가 막 문을 열고 들어왔을 때 나는 두 아들을 내 무릎에 앉히고 바닥에 앉아 있었다. 두 아이들이 흥분하여 뛰면서 아빠에게 소리쳤다.

"아빠, 엄마가 아기를 가졌어요. 우리는 여동생 아니면 남동생이 생길 거예요."

래리는 몇 분 동안 말이 없더니 어린아이처럼 활짝 웃기 시작했다. 그래서 나는 "여보, 나는 당신이 어떻게 그렇게 신이 날 수 있는지 모르겠어요?"라고 물었다. 래리는 "이제야 내 야구팀을 만들 수 있는 날이 가까워지고 있지 않아?"라고 대답했다. 비록 내가 두 명 이상의 아이를 가지길 원했지만 임신 초기에 늘 입덧이 심하여 걱정을 많이 했다. 나는 임신을 하면 기본적으로 석 달 동안은 속이 메스껍고 음식을 거의 먹지 못하며 매일 토하곤 했다. 어떻게 이것을 네 번이나 반복했는지 여전히 믿기지 않는다.

라이언이 태어난 후 래리와 '세 아들'은 주변의 이웃에게 사랑스러운 구경거리가 되었다. 래리는 라이언을 유아용 배낭에 넣어 등에 메고 나단과 벤을 데리고 뛰거나 자전거를 타고 공원으로 가기 일쑤였다. 예상대로 우리의 주말과 사회생활은 완전히 아이들 중심으로 전개되었다. 라이언이 걷기 전까지는 그런 대로 괜찮았다. 그러나 아이가 예상보다 빨리 걷기 시작했고 나단처럼 활동적이며 빨랐기 때문에 우리는 세 아들들을 따라다니느라 기진맥진하게 되었다.

여섯 살이던 나단은 라이언을 잘 참아주었고 돌봐주었지만 벤은 동생을 귀찮은 존재로 여겼다. 세 아이들은 많은 시간을 함께 보냈고 우리 집은 끊임없는 아이들의 비명소리와 웃음소리, 그리고 때로는 싸우는 소리로 가득 찼다. 라이언은 매우 따뜻한 아들이다. 지금도 그 아이는 형들에게 다정다감하다.

_____ 래리　　1992년, 메릴랜드 주의 베데스다에 있는 국립 암연구소에 교수로 임용되어 이사 왔을 때 루스는 임신 6개월이었다. 벤의 출생이 24시간 걸렸던 것에 비하면 라이언은 불과 몇 시간 만의 진통 끝에 세상 밖으로 나왔는데 이것은 그 아이의 성격을 보여주는 사전 예고 같았다. 라이언은 매우 빠른 속도로 발육했고 늘 형들을 바라보며 형들처럼 되고 싶어했다. 부드러운가 하면 수다스러웠고 언제나 반짝이는 눈을 가진 아이였다. 나단과 벤의 좋은 점만을 뽑아 합친 것 같

은 성격을 가지고 있었다.

라이언은 대단히 활동적이어서 항상 공을 차거나 던지기를 좋아했지만, 또한 장시간을 기차만 가지고 논다든지 열심히 책을 읽는다든지 미국 각 주의 수도들을 암기하는 등 집중력도 좋았다. 라이언은 상당히 조숙한 아이였다. 나는 가끔씩 그 아이의 어른스러운 표현에 놀라서 하던 일을 멈추곤 했다. 어느 여름날 라이언과 나는 미네소타의 숲에서 하이킹을 한 적이 있는데 그만 길을 잃어버렸다. 아이에겐 길을 잃었다고 말하지 않았는데 아이가 내게 말했다.

"아빠, 이쪽 길로 오지 말았어야 했어요."

라이언 역시 어릴 때 팀 스포츠를 했는데 나는 일찍부터 아이의 축구팀과 야구팀의 코치를 맡아서 했다. 나단처럼 몸이 작아서 상대적으로 덩치가 큰 미국 아이들 틈에서 운동하는 것을 힘들어했지만 빠르고 높이 뛰어서 운동 능력은 다른 아이들보다 우수했다. 아이가 운동을 잘하는 편이었기에 나는 그 팀의 코치를 하는 것을 즐겼다. 얼굴에 야구공을 맞은 안 좋은 경험 때문에 일찍 운동을 그만두었지만 결국에는 야구가 아이의 가장 좋아하는 운동이 되었다.

미숙아로 태어난 리틀 타이거 안나(1994년 8월 19일)

_____ 루스   내 인생에서 가장 충격적이었던 일은 넷째 아이의 임신이었다. 나는 더이상 아이를 낳을 생각이 없었고 도리어 아이들이 유아기를 벗어나기만을 학수고대하고 있던 참이었다. 그러다 임신 사실을 알고 눈물이 났다. 또 아들을 낳겠지, 라는 생각을 떨칠 수가 없었

다. 세 명의 아들을 낳은 후 내가 또 아들을 낳지 않을 거라고는 상상하기 어려웠다. 아들 셋을 키우며 나는 정신적으로 육체적으로 지쳐 있었고 라이언은 아직 17개월이었다.

래리의 직장으로 전화해 그의 목소리를 듣자 나는 울컥하며 울음이 쏟아졌다. 래리는 집에 무슨 안 좋은 일이 일어난 줄 알고 깜짝 놀랐겠지만 전화를 안 할 수 없었다. 남편도 임신임을 알았을 때 분명히 충격을 받았겠지만 자신의 감정을 표현하지 않고 오히려 넷째 아이를 가진 것이 얼마나 축복이며 행운인지를 강조하며 나를 안심시켜주는 것이었다. 래리는 말이 많은 편이 아니었고 말보다는 행동이 앞서는 사람이었다. 지금 정확한 남편의 말은 생각나지 않지만 당시 나는 래리와 통화하며 위안을 받았고 남편과 내가 함께 가정을 이루고 있음이 새삼 감사하게 느껴졌다.

래리가 설명해준 대로 비록 임신중독증 때문에 유도분만을 한 데다 난산이었지만, 딸을 낳았다는 것이 나로서는 경이롭고 놀랍기까지 했다. 다시 래리에게 여러 차례 딸을 낳은 것이 사실인지를 물었던 기억이 난다. 안나는 두 달이나 먼저 미숙아로 태어나서 너무 작았고 연약해 보였다. 몸은 작았지만 그래도 울음소리가 크고 사나워서 신생아 중환자실 병동의 간호사들이 '리틀 타이거'라는 별명을 붙여주었다.

하지만 이렇게 미숙아로 태어난 막내 딸아이가 아버지의 기질을 가장 많이 물려받았다. 위의 오빠들보다 더 집중력과 추진력이 있고 인내심도 많고 심력이 강한 것을 믿기 어려울 정도이다. 그러나 이런 좋은 기질을 많이 가진 반면에 이 아이를 양육하는 것이 쉽지 않아서 나와 남편에게는 그새 많은 흰 머리카락이 생겼다. 우리의 백발의 책임은 우리 딸에게 있다고 생각한다. 아마도 그 아이의 오빠들도 흰 머리카락을 일찍 얻게 될 듯싶다. 래리는 늘 이렇게 말한다.

"나는 딸이 있어서 너무 좋고 모든 가정마다 반드시 딸이 있어야 한다고 생각해. 그러나 한 명이면 족해."

래리　　안나가 태어났을 때 나는 두 달을 일찍 태어나 사투를 벌이고 있는 딸아이의 신생아 중환자실 병동과 루스가 누워 있는 병동 사이를 뛰어다녀야만 했다. 안나는 1.59킬로그램의 몸무게로 태어났지만 아이의 목소리와 울음소리는 아이의 작은 크기를 무시할 만큼 컸다. 안나의 몸에는 몇 개의 정맥주사와 우유가 들어가는 관이 꽂혀 있었는데, 간호사가 그런 것들을 재정리할 때마다 작은 팔과 다리가 허공에서 약하게 허우적댔다. 간호사들은 우리 아이를 '빅맥(Big Mac, 맥도날드 햄버거 중 하나. 값이 저렴하면서도 양이 많아 실속 있는 햄버거이다)'이라고 불렀는데, 작은 크기에도 불구하고 큰 목소리와 사나운 성미를 보였기 때문이다.

그 아이에겐 생의 첫 번째 집이었던 인큐베이터 밖에 서 있던 나의 목소리를 들으면 안나는 울다가도 울음을 멈추곤 했다. 아마도 엄마 뱃속에서부터 들었던 목소리여서 마음을 진정시켜주었던 것 같다. 이것은 안나가 눈을 뜨기 이전의 일이었다. 위험했던 첫 번째 한 주 동안 안나는 조숙아들이 겪는 생명을 위협하는 합병증으로 고생하고 있었다. 성숙되지 않은 채 태어났기 때문에 폐가 초기의 충격으로부터 회복

될 때까지 호흡 보조 장치의 관을 착용하고 있어야만 했다. 그러나 아이는 점차 관을 통해 모유와 영양분을 섭취해 건강해졌고 몸무게도 빨리 늘어났다.

루스가 누워 있던 병동과 신생아 중환자실 사이를 뛰어다니며 이따금씩 한숨을 돌릴 수 있었던 곳은 작은 채플이었다. 그곳에서 사도 바울의 권고였던 "쉬지 말고 기도하라"는 의미를 개인적으로 경험했다. 기회가 되는 대로 나는 채플에 멈춰 단지 몇 분이라도 사투를 벌이고 있는 아내와 딸아이를 위해 중보기도를 했다. 또한 교회와 미국 전역에 흩어져 있는 친구와 친척들을 동원해 루스와 안나를 위해 기도를 부탁했다. 부모로서, 한 가정의 가장으로서 인생의 위기를 맞이하여 깊은 기도 시간을 가지면서 깨닫게 된 것은 인생을 살면서 꼭 필요한 것이 몇 가지 안 된다는 점이었다. 부, 화려한 경력, 명성을 얻으려 했던 생각들이 한순간에 모두 사라지는 대신, 하나님께서 가족의 건강을 회복시켜주시기만을 간절히 원했다.

1, 2주에 걸쳐 루스의 합병증이 회복되어 퇴원할 수 있게 되었다. 천천히 아주 조금씩 안나의 몸무게가 늘었고 건강이 호전되어갔다. 기적같이 그 아이는 초기 외상으로 인해 생길 수 있는 장기 부작용이 없었다. 이 작고 어린 생명이 나의 목소리와 손길에 반응했고 내가 이름을 부를 때마다 진정했다. 안나가 태어난 지 얼마 안 돼 택시를 탔는데 운전기사가 이런 말을 해주었다.

"아들을 낳으면 'dad'가 되지만 딸을 낳으면 비로소 'daddy'가 돼요."

딸을 낳았다는 것이 참으로 다르고 특별하게 느껴졌다. 수년이 지난 지금도 솔직히 말해 가느다란 두 팔이 내 목을 감싸며 매달리는 것만큼 행복한 일은 없다. 첫 두 달을 병원에서 보낸 후 건강해진 안나는 사랑스런 오빠들이 있는 집으로 돌아왔다. 우리는 끊임없이 안나에게 부드럽게 대하라고 아들들에게 말해주어야 했다.

좋든 나쁘든 한국 부모들이 자식 공부에 큰 비중을 두는 것은 사실이다. 자녀들의 학업을 위해서 모든 관심, 에너지, 시간, 그리고 돈을 들이는 것은 크게 놀랍지 않다. 하지만 학업은 자녀 교육의 전부가 아니라 단지 일부분이다. 그러나 우리도 알지 못하는 사이에 공부 외의 다른 중요한 부분들을 무시하게 되는 것 같다. 우리 가정에서도 물론 공부가 가장 우선순위에 있었다. 우리는 아이들이 충분히 공부를 잘할 수 있다는 것을 알고 있었기 때문에 그들이 학업에 최선을 다해주기를 기대했고 아이들도 우리의 기대를 잘 알고 있었다. 그러나 우리는 늘 아이들의 전인(全人) 교육이라는 큰 그림을 그리려고 노력했다. 그래서 아이들의 잠재력을 깨워 신체적, 감정적, 정신적, 영적, 그리고 학문적인 다섯 가지 영역에 골고루 중점을 두고 자녀들을 양육하려고 애썼다.

건강한 신체 운동과
좋은 식습관 기르기

나는 봄 시즌 동안에는 야구팀에서 코치로 자원하여 아이들 팀을 지도했고, 가을에는 축구를, 겨울에는 농구를 지도했다. 내가 일단 운동을 좋아했기 때문에 이렇게 자원하여 코치를 하기도 했지만, 또 한편으로는 어린 시절 친구 아버지들이 코치를 해주던 것이 좋아 보였고 부러웠기 때문이기도 했다.

, 우리는 운동 가족

　우리는 아이들에게 운동을 시키는 것이 중요하다고 믿었다. 운동은 자신감을 길러주고 자기 통제력을 가지게도 하며 때로는 충만감을 주어서 심리적으로 안정을 주는 효과가 있다고 믿었다. 하루 종일 교실 책상 의자에 앉아 있던 아이들이 집으로 돌아오면 영양가 있는 간식을 먹인 후 네 아이 모두를 밖에 나가 놀게 했다. 날씨가 추운 날도 예외 없이 단 15분이라도 밖에서 놀게 했다. 네 아이를 두어서 좋은 점 중의 하나는 각 아이가 언제나 함께 놀 파트너가 있었다는 점이다. 한두 아이가 음악 레슨이나 운동팀에 연습을 하러 가도 나머지 아이들은 함께 나가 놀 형제나 자매가 있었다.

　아이들이 자라면서 점점 바빠지고 주중의 자유시간도 줄게 되었다. 집에 와서 간식을 먹은 후에는 아이들은 보통 저녁식사 전까지 악기 연습을 했다. 저녁식사와 아이들에게 할당된 집안일을 마친 후에는 모두가 숙제를 했다. 만일 방과 후에 운동팀의 연습이나 음악 레슨이 있는 날이면 저녁식사 후에 악기 연습과 숙제를 했다. 주말에는 주로 가족이 함께 시간을 보내려 했고, 대부분 집을 나서 공원으로 갔다.

_____ **루스**　아들이 셋이나 있고 더욱이 남편이 운동을 무척 좋아했기 때문에 우리 가족은 자연스럽게 운동에 관심을 기울이게 되었다. 한국에서 어렸을 때 악기 연주를 필수로 생각하는 것처럼 미국 문화에서는 운동을 필수로 여긴다. 우리 생활의 많은 부분이 운동에 집중되었다. 하지만 운동이 아이들 삶의 전부는 아니었고 아이들이 했던 여러 가지 활동들 중의 하나였다. 래리가 많은 시간을 할애하여 아이들의 스포츠 활동을 도와준 덕에 가능한 일이었다. 아이들이 운동을 하면서 행복한 어린 시절을 보낼 수 있게 해준 것에 대해 래리에게 고맙게 생각한다. 래리는 늘 뒷마당에서 아이들과 공을 차기도 하고, 공원에서 자전거를 함께 타기도 하고, 아이들의 운동팀에서 자원하여 코치를 하며 운동을 가르치기도 했다.

_____ **래리**　미국에서는 지역사회마다 조직화된 어린이 스포츠 팀이 있어서 원하는 아이들마다 쉽게 팀 스포츠에 참여하여 체력을 증진시킬 수 있다. 동네 안에서 조성된 이런 스포츠 팀은 즐겁고 비경쟁적인 분위기 안에서 다른 아이들과 만날 수 있는 기회를 제공해준다. 참가비는 저렴하고 이 비용도 단지 운동선수처럼 보이기 위해 입는 유

니폼을 구입하는 데 전부 쓰인다. 참가비를 낮추기 위해서 자원 봉사하는 부모들이 다른 팀들과 친선 게임을 조직하며 부모들 중에서 자원하여 코치를 한다. 나는 봄 시즌 동안에는 야구팀에서 코치로 자원하여 아이들 팀을 지도했고, 가을에는 축구를, 겨울에는 농구를 지도했다. 내가 일단 운동을 좋아했기 때문에 이렇게 자원하여 코치를 하기도 했지만, 또 한편으로는 어린 시절 친구 아버지들이 코치를 해주던 것이 좋아 보였고 부러웠기 때문이기도 했다.

네 아이들이 처음에 운동을 시작했을 때는 야구, 축구, 농구 세 종목을 모두 했지만, 안나는 다른 스포츠를 그만두고 축구에만 집중했고 아들들은 각자 자신들이 좋아하며 잘하는 운동을 찾을 때까지 세 종목을 모두 하게 했다.

이렇게 미국에서 어린아이들에게 다양한 운동을 해볼 수 있는 기회를 제공해주는 이유는 결국 자신들이 가장 좋아하거나 아니면 가장 재능 있는 운동을 찾을 수 있게 하기 위한 것이다. 5년에서 6년 정도 레크리에이션 팀에서 운동을 하다가 일단 아이들이 어느 정도 수준에 도달하면 경쟁적인 리그인 다음 단계로 선택해서 갈 수 있도록 전문 스포츠 팀에서 개최하는 시험(try-out)을 치르게 된다. 이 시험에 통과하게 되면 더 높은 수준의 적극적인 헌신이 필요하다. 즉 다른 지역의 팀들과 경기를 하기 위해 여행도 가야 하고 전문 코치와 트레이너의 비용도 지불해야 한다.

나단은 결국 축구 한 종목을, 라이언은 야구를 선택했다. 비록 둘 다

탁월한 운동 선수였지만 상대적으로 몸이 작아서 안 좋은 결과를 초래했다. 키나 몸무게나 힘이 거의 두 배나 큰 미국 친구들과 경쟁하기란 쉽지 않았다. 하지만 축구는 유일하게 몸집의 크기보다도 스피드와 상관있는 운동이라서 나단은 축구를 선택했고, 라이언은 본인이 야구를 너무 좋아했기 때문에 다른 운동은 그만두고 야구에 집중하게 되었다.

♪ 축구를 좋아하는 나단, 스포츠를 싫어하는 벤

__래리__ 나단이 열두 살 쯤 되었을 때 아이의 축구 실력이 향상되어 더이상 내가 코치를 할 수 없었다. 그래서 레크리에이션 팀을 그만두고 전문 코치를 두고 팀을 운영하는 전문 어린이 축구팀에 나단을 넣었다. 이것도 보통일은 아니었다. 아이를 일주일에 두세 번씩 축구 연습하는 곳으로 운전해서 데려다주고 또 데리고 와야 했고, 다른 지역의 어린이 축구팀과 경기를 하기 위해 매주 토요일마다 장거리 운전을 해야 했다. 때로는 한 시간 이상 운전을 할 때도 있었다. 이런 장거리 운전을 하니 평소에는 거의 갈 일이 없는 메릴랜드 주의 다른 도시와 버지니아 주 지역을 구경할 수 있어서 좋았다. 만일 그 도시가 미국의 남북 전쟁 싸움터와 같은 역사적으로 뜻 깊은 지역일 때는 그 지역을 방문하여 관광을 하기도 했다. 나단은 고등학교 때까지 이 전문 축구팀에서 활동했고 고등학교의 학교팀에서 주장을 맡기도 했다. 내가 출장을 가는 날을 제외하고는 아이팀의 모든 경기에 참석했다.

대한민국 축구 국가대표팀의 열성팬이기도 한 나단은 열다섯 살 때 한국을 처음 방문했다. 마침 2002 월드컵 경기가 바로 며칠 전에 폐막

하여 나단이 너무도 실망했지만 여기저기에 월드컵 경기의 흔적이 남아 있었고 많은 기념품들과 셔츠들을 살 수 있었기에 한국에 머물렀던 기간 동안 나단은 무척 좋아했다. 2년 전 이탈리아의 토리노로 출장을 갈 때는 나단을 데리고 가, 주벤투스 팀이 경기하는 운동장에서 경기를 관람했다. 주벤투스는 나단이 열렬히 응원하며 좋아하는 유럽의 클럽 팀이다.

벤은 팀 스포츠에 별 흥미가 없는 아이였다. 그래서 초등학교를 졸업한 후에 나는 아이의 팀 코치를 그만두기로 결정했고 아이는 자유 시간을 모두 피아노를 연주하는 데 집중할 수 있었다. 벤은 뒷마당에서 친구들과 공을 차며 노는 것으로 만족하는 아이였다. 벤은 이런 팀 운동에 관심도 없었고 시간을 들이고 싶어하지 않았다. 그러나 고등학교에 입학해서는 테니스에 관심을 보여 레슨을 받기도 했다. 여가로 테니스를 즐겨서 주말에 함께 나가서 테니스를 치곤 했다. 이것이 유일하게 함께 할 수 있었던 운동이다.

최근 벤은 나단과 함께 골프에 관심을 가지기 시작했다(미국에서는 적은 비용으로 손쉽게 골프를 즐길 수 있다). 두 아이들과 함께 골프장에 가곤 하는데 앞으로는 우리가 더 많이 골프를 칠 수 있었으면 좋겠다. 벤은 팀 스포츠에는 관심이 없었지만 요즘은 일주일에 몇 번씩 체육관에서 근육을 키우는 운동과 달리기를 즐긴다. 지금 돌아보면 벤이 팀 스포츠를 즐기지 않았을 때 차라리 개인 종목이었던 테니스나 태권도를 시작했더라면 좋았을 뻔했다. 벤도 운동을 잘했지만 속도와 민첩성이 중요한 어떤 팀 스포츠의 일원으로서보다는 자신의 속도와 발달 단계에 맞는 운동이 필요했던 것 같다.

❯ 야구를 포기한 라이언, 축구 선수 안나

라이언은 야구 게임을 무척 좋아해서 중학교 때까지 어린이 전문 야구팀에서 활동했다. 주말마다 우리는 자전거를 타고 동네 야구장에 가서 따로 더 많은 연습을 하곤 했다. 나는 거의 모든 경기에 참석하여 아이를 응원했다. 비록 아이가 무척 빠르고 민첩했지만 덩치 큰 미국 친구들에 비해 상대적으로 체격이 작은 것이 불리했다. 그럼에도 재능이 있고 팔 힘이 좋아 6학년 때에는 마무리 투수로 뽑혔다.

그러던 어느 날 라이언이 날아오던 공에 얼굴을 맞았다. 공을 잡으려고 위를 쳐다보았는데 햇빛 때문에 공을 보지 못했고 이미 때는 너무 늦어 얼굴에 공을 맞았다. 눈을 다쳤을까 봐 매우 걱정했고 여러 날 동안 얼굴에 심한 멍이 들어 있었다. 다행히도 라이언의 부상이 심각한 것은 아니었지만 그 후론 아이가 공 던지기를 두려워했다.

6학년 여름 방학 때 우리가 휴스턴으로 이사 온 후 야구를 그만두기로 결정했다. 가장 큰 이유는 휴스턴 지역의 전문 어린이 야구팀이 메릴랜드 팀보다 강했기 때문이고, 또한 라이언도 자신이 모르는 친구들과 새롭게 팀을 시작하길 싫어했다. 야구를 그만두고 싶어한 것은 라이언이었다. 라이언은 뭐든 나쁜 경험을 하면 더이상 하기 싫어하는 아이였다.

그러나 라이언은 전혀 다른 생각을 하고 있었다. 몇 년 전에 라이언이 엄마와 이야기하다가 자신의 속마음을 보인 적이 있다.

"엄마, 내가 야구를 그만두지 말았어야 했어요. 엄마가 포기하게 하지 말고 제가 계속하도록 밀어붙였어야 했어요."

"라이언, 네가 더이상 하길 싫어했어. 네가 내린 결정에 대해 단호해 보였어. 게다가 네가 친구들을 떠나 이사한 것을 힘들어했기 때문에 그런 네게 다른 스트레스를 더해주고 싶지 않았어."

"그래도 엄마와 아빠가 어른이시니까 제가 비록 싫어했어도 억지로라도 시켰어야 했어요."

루스　　　라이언의 속마음을 알고 놀랐다. 아이는 통찰력 있는 발언을 했다. 아마도 아이가 직면한 그 두려움을 부모인 우리가 극복할 수 있게 돕는 게 맞는 건지도 모른다. 그래서 아이를 기르는 것이 어려운 일이다. 어느 정도 시간이 지나기까지는 우리가 내린 결정과 우리가 선택한 행동이 잘한 것인지에 대해 완전히 확신할 수 없으니 말이다. 이때만 해도 라이언은 축구와 농구를 그만두고 야구만 집중하고 있었기에 참으로 안타까운 일이었다. 그 결과로 라이언이 고등학교 팀에서 야구를 하기를 그렇게 원했지만 할 수 없었다.

미국의 고등학교에서는 공부 잘하는 학생보다는 운동을 잘하는 학생을 더 우러러본다. 무엇보다도 가장 인기 있는 학생은 상위권 대학에서 장학금을 받는 학생이 아니라 운동을 잘하는 학생이다. 불행히도 이 나라에서는 스포츠가 학문을 포함해서 다른 어떤 훈련보다도 더 높은 위치에 놓여 있다. 이것은 미국 사회에서 교육자가 받는 월급과 운동선수가 받는 월급의 차이를 봐도 분명히 알 수 있다.

라이언은 여전히 열렬한 야구팬이다. 야구에 관련된 모든 정보를 알고 있다. 고등학교 때는 제2차 세계 대전이 어떻게 야구 경기에 영향을 주게 되었는지에 관해 연구 논문(미국 고등학교 역사시간에 해야 하는 과제 중 하나로 주제는 학생들이 정한다)을 쓸 정도로 야구를 좋아했다. 가장 좋아하는 팀은 애틀랜타 브레이브스 팀이다. 몇 년 전에 래리가 애틀랜타로 출장을 가게 되었는데 라이언을 데리고 가서 함께 애틀랜타 브레이브스 경기를 관람했다. 물론 아이가 무척이나 좋아했다.

_____ 래리   안나는 아주 어린아이였을 때부터 축구를 좋아했다. 나는 안나가 네 살 때 아이의 레크리에이션 축구팀을 코치했다. 위로 오빠들이 있기도 하고 성격이 활달하고 에너지가 많다 보니 자연히 운동을 즐겼다. 비록 상대적으로 몸이 작았지만 오빠들보다도 빠르게 뛰었다. 현재 고등학교 축구팀에서 주장을 하고 있는데 축구 경기마다 가장 빠르게 뛰는 선수이다. 주말이나 평일 저녁식사 후 나는 우리 집 뒷마당에서 왼발 사용을 연습시켰다. 안나는 이 기술을 익히기 위해 열심히 연습했고, 그래서 양발을 사용하는 선수가 되었다. 아이가 타고난 빠른 선수였고 더욱이 왼발을 사용하는 몇 안 되는 선수 중 하나였기 때문에 빈틈없는 축구 선수가 되었다.

운동 경기에서 얻은 자신감이 아이의 자존감 형성을 도왔다. 안나가 나를 닮아 다소 소심한 성격이었기에 이것은 아이에게 특별히 가치 있는 일이었다. 일곱 살쯤 되었을 때 나단처럼 안나도 나의 가르침에 싫증을 느꼈다. 그래서 나단처럼 전문 코치가 이끄는 어린이 축구팀에 가입시켰다. 주말마다 쉴새없이 재잘대는 안나를 자동차의 뒷자리에 태우고 게임을 하는 장소로 데리고 다녔던 기억은 참으로 좋은 추억으로 내 마음에 남아있다. 주말이면 한 시간 이상 걸리는 거리를 운전해 다니면서 텍사스의 구석구석을 구경할 수 있었다. 일년에 두세 번 가량은 서너 시간 걸리는 거리를 운전해 가기도 했고 텍사스 주 안의 다른 도시인 오스틴, 댈러스, 샌안토니오의 호텔에 묵으면서 아빠와 딸 사이의 즐거운 시간을 보내기도 했다.

아이들의 스포츠 팀에서 코치를 했던 몇 년 동안 정말 바쁘게 지냈다. 아이들을 키우면서 나는 적어도 10년 가량을 때로는 코치, 때로는 부코치로 아이들의 운동팀을 훈련시키고 지도했다. 어려서부터 야구는 즐겨했고 좋아한 운동이었지만 축구와 농구는 규칙을 잘 몰라서 배워가면서 코치를 해야 했다. (축구는 가을 스포츠로 보통 8월에 시작해서 11월에 끝나며, 농구는 겨울 스포츠로 보통 12월에 시작해서 2월에 끝난다. 시즌별로 다양한 운동에 참석할 수 있다. 그러나 전문 코치가 지도하는 팀은 연중 내내 한 종목을 한다.) 내가 코치 역할을 그만두었을 때에도 출장을 가는 경우가 아니라

각 아이들의 운동에 대한 관심이나 능력은 모두 다르겠지만 건강한 인격체로 성장하는 데 있어 체력은 매우 중요하다. 아이들과 밖으로 나가서 뛰거나, 술래잡기 놀이를 하거나, 축구 혹은 테니스를 하는 것은 비록 아이들이 잘하지 못한다고 해도 운동이 되며 함께 할 수 있는 활동이 된다. 아버지들이 노력을 기울인다면 아이들과 함께 경험을 나누며 추억을 만들어갈 수 있는 많은 기회들이 있다.

면 나는 아이들이 하는 모든 운동 경기나 연습에 참석했다. 그래서 내 본업은 퇴근해서 집에 들어오는 순간부터 시작된다고 아내에게 농담하곤 했다.

❥ 건강한 식습관 만들기

_____ 루스   나는 아이들이 좋은 식습관을 가지고 있으면 건강하게 잘 자라고 있다는 증거라 믿었다. 아이들이 몸이 건강할 뿐만 아니라 평생을 건강에 유익한 음식을 먹는 습관을 가지길 원했다. 우리 아이들은 우리 집 푸드 팬트리(food pantry, 미국 집 주방 안에 음식을 저장하는 작은 방)의 음식은 다른 친구들 집에 있는 것과 다르다며 불평했었다. 특히 라이언의 친구 엄마들은 내가 '정크 푸드(junk food, 불량식품)'라고 여기는 음식들을 라이언이 너무 좋아한다고 내게 이야기해주곤 했다. 어떤 이유인지는 모르겠지만 네 아이 중에 유독 라이언은 자신이 늘 무엇인가를 빼앗겼다는 피해의식을 느끼곤 했다. 나는 중간 아이에게서 일반적으로 볼 수 있는 현상, 즉 '중간 아이 신드롬(middle child syndrome)'이라 생각한다. 이것이 사실인지 아닌지는 잘 모르겠지만 라이언은 항상 상실감과 박탈감을 느끼는 것 같았다.

고등학교 시절 어느 날, 라이언이 내게 말했다.

"엄마가 항상 내가 좋아하는 음식(나는 이것을 정크 푸드라고 생각한다)을 못 먹게 했기 때문에 집을 떠나서 대학에 들어가면 내가 좋아하는 음식만 먹을 거예요. 내가 먹고 싶은 만큼 실컷 먹을 거예요, 그동안 너무나 못 먹었기 때문에 아마도 많이 먹을 것 같아요."

나는 "라이언, 네가 집을 떠났을 땐 무엇이든 원하는 것을 네 맘대로 먹을 수 있지만 적어도 나는 네게 건강한 식습관을 형성하도록 그 길을 열어주었잖니? 난 네가 좋지 않은 음식으로 네 몸을 학대할 때마다 스스로 마음이 불편해져서 그 음식을 먹지 않길 바란다"며 농담 섞인 대답을 했다. 나는 부모로서 적어도 아이들이 부모 곁을 떠나기 전까지 그들을 위해 옳다고 생각하는 것을 실천하는 것이 중요하다고 생각한다. 부모의 곁을 떠난 후는 아이 자신의 몫이다. 지금은 네 명의 아이들 모두 식습관이 잘 형성돼 있어서 마음이 뿌듯하다. 네 아이 모두가 자라면서 우리 집의 소금을 적게 넣은, '지나치게 건강에 좋은 음식(아이들의 표현에 따르면)'에 대해 불평을 했었다. 하지만 지금은 음식에 대해 박탈감을 느끼기까지 했던 라이언을 포함해 네 아이 모두 좋은 식습관을 가지고 있다. 우리 식구들은 아주 드문 경우를 제외하고는 패스트푸드 음식점에 거의 가지 않으며, 정 마실 것이 없는 상황이 아니면 탄산음료를 거의 마시지 않는다.

나단이 대학에 입학한 후 우리가 처음으로 아이를 방문했을 때 학교 구내식당에서 함께 식사를 했다. 나는 나단의 접시 위에 놓인 음식과 다른 친구들의 것을 비교하면서 짐짓 놀랐다. 나단은 큰 접시에 각종 다양한 야채를 듬뿍 담고 고기를 얹어서 가져왔다. 다른 아이들은 감자튀김과 고기 음식을 가져왔고 야채는 거의 보이지 않았다. 나단 친구들은 왜 항상 그렇게 건강에 좋은 음식만 선호하는지 물어본다고 했다. 그러면 나단은 우리 엄마가 이렇게 먹도록 세뇌시켰고, 어려서부터 늘 이런 음식을 먹었기 때문에 여전히 습관대로 할 뿐이라고 대답한다고 했다.

　벤은 먹는 것을 좋아해서 그런지 요리하는 것도 상당히 즐기는 편이어서 균형 잡힌 영양소를 담고 있는 맛있는 음식을 새롭게 만들어내곤 한다. 지난 여름, 생일을 맞이한 나와 안나를 위해서(생일이 이틀 차이이다) 아들들이 저녁 생일상을 차리기로 결정했다. 나단은 가까스로 간단한 음식 하나를 만들었고, 라이언은 아무것도 하지 않고 부엌에 서있었다. 여러 가지 시도를 해보다가 마침내 벤이 나단과 라이언을 부엌에서 쫓아내고 자기 혼자 요리를 하기로 결정했다. 벤은 라이언을 시켜 뒷마당에서 석쇠에 고기를 굽게 했고, 나단에겐 나머지 설거지와 뒷정리를 맡겼다. 고기가 너무 익어버리긴 했어도 상당히 맛있는 건강식 생일상이었다. 나로선 무척이나 행복한 날이었는데 아들들이 음식을 해줘서 이기도 하지만 세 아들들과 함께한 소중한 시간이었기 때문이다.

최근 한국에서도 소아비만이 날로 증가되어 사회적 문제로 부각되고 있기 때문에 운동의 중요성이 더욱 드러나고 있다. 한국에서는 어린이 운동 프로그램이 미국처럼 발달되어 있지는 않지만 어디든 학교 운동장이 개방되어 있으므로 시간을 내 줄넘기, 자전거 타기, 걷기, 뛰기 등을 통해 아이들의 건강과 체력을 키워줄 수 있다. 주말을 이용해 가족이 함께 등산을 갈 수도 있다. 운동을 통해 체력을 키우면 학업에서 오는 스트레스를 줄일 수 있고, 집중력을 높여 아이들의 공부를 뒷받침할 수 있을 뿐만 아니라, 청소년기 정신 건강에도 크게 도움이 된다.

정서적으로 건강한
아이로 키우기

Chapter 4

우리는 아이들이 버릇없는 아이로 자라서 정서적으로
건강치 못한 사람이 되는 것을 원하지 않았다. 아이들
은 천성적으로 이기적인 존재이지만, 그렇다고 남을 배
려할 줄 모르는 이기적인 아이로 키우고 싶지는 않았다.
그래서 시부모님이 래리가 어렸을 때 그랬던 것처럼 우
리도 아이들에게 작은 집안일들을 맡겨 책임감과 주인
의식을 배우게 했다.

집안일 시키기

자녀를 정서적으로 안정되고 건강한 아이로 키우는 것은 쉬운 일이 아니다. 부모로서 우리 모두가 공감하는 딜레마는 자녀를 양육해본 경험이 없고 모두가 초보자라는 것이다. 우리도 지속적으로 배우면서 자녀들을 키우니 실수하는 것은 당연하다. 더군다나 모든 아이는 저마다 다르며, 한 아이에게 효과 있었던 방법도 다른 아이에게는 효과가 없다. 어떤 아이는 매우 예민한데, 또 어떤 아이는 예민하지 않다. 한 아이는 A형 행동양식을 가졌는가 하면, 또 어떤 아이는 B형 행동양식을 가지는 등 모든 아이들은 저마다 다르다. 모든 부모들처럼 래리와 나도 많은 시행착오를 경험하면서 자녀 양육법을 배웠다.

우리는 아이들이 버릇없는 아이로 자라서 정서적으로 건강치 못한 사람이 되는 것을 원하지 않았다. 아이들은 천성적으로 이기적인 존재이지만, 그렇다고 남을 배려할 줄 모르는 이기적인 아이로 키우고 싶지는 않았다. 그래서 시부모님이 래리가 어렸을 때 그랬던 것처럼 우리도 아이들에게 작은 집안일들을 맡겨 책임감과 주인의식을 배우게 했다. 심지어 두세 살 때에도 늘어놓은 장난감을 어떻게 치우는지 아이들에게 먼저 본을 보여주었다. 처음에는 아이들과 함께 장난감을 치우며 아이들이 스스로 장난감을 정리했을 때 크게 박수를 쳐주어 격려해주곤 했다.

우리는 매일 밤이면 아이들에게 자신들의 놀이 공간인 거실 청소를 시켰다. 장난감, 게임용품, 그리고 자동차들이 여기저기 흩어져 있으면 다소 시간이 걸려도 아이들은 웃으며, 내기라도 하듯 한 명이라도 게을러지면 서로 소리를 지르며 같이 청소를 했다.

아이들이 자라면서 우리는 그 나이에 적절히 맞는 집안일을 시켰다. 우선 커다란 표를 만들어 부엌의 잘 보이는 곳에 매달았다. 아이들은 이런 시각적인 효과를 주는 도표를 보면서 자신들이 할 일을 상기하곤 했다. 팀 일원으로서 팀워크에 참여하게 유도를 한 셈이다. 한 아이는 쓰레기를 버렸고, 다른 아이는 부엌의 식탁의자를 끌어내 또 다른 아이가 작은 청소기로 식탁 아래 떨어진 음식물을 청소할 수 있게 도왔다.

우리는 아이들의 일을 교대시켰기 때문에 항상 같은 일을 하진 않았다. 아이들은 각기 자기에게 주어진 일을 진지하게 했고 일하는 과정을 즐기는 듯했다. 깨끗이 씻은 접시를 부엌 선반 제자리에 정리하고, 빨래 바구니를 나르는 일 등을 했다. 이것은 집안일이었기 때문에 모든 사람이 같이했고 서로 도왔다. 우리는 색지 위에 '해야 할 일 목록'

을 만들어 각 아이들의 방에 붙였다. 잠자리에 들기 전에 아이들은 자신의 방을 청소해야 했고 다음날 학교에 갈 준비와 입을 옷을 정리해야 했다.

이런 아이들의 모습을 바라보고 있으면 각 아이의 성격이 그대로 드러났다. 각기 다른 아이들의 성격을 지켜보는 일이 내게는 또한 즐거운 일이었다. 어떤 아이는 내일 입을 옷을 방바닥에 던져놓았고 또 다른 아이는 셔츠, 바지, 양말, 속옷까지 가지런히 정리해놓았다. 그 '해야 할 일 목록'에는 아침에 잠자리에서 일어나 침대를 정리하는 일도 들어 있었다. 이러한 시각적인 도표와 보상으로 주는 스티커가 아이들에게는 매우 효과적이었기 때문에 아이들에게 매일 재미난 스티커를 주곤 했다.

네 명의 아이를 키우는 장점 중의 하나는 바로 아이들의 '그룹 심리'였다. 모두가 같은 일을 해야 하므로 다른 형제가 청소를 하지 않거나 표에 적힌 대로 주어진 일을 하지 않아도 불평하지 않았다. 생각지도 않았는데 서로 지적하는 대신 격려하며 각자 책임 분량의 일을 했다.

메릴랜드는 눈이 많이 내리는 지역이다. 그래서 아이들에게 눈을 치

아이들에게 책임감을 가르치는 일은 일찍부터 시작하는 것이 좋다. 가능한 한 즐거운 방법으로 하되, 아이가 두 명 이상이라면 함께할 수 있는 활동을 선택하는 것이 더 좋다. 책임감 영역은 아이들이 자라감에 따라 서서히 늘려가야 한다.

우는 작은 부삽을 하나씩 사주었다. 눈이 내리는 날이면 래리와 아이들은 눈 덮인 진입로에 눈을 치우러 밖으로 나간다. 비록 어렸던 라이언과 안나는 서툴러 실수투성이였지만 그래도 상당히 도움이 됐다. 오래지 않아 두 아이가 먼저 눈싸움을 시작하고, 정신없이 뛰어다니다가 눈사람을 만들거나 이웃집 아이들과 함께 놀기 시작한다. 벤도 동생들과 함께 놀기 시작하면 늘 나단 혼자서 진입로를 치우는 일을 끝까지 도와주곤 했다.

❥ 금전 교육

버릇없는 아이로 키우지 않기 위해 우리가 신경 썼던 영역은 아이들이 요구하거나 원하는 것을 모두 다 사주지는 않는 것이었다. 우리는 아이들이 무엇이든지 당연히 받아야 된다고 생각하는 사람들이 아니라 은혜와 감사를 깨닫는 사람들이 되기를 원했다. 우리가 일년 중 가장 크게 기념하는 날은 생일과 성탄절인데 이때는 아이들에게 선물을 주어 기쁨을 누리게 한다. 그러나 일년 중 나머지 날들은 자신들의 돈으로 원하는 것을 사든지 아니면 일을 해야만 원하는 것을 가질 수 있었다.

돈은 생일이나 어떤 특별한 경우에 주었고 아니면 자신이 해야 할 일 외에 다른 부가적인 집안일을 할 때 주었다. 아이들은 스스로 번 돈을 쓸 때 좀더 신중하게 돈을 썼다. 또한 무엇을 사려면 때론 부가적인 집안일을 해서 돈을 모을 때까지 기다리게 했다. 이 방법은 아이들에게 욕구 충족을 지연시킬 수 있게 했다. 또 비록 아이들이 모은 돈이 있어도 우리는 주중에 물건을 사러 가는 일은 금했다. 주말이 되어서야 물건을 살 수 있었다. 아이가 칭얼대거나 우리를 괴롭히면 물건 사는 날짜를 더 미룰 것이라 말해주었다. 마침내 물건을 사러 가면 아이들은 활기가 넘쳤고 말할 것도 없이 자신들이 번 돈으로 직접 물건 값을 지불하니 자신감이 넘쳤다. 또한 힘들여 번 돈으로 물건을 사니 그 물건들을 잘 관리했다. 이 방법은 아무런 기대 없이도 일주일에 한 번씩 용돈은 받는 미국 가정과는 다소 대조적인 것이다.

우리의 물질관은 여전히 변함없다. 우리 아이들은 자신이 특별히 사고 싶어하는 것이 있을 경우, 우리가 기꺼이 지불해줄 수 있는 범위를 넘어서는 액수는 우선적으로 자신들의 돈을 써야 한다.

딸아이가 고등학교에 입학한 후 휴대용 개인 컴퓨터를 사달라고 했다. 학교 친구들 모두가 휴대용 개인 컴퓨터를 학교로 가져오는데, 이것이 본인에게도 큰 도움이 될 거라며 사달라고 했다. 우리는 아이에게 학교에 가면 학교 컴퓨터를 사용할 수 있고, 집에 와서는 집에 있는 컴퓨터를 사용하면 된다고 했다. 더욱이 오빠들에게는 고등학교 입학 후 1, 2년이 지난 뒤에야 컴퓨터를 사주었었다. 딸아이는 고집이 무척 센

아이들에게 만족감을 뒤로 미루게 하는 것을 가르치는 것이 좋다. 가장 좋은 방법은 아이들이 요구하는 모든 것을 원하는 대로 제공하지는 않으며, 첫 번째 요구에는 들어주지 않는 것이다. 값비싼 물건을 가지고 싶어할 때는 아이들이 자신들의 돈의 일부를 사용하도록 기회를 제공하거나, 가족이나 친척들을 위해 심부름을 하여 돈을 벌게 하자.

데다 상당히 단호하여 우리를 계속 괴롭히며 못 살게 굴었다. 마침내 9학년 봄 학기(고등학교 1학년 2학기)에 우리는 타협을 했다. 자신이 값의 반을 지불하고 우리가 나머지를 지불하는 것으로 해서 안나에게 휴대용 개인 컴퓨터를 사도록 허락했다. 아들들은 우리가 늙어가면서 마음이 점점 약해진다고 불평했다.

고등학교를 졸업(매년 6월 초)하고 대학 1학년에 입학(8월 말)하기 전 여름부터 시작하여 매년 여름 우리는 아이들에게 일을 해 그 해에 쓸 책값과 용돈을 벌도록 시킨다. 이것은 돈이 부족해서가 아니다. 부모에게서 일방적으로 받는 것이 아니라 본인들이 열심히 일해서 번 돈의 가치를 알고 감사하는 마음을 그들이 깨닫기를 바라기 때문이다. 우리는 대학 등록금을 내주어 빚 없이 아이들을 대학 졸업시킬 것이다. 이것이 우리가 아이들에게 줄 선물이지만 우리는 자녀들이 작은 부분이라도 직접 기여하기를 원한다. 래리는 특별히 자신이 고등학교 때 했던 것처럼 아이들이 돈을 버는 일을 해보면서 책임감을 경험해야 한다고 말하곤 했다. 나도 그들의 엄마로서 절대적으로 동의한다.

그러나 여름에 일을 얻기가 쉽지 않다. 더욱이 텍사스 지역에는 많은 멕시코 사람들이 웨이터나 웨이트리스 혹은 접시 닦는 일 같은 단순 노동일을 한다. 식당이나 패스트 푸드 음식점에 가보면 고등학생이나 대학생들이 일하는 모습은 거의 보기 어렵기 때문에 이것이 사실인 것을 실감하고 있다. 래리는 나단에게 그래도 식당과 패스트 푸드 음식점에 지원해보라고 하여 적어도 20군데에 지원서를 냈지만 아무도 전화하지 않았다. 한 군데에서 인터뷰를 하러 오라는 연락을 받았지만 여름이 끝나면 대학으로 돌아갈 것이라는 사실을 알고는 다시 전화하지 않았다. 마침내 YMCA에서 여름 캠프 상담일을 할 수 있게 되었다.

나단이 이 일자리를 얻은 후 얼마 안 되어서 래리가 루마니아로부터 초청장을 받게 되었다. 방문할 도시는 루마니아의 트란실바니아의 산과 시기쇼아라 마을이었는데 이 지역은 유럽에서도 최대로 잘 보전된 중세도시 중의 하나이며 세계 문화유산으로 지정된 마을이었기에 전 가족이 함께 여행을 하기에 좋은 기회였다. 나단이 YMCA에 알아본 바로 여름 동안만 일하는 고용인에게는 여름 휴가를 허용하지 않는다고 했다. 이즈음에 래리는 MD 앤더슨(Anderson) 암센터에서 여름 인턴사원을 뽑고 있다는 정보를 알게 되었고 나단이 지원할 자격이 되며, 자리가 남아 있는 한 입사할 수 있고 얼마간 휴가도 낼 수 있음을 알게 되었다. 그래서 마지막 순간에 나단이 지원해서 한 자리를 잡을 수 있었다. 그 결과 가족 모두 런던과 루마니아로 함께 여행을 갈 수 있었다. 여름이 지나면 나단이 대학 진학 때문에 집을 떠나게 되므로 이 여행은 우리 가족에게는 뜻 깊은 가족 여행이었다.

여름 방학 동안 일하는 것 외에도 나단이 4학년 때 기숙사의 RA(기숙사 학생대표)를 지원하라고 권했다. 기숙사에서 다른 학생들에게 조언을 해주면서 일년간 기숙사비를 내지 않아도 되는 자리였다. 우리는 이런 기회가 아이에게 리더십을 길러주며 또한 아이 자신도 다양한 경험을 할 수 있을 것이라 생각했다. 나단은 룸메이트들 간의 충돌을 해결하거나 새벽 2시에 막힌 변기를 뚫는 등, 교실에서는 배울 수 없는 것들을 그 일년 동안 두루 배웠던 것 같다.

고등학교 3학년 여름 방학 때부터 벤은 휴스턴에서 연구 인턴사원으로 돈을 벌 수 있었고 대학에 입학해서도 인턴사원으로 고정된 수입을 얻었다. 래리는 벤이 어린아이였을 때부터 관심을 가졌던 MD-PhD* 복합학위 과정을 지속할 것이라 생각했었다. 그러나 여름 방학 동안 실험실에서 일을 해본 후 벤은 연구를 하지 않기로 결정했다. 벤은 실험이 지루하다고 생각했고 더욱이 결과를 얻기 위해 수년을 기다려야 한다는 개념을 싫어했다.

라이언 또한 여름 방학 때 실험실 조교로 일을 한 후 한 번이면 족하다며 더이상 하고 싶어하지 않았다. 라이언은 대학 1년 동안 근검절약하여 여름 방학 때 번 돈의 반만 사용했기 때문에 이번 여름에는 일을 하지 않아도 되었다.

안나는 요거트 전문점이나 옷가게에서 일하고 싶어한다. 대학 지원이 모두 끝나고 나면 1월부터 일찌감치 일자리를 얻기 시작할 계획이다. 운동 선수였던 딸아이가 지난해부터 자신이 유행하는 옷을 좋아한다는 사실을 깨닫게 되어 옷을 사기 위해 돈을 벌길 원하고 있다. (우리는 아이들의 일년치 옷값을 정해놓고 준다. 만일 아이들이 그 값을 넘어서서 옷을 사려 한다면 그들의 돈을 써야 한다.)

얼마 전 친정어머니가 나는 완전히 잊어버리고 있던 일을 떠올리며 이야기했다. 메릴랜드에 살 때 시카고에 사는 어머니가 우리를 방문했

---

* MD는 의사를, PhD는 박사학위를 지칭하는 말로 이 두 과정을 동시에 이수하여 기초 과학 연구 능력을 가진 의사가 되는 과정을 말한다. 일반 의대를 졸업하면 단지 임상 진료만 가능하지만 이 과정을 졸업한 후에는 일반 진료뿐 아니라 연구를 함께할 수 있게 된다. 이 프로그램을 졸업하면 의과 대학의 교수가 되거나 대학 연구소의 교수가 된다.

는데 그때는 아이들이 어렸다. 함께 맥도날드 햄버거를 먹으러 나갔는데, 어머니는 내가 아이들을 맥도날드에 자주 데리고 오지 않는다는 것을 금세 알아차렸다. 아이들이 너무나 좋아했기 때문이다. 어머니는 왜 더 자주 데리고 오지 않느냐고 물었다. 나는 이런 곳에 너무 자주 데리고 오면 더이상 아이들에게 특별한 일이 되지 않아 즐길 수 없다고 대답했다.

우리는 아이들이 인생의 작은 것을 즐길 줄 알고 뭐든 당연히 누려야 된다는 생각을 하지 않게 하려고 가르쳐왔다. 만일 아이들에게 비싼 장난감을 원하는 대로 사주고, 최고의 식당에 데려가서 먹이고, 값비싼 옷을 입히고, 환상적인 휴가를 보내게 하면 그들의 세상은 비뚤어지게 된다. 마치 무엇이든 최고만 그들에게 어울린다고 잘못 생각하게 되고, 만일 조금 못한 것을 얻게 되면 불만으로 가득 차게 된다.

우리 아이들은 디즈니월드에서 노는 것만큼 동네 공원에서도 잘 놀고, 진수성찬이 아닌 담백한 음식이라도 앞에 놓인 음식은 무엇이든지 즐겁게 먹는다. 내가 그들이 별로 좋아하지 않는 밥상을 차려도 그 음식을 잘 먹어준다. 사실상 지금은 아이들이 다 자랐고 우리는 좋은 식당에서 맛있는 음식도 먹고 멋진 휴가를 가기도 한다. 그러나 우리가 외식을 할 때마다 아이들은 음식 값을 고려하며 값비싼 음식을 시키지는 않는다. 우리가 어디를 여행해도 아이들은 감사해하며 그것이 외국 여행이든 아니면 근처의 도시든 즐겁게 시간을 보낸다. 우리 아이들도 유명 상표의 옷을 좋아하지만 가격이 인하되었을 때를 기다리지, 정가를 주고 사는 일은 별로 없다.

네 명의 아이 중 셋은 물건을 신중하게 잘 구매하며 절제하여 돈을 사용하는데 오로지 한 아이는 다른 인생철학을 가졌다. 누구에게서 물려받았는지는 모르지만 돈이 있으면 쓰고 돈이 없으면 안 쓰면 된다는 생각을 가진 것이 참 흥미롭다. 내가 간절히 바라는 바는 장래에 그 아이가 부디 물질을 넉넉히 벌었으면 하는 것이다.

❢ 비교는 절대 금물

네 아이의 엄마로서 나는 아이들을 서로 비교하지 않으려고 노력했다. 이것이 효과적이기보다는 역효과가 많기 때문이다. 아이들이 좀더 잘하도록 동기를 부여하기보다는 사실상은 용기를 잃게 하고 그들의 사기를 떨어뜨린다. 아이들은 본질적으로 직관력이 있어서 다른 아이들과 비교해서 자신이 어떤 위치에 놓여 있는지를 안다. 본능적으로 누가 영리하며, 더 예쁜지, 운동을 잘하는지 등을 잘 알고 있다. 교실에 들어서면서 아이들은 각 친구들이 어떠한 범주에 속하는지 재빨리 말할 수 있다.

한국 문화에서 비교는 흔히 있는 일이며 부모들은 비교가 자녀에게 더 큰 동기를 줄 것이라고 생각하는지도 모르겠다. 혹은 자신의 자녀

> 한 아이를 다른 아이와 비교하는 것은 역효과가 크다. 부모는 각 아이들의 다름을 먼저 인정하여, 아이의 약점보다는 아이의 강점을 살려 칭찬해주며 동기를 부여해야 한다.

가 더 잘할 수 있다는 것을 알기 때문에 자식들의 이모저모를 다른 아이들과 비교하면서 지적할지도 모르겠다. 우리 부모님은 좀처럼 나를 다른 친구들과 비교하지 않았는데 한 가지 비교당했던 기억이 내게 남아 있다. 어머니가 몇 명의 아이들에게 피아노를 가르쳤는데 나 또한 어머니에게 피아노를 배우게 되었다. 아마도 내게 동기를 부여하기 위해서였거나, 아니면 어머니가 실망을 해서인지 나보다 훨씬 열심히 연습하는 다른 친구들과 나를 계속 비교했던 것 같다.

그러나 그 방법은 내게 더 연습할 동기를 주기보다는 도리어 나의 사기를 떨어뜨리고 위축시켰다. 나 스스로도 다른 친구만큼 잘하지 못한다는 것을 알고 있었기 때문에 더 연습하기가 싫어졌다. 아마도 강한 성격을 가진 사람은 이 방법을 통해 자신을 지적한 부모님이나 다른 사람이 틀렸다는 것을 증명하고 싶어서 도전을 할지 모른다. 그러나 내 경우는 달라서 역효과를 낳았기에 나는 아이들에게 이 방법을 사용하고 싶지 않았다.

나는 내 아이들에게 부정적이기보다는 더 긍정적 자세로 동기를 부여하고 싶었다. 우리가 사는 이 세상은 이미 충분히 부정적이라고 생각한다. 아이들이 학교에 다니기 시작하면서 누군가를 험담하고, 집단 따돌림을 하고, 감정적인 협박과 신체적 위협하기를 하는 걸 보라. 얼마나 빠르게 무자비한 것을 배우는지 참으로 놀랍다.

❞ 잘못된 행동 고치기

나는 아이들이 항상 집을 편안하고 쉴 만한 장소로 느끼길 원했다.

"어떠한 경우에도 자녀들을 기분 좋게 해주자"는 그러한 관점은 아니다. 아이들이 바르지 못하게 행동하거나 무모한 짓을 했다면 그들이 자신들의 행동이 어떠했는지 깨닫게 했다. 이러한 경우에 그 문제를 해결하기 위해 아이들과 함께 노력했다.

하루는 방과 후에 이웃집의 엄마로부터 전화가 걸려왔다. 나단이 학교버스 안에서 그 집 아이의 머리를 세게 때렸다는 이야기를 듣고 깜짝 놀랐다. 그 엄마는 자신의 아이가 너무 화가 난 데다가 머리가 계속 아프다며 호소한다고 했다. 말할 것도 없이 나는 너무 화가 치밀었다. 잠시 마음을 가라앉힌 후 무슨 일이 벌어졌는지 알아보러 갔다. 들어보니, 나단이 평소 그 아이 때문에 마음이 상해 있었는데 마침 그 아이가 나단의 친한 친구를 독차지하려 한다는 생각에 더이상 참을 수 없어서 행동으로 옮긴 모양이었다.

"화가 났다고 다른 사람을 때리는 것은 괜찮니?"라고 먼저 물었다.

"아니요, 그런데 그 친구는 맞아도 싸요"라고 나단은 힘주어 답했다.

"그렇다면 다른 사람도 너한테 화가 나면 네 머리를 때려도 되겠구나?"

"어…… 아니요, 이것은 다른 상황이라고요."

나단은 얼버무리며 대답했다.

"어떻게 다른데?"

"저는 그 애가 싫어요"라고 대답하면서 나단은 고개를 숙였다.

"네가 그 사람을 싫어하든 말든 사람을 때리는 것은 나쁜 짓이야. 그렇다면 너는 네가 싫어하는 모든 사람들을 때리면서 다닐래?"라는 질문에 나단은 "아니요"라고 고개를 숙인 채 작은 목소리로 대답했다.

나는 화가 나서 사람을 때리는 행동이 잘못된 것임을 가능한 한 나단이 깨닫게 되길 원했고 또한 사람을 때리지 않고 다른 방법으로 문제를 해결할 수 있다는 것을 나단이 알게 되길 바랐다.

"때리는 것 말고 다른 해결 방법이 없었을까?"라고 나단에게 물었다.

"예를 들면 어떤 방법이요?"라고 물으며 나단은 고개를 들었다.

"다른 자리로 가서 앉든지, 아니면 처음부터 같이 앉지 않는 것이지"라며 나단에게 제안을 해주었다.

"아마도……"라며 쉽게 받아들이고 싶지 않은 듯한 표정을 지었다.

"다음번에도 화가 나서 누군가를 때리고 싶은 마음이 생기면 1부터 10까지 천천히 숫자를 세어보면 어떨까?"라고 내가 권했다.

"모르겠어요"라며 말끝을 흐렸다.

"그래도 그렇게 해볼 수 있지?"라고 나는 다짐을 하듯 물었다.

나단이 스스로 자신이 한 일을 정당한 것으로 여겼기 때문에 그것을 바로잡기까지 시간이 좀 걸렸지만, 결국 다른 사람을 때리는 것은 좋은 문제 해결방법이 아니라는 것을 깨닫게 되었다. 나단이 진심으로 친구를 때린 사실을 뉘우치고 있다는 생각이 들었다. 아마도 나단이 내게 그 친구를 싫어한다고 말하자 내가 더이상 그 친구와 놀 수 없다고 했기 때문에, 자신이 한 말을 후회했는지도 모르겠다.

나는 대화를 마치고 그 친구 집에 가서 사과하라고 나단에게 말했다. 하지만 나단이 사과하기 싫어하여 그럼 기다릴 테니 마음의 준비가 되면 함께 그 친구 집으로 가자고 했다. 그날 밤까지 시간을 주며 자기 방에 가 있으라고 했다. 나단이 수긍하기까지 시간이 오래 걸리지 않았고 함께 그 친구의 집으로 걸어갔다. 나단이 진심으로 미안해하는 것을 본 뒤 나도 안심했다. 나단이 사과했을 때 그 친구도 흔쾌히 받아주었다. 다행히도 그 친구의 머리는 아무 이상이 없었고 후에도 두 아이는 서로 잘 지냈다.

득보다 실이 많았던 비판

_____ 래리 내가 아이들에게 지나치게 비판적이지 말아야 한다는 교훈을 좀더 일찍이 깨달았다면 좋았을 뻔했다. 한국 문화 안에는 다른 사람을 돕는다는 의도로 비판하는 것을 나쁘게 생각하지 않는 경향이 있다. 나의 부모님은 어떤 면에서는 전형적인 한국분이셨다. 가령 내가 성적표에서 A를 받아오면 충분히 좋은 점수였는데도 불구하고 A⁺를 받지 않았음을 지적하시곤 했다. 나의 성격상 이러한 비평은 내게 박차를 가하여 더 좋은 점수를 얻는 데 바람직한 효과를 냈다. 그러나 대부분의 경우에 지속되는 비판은 사실상 아이의 자존감을 상하게 한다. 나단이 첫 아들이었기 때문에 나는 아이에게 큰 기대감을 가지고 있었다. 새내기 부모로서 나단이 나처럼 집중력 있고 학구적일 거라 미

> 아이들에게 더 잘하도록 동기를 부여해주기 위한 비판이 지나치면 자신감이나 자존감에 상처를 남길 수 있다. 해로운 결과가 나타났을 때는 이미 상처 회복이 어렵게 된다.

리 단정한 것이 실수였다. 나단이 어떤 성향의 아이인지 잘 모른 채 나는 부모님께 배운 그대로 나단을 비판했었다.

처음에 나는 문제가 나 자신에게 있다는 생각은 하지 못했다. 나보다는 나단에게 더 문제가 있다고 생각했기 때문에 아이에 대해 민감하게 생각하지 않았다. 그러나 장모님과 아내가 나단의 성격이 변하고 있으며 점점 자신감을 잃어가고 있다고 했다. 나는 한발 물러서서 장모님과 아내의 염려를 고려해보기 시작했다. 나는 장모님과 아내가 나와 나단을 위해 얼마나 많은 기도를 했는지 나중에야 알게 되었다. 그러한 기도에 힘입어 나는 조금씩 눈을 열어 아이를 바라보게 되었다. 어려웠지만 나는 나단이 아버지의 속도가 아닌 자기의 속도로 성장해가는 걸 지켜보기로 마음을 먹었다. 또한 나단이 이룬 성과를 내가 검토하지 않기 위해 날마다 의식적으로 다짐해야 했다.

그러나 내가 어린 시절 그렇게 자라왔기 때문에 이것은 매우 힘든 일이었다. 아마도 나의 부모님의 의도는 아니었겠지만 부모님의 인정이 내 성과의 기초가 된다고 생각했던 것이다. 부모님은 분명히 내게 많은 칭찬을 하셨을 텐데 칭찬해주신 것은 기억이 나질 않고 부모님이 비판한 것만 기억이 난다. 언제나 내가 좀더 잘했어야 된다고 생각했고 다소 내가 부모님의 기대에 미치지 못한다고 느꼈었다. 그런데 어느 순간 내가 나의 아이들에게도 부모님과 똑같이 하고 있음을 발견했다.

❡ 아버지와 아들만의 캠핑

_____ **루스**　　래리는 객관적으로 상황을 판단하여 변화를 이끌어

내는 능력이 있다. 하루 아침에 이루어진 것은 아니지만 궁극적으로 나
단에게 필요한 것에 기초를 두고 일련의 실천을 해낸 래리에게 큰 찬사
를 보내고 싶다. 시간이 오래 걸렸고 변화가 쉽지 않았지만 래리는 나
단과 더 좋은 관계를 형성하기 위해 열심히 노력했다. 래리는 게리 스
몰리와 존 트렌트가 쓴 『축복의 언어』라는 책을 구입하여 읽기 시작했
다. 이 책은 자녀를 향한 부모의 축복이 얼마나 중요한지와 부모에게
무조건적인 사랑을 받았다는 사실을 아이들이 알고 있는 것이 얼마나
중요한지에 관한 내용이다. 이 책과 함께 다른 여러 권의 양육 관련서
를 읽으며 래리는 친숙하지 않던 새로운 영역을 항해하기 시작했다.
나단이 열여섯 살 때 래리와 나단과의 관계는 전환점을 맞이했다.

_____ **래리**　　나단이 열여섯 살이 되던 해의 여름, 나단과 함께 기
독교 단체에서 주관한 '아버지와 아들만의 캠핑 여행'에 참석하기 위해
콜로라도 로키 산(Rocky Mountains)으로 떠났다. 우리는 아버지와 아들
로 구성된 여러 다른 쌍들과 함께 프로그램에 참석했다. 일주일간 육
체적으로 힘든 등산을 하면서 각자가 자신의 필요한 물건을 담은 22
킬로그램짜리 배낭을 하나씩 짊어져야 했고, 텐트와 이불과 먹을 음식
이 담긴 또 다른 22킬로그램짜리 배낭도 짊어져야 했다. 텐트를 치고,
하이킹을 하고, 모닥불을 피우고, 음식을 만드는 등 모든 일을 둘이서
함께하면서 나단과 나만의 멋진 시간을 보냈다.

　이 일주일간 나는 나단의 또 다른 면모를 보고 내심 자랑스럽고 감
사했다. 첫째, 나단이 나보다 더 신체적으로 건강해서 매일 8킬로미터

씩 산속 하이킹을 거뜬히 해냈다. 둘째, 아이의 따뜻한 마음을 알게 되었다. 산이 점점 깊어지면서 나단은 자신이 배낭 두 개를 짊어지겠다고 자원했다. 다른 아버지와 아들로 이루어진 쌍들과 함께하는 프로그램이었지만 그래도 우리 둘만이 이야기할 많은 정해진 시간이 있었기에 다양한 주제를 놓고 대화를 나누었다.

아름다운 자연 속에서 함께 시간을 보내면서 나는 나단의 생각과 감정 등 많은 새로운 사실들을 알게 되었다. 나단은 내가 자신의 이야기를 귀담아듣지 않고 자신이 어떤 방법으로 일에 접근하기를 원하는지 보다는 주로 성취해야 하는 일에 더 집중하는 것 같다고 속마음을 털어났다. 너무나 자주 나의 엄격한 성격 때문에 우리 관계에서 인간적인 요소가 무시되었고, 나의 억압적이고 대쪽 같은 성격이 우리의 관계를 악화시키고 있었는데 그것을 보지 못하고 있었음을 알게 되었다.

또한 나단이 내가 기대한 대로 일을 정확하게 수행하지 않았을 때 나는 참을성을 가져야 하며 아이의 설명에 더욱 귀를 기울이며 아이의 감정에도 민감해야 함을 깨달았다. 나단 또한 앞으로 일을 성취하는 데 더 집중하며, 항상 목표를 세우고, 더 솔선수범할 것을 다짐했다.

아이들을 있는 그대로 인정해주는 일은 부모, 특히 한 집안의 가장인 아버지가 해줄 수 있는 가장 큰 축복이다. 수시로 아이들의 장점과 재능을 잘 살펴 말로 직접 표현하는 것이 아이들의 자신감과 자존감 형성에 매우 중요하다.

캠프를 주관했던 리더들이 캠프 참가자들을 위해 마련한 특별한 이벤트 중의 하나는 모닥불을 가운데 놓고 각 아버지들이 아들들을 위해 마음껏 축복해주는 시간이었다. 이 저녁 이벤트의 목적은 아이들이 특별한 장소에서 지금까지 없었던 독특한 방법으로 아버지의 사랑을 알고 경험하게 하는 것이었다. 그 축복의 핵심은 아버지가 아들을 있는 그대로 인정해주는 것이다. 인정해주는 방법은 다섯 가지 요소로 구성되어 있고 서로 잘 조화를 이룬다. 부모에게 인정을 받는다는 것은 아이들의 성장과 발전을 위해 꼭 필요한 핵심 요소이다. 『축복의 언어』라는 책에서는 그 다섯 가지 요소를 다음과 같이 말한다. 애정 어린 접촉을 하기, 마음속의 생각을 말로 표현하기, 자녀들이 높은 가치를 지닌 존재임을 알려주기, 자녀들의 특별한 장래를 위해 비전을 심어주기, 축복을 이루기 위해 부모가 적극적으로 헌신하기.

그날 밤 나는 나단의 강점과 재능, 특히 융통성과 다양한 환경에의 적응 능력, 아이의 외향적인 성향, 그리고 착한 마음을 강조해가며 아이에게 내 마음을 말로 표현하며 축복해주었다. 또한 높은 지능과 사람을 좋아하는 성향 덕분에 나단이 밝고 특별한 장래를 가질 것을 확신한다는 나의 생각을 전달했다. 그날 밤은 우리 둘에게 매우 특별한 밤이었다. 그동안 나는 나단이 나의 이런 마음을 알아줄 것이라 추측하고는 한 번도 겉으로 드러내놓고 내 마음을 말하지 않았다. 나 또한 아이가 내 마음을 저절로 알아줄 것이라 추측하는 것이 아니라 실제적인 말로 사랑을 표현하고 아이를 인정하고 있음을 나타내는 것이 중요하다는 것을 그 순간 깨달았다.

나단의 소감

나는 그동안 아버지와 마음 편한 관계를 갖지 못했다. 어렸을 때는 다양한 이유로 아버지에게 야단을 맞았던 기억이 난다. 한번은 아기였던 벤과 놀고 있는데 갑자기 아버지가 소리를 지르며 벤의 머리와 너무 가까이서 놀고 있으니 저리 가라고 하셨다. 바이올린을 연습할 때면 활 잡는 법이 잘못됐다고 나무라셨다. 시간이 흐르면서 이런 지속적인 꾸중과 부정적인 말은 내게 안정감을 빼앗아갔고, 나는 작은 비난에도 매우 민감하게 반응을 했으며, 아버지에게도 상당히 냉담해져갔다. 때문에 거의 칭찬이나 긍정적인 말을 하지 않는 아버지와 산속에서 일주일을 보낸다는 것이 그다지 마음에 내키지는 않았다.

그러나 그런 마음 한편으로도 이번 여행이 중요하다는 것은 알았다. 왜냐하면 아버지와 나의 관계는 점점 냉랭해져갔기 때문이다. 아버지도 엄마의 권유를 전혀 귀담아듣지 않으셨던 것에도 원인은 있었고, 나 또한 아버지가 내가 드리는 말씀에 귀를 기울이지 않는다고 느꼈던 데 원인이 있었다.

그렇지만 놀랍게도! 캠프에 참석해서 자유롭게 이야기할 수 있는 좋은 시간을 보냈고, 아버지의 진정한 사랑을 발견하게 되었다. 하루는 로키 산 정상에서 아침을 맞이했는데, 아버지와 나는 깊은 숲속에서부터 떠오르는 태양의 아름다움에 감탄하며 절벽 위에 앉아 있었다. 아버지의 따뜻한 손이 나의 어깨를 감쌌다. 고요와 적막이 감도는 그 순간 아버지가 '너를 끝까지 믿으며 다시는 너에게 상처주지 않을 거야'라고 말하는 것을 느낄 수 있었다.

그날은 또한 아버지가 내게 축복을 해주신 날이었다. 아버지가 나를 사랑하며, 내게 있는 좋은 성격적 특성을 인정한다고 했던 말은 내게 큰 감동을 주었다. 평소 아버지는 너무나 강하시고 좀처럼 만족하지 않으셔서, 내가 늘 최선을 다하지 않은 것처럼 느끼실 뿐만 아니라 나는 성공할 수 없을 거라고 생각하시는 것 같았다. 그러나 그날 아버지의 눈에서 흐르는 눈물을 보며 나는 아버지가 단지 내가 최고가 되기를 원하셨으며, 내 안에서 발견하신 나의 잠재력을 살리기를 원하셨다는 것을 알게 되었다.

그 여행의 마지막 즈음, 앞으로 서로에게 원하는 것의 리스트를 만들었다. 나는 목표를 세우는 것, 적극적인 자세를 갖는 것, 아버지 말씀에 화가 났을 때는 말로 표현하는 것을 적어 넣었다. 아버지는 좀더 내 말에 귀를 기울이고 나를 어린아이 취급하지 않고, 계획대로 일이 진행되지 않을 때도 인내하고 지켜볼 것을 적어 넣으셨다. 콜로라도에서 그렇게 여름을 보낸 후에도 아버지와 나 사이에 여러 차례 우여곡절이 있었지만 더이상의 고통이나 괴로움은 없었다. 예전보다 더 많이 마음을 연대화가 있었고, 이따금씩 아버지가 내 말에 주의를 기울이지 않으시면 직접 알려드렸다. 그러면 아버지는 미안하다고 하시며 내 말에 귀를 기울이셨다. 우리가 함께했던 하이킹과 캠핑에 대한 기억을 애틋하게 되새겨본다. 우리를 가깝게 이어주신 하나님께 감사한다.

¶ 있는 그대로 아이들을 인정하기

나는 아이들이 나보다 더 나은 환경에서 자랐기 때문에 내가 이룬 성취보다 더 많은 것을 이룰 것이라는 나의 바람과 기대를 천천히 내려놓았다. 네 명의 아이들이 모든 것에 일등하기를 바라는 것이 얼마나 비현실적인지를 루스는 지적하곤 한다. 루스는 또한 나 자신에게도 너무 높은 목표를 설정해놓았기 때문에 우리 아이들이 그 아버지의 목표를 능가하기란 참으로 현실과 거리가 멀다고 말한다. 나도 각 아이들이 특별한 존재임을 인정한다. 그리고 아이들마다 아버지의 목표가 아닌 자신들의 목표에 맞는 길을 찾아야 한다는 것도 인정한다.

그러나 나는 오직 한 가지 길밖에 몰랐고 그 길이 내게 잘 맞았기에 이것을 깨닫기까지 쉽지 않았다. 둘째 아들 벤은 성공은 모두 똑같은 모양이 아니며 그것을 향해 가는 길도 모두 다르다고 말한다. 벤의 생각은 서구의 관점이다. 서양에 사는 한국 부모로서 나 또한 이것을 마지못해 인정한다. 아이러니컬하게도 지금 나단은 높은 집중력과 자제력을 가진 의과 대학 학생이 되었다. 그 아이는 나 같은 교수가 아닌 성공적인 개업의가 될 것이다. 내가 그리도 갖추었으면 했던 유머를 가진 성격 좋은 아들이다.

돌이켜 생각해보면 아이들은 자신들의 고유의 속도로 성장하고 성숙해가고 있다. 상대적으로 늦게 성장하는 아이들도 있기 때문에 아이들이 조절하기 힘든 어떤 부분을 비판하는 것은 아이의 감성을 파괴할 수 있다. 쉬운 일은 아니지만 우리는 자녀를 향한 우리의 목표, 비전, 그리고 기대치를 내려놓아야 한다. 나는 현재 나의 아이들이 모두 자신의

삶에 대한 비전을 가지고 있고, 각자의 삶에서 성공하기 위해 무엇을
해야 하는지 알며, 그들이 선택한 분야의 확실한 목표를 가지고 있다
고 믿는다.

좋은 성품을
길러 주기 위한 훈육

벌을 주는 방법으로는 행동에 따라 타임아웃을 시키거나, 아이들의 특권을 빼앗거나, 회초리 사용을 조합해서 훈육했다. 어떤 행동을 했을 때 이런 벌을 받게 된다는 것을 미리 알려주었다. 타임아웃은 주로 유치원생들에게 쓰는 방법이다. 각 아이마다 얼마의 시간만큼 타임아웃을 시켰는지 자세히 기억나진 않지만 아마도 나이 한 살에 1분씩 정도라는 생각이 남아있는 것을 보면 그렇게 했던 것 같다.

❢ 처음 10년이 중요하다!

"엄마, 나 봐봐!"

위로 아래로, 마치 엔진이 달린 요요처럼 나단은 거실 소파 위에서 점프하면서, 깔깔거리며 신나는 시간을 보내고 있었다.

마침 우리 집에 방문한 시어머님이 눈살을 찌푸리며 물었다.

"아니, 나단이 늘 저렇게 행동하니?"

"네, 어머니. 저러면서 넘치는 에너지를 발산하곤 해요"라고 대답했다.

"얘야, 그렇지만 나단이 저런 행동을 하게끔 놔두면 안 된다. 적절하지 않은 행동이야. 소파는 앉으라고 있는 가구지 점프하면서 노는 놀이 기구가 아니잖니?"라고 시어머님이 말했다.

'나단의 행동이 잘못되었나?'라는 생각이 순간적으로 들었고, '곽 씨네 동물원에 오신 것을 환영합니다'라는 말을 하고 싶었지만 나는 어머님이 재미있게 받아들이지 않으실 것 같아서 하지는 않았다.

시어머님의 말을 듣기 전까지는 소파 위에서 아이가 뛰는 행동이 적절하지 않다는 생각은 해본 적이 없었고, 우리 집에서는 늘 있는 일이었다. 그러나 시어머님과 이야기를 나누면서, 아이들은 아직 옳고 그름을 스스로 알지 못하기에 부모가 올바른 행동을 그들에게 가르쳐야 한다는 것을 알게 되었다. 그동안 내 마음속에서는 훈련과 가르침은 상대적으로 긍정적인 접근법이고, 훈육은 뭔가 더 부정적이라고 분리시켜 생각해왔었다.

어머님과 대화를 나눈 후 며칠을 생각하면서, 훈육이란 실제적인 방법으로 긍정적인 면과 부정적인 면을 모두 포함하고 있다는 생각을 천천히 갖게 되었다. 즉 사회성을 길러주고, 좋은 습관과 행동을 개발하기 위해 아이들을 훈련하고, 짜증·버릇없음·불순종과 같은 부정적이거나 바람직하지 않은 행동들을 바꿔주려는 것 같은 양육 목표들을 달성하기 위해서는 훈련과 훈육 둘 다 필요하다는 데에 생각이 미치게 되었다.

시부모님은 늘 아이들의 인생에서 "처음 10년이 중요하다"고 말했다. 이 10년 동안 아이들의 성격과 좋거나 나쁜 습관들이 형성될 뿐만 아니라, 부모로부터 보고 들은 것을 배우게 되는 인격 형성기라고 했다. 이 시기에 아이들에게 이런 것들을 잘 가르쳐두지 않으면, 나중에는 우리가 더 어려워질 것이라고 강조했다. 각 아이들마다 10년씩이라니, 우리는 이 기간들이 영원처럼 느껴졌다. 어쨌든 우리는 부모님의 말씀 안에 담긴 지혜를 받아들여 아이들의 일상의 활동과 스케줄에 우리의 시간과 에너지를 쏟았고, 이것들에 집중하여 계획을 세웠다.

아이들의 성격은 여러 통로를 통해 형성된다. 가장 중요하지만 한편으로는 참으로 큰 부담인 것이 날마다 가정 안에서 아이들이 우리를 보고 있다는 점이다. 아이들은 마치 스펀지 같아서 그들 주변의 모든 것을 흡수하는데, 이 세상에서 가장 존경하고 사랑하는 부모가 있는 가정 안에서 가장 많이 배우게 된다. 때로는 아이들이 옆에서 듣고 있다는 것을 인식하지 못한 채 다른 사람에게 여러 가지 불평을 늘어놓을 때가 있지만, 이때는 얼른 말을 멈춰야 한다. 내 아이들이 나의 불완전함을 보고 있다는 사실을 깨닫게 된 이상, 나는 듣고 있는 귀들과 보고 있는 눈들에 대해 늘 인식하고 나 자신을 고쳐야 했다.

❵ 칭찬과 격려하기

아이들의 성품을 형성하는 것과 훈련은 밀접한 관련이 있다. 어린아이들에게 뭔가를 가르치고 싶거나 습관을 형성해주고자 한다면 먼저 그들에게 칭찬과 격려를 해주는 게 좋다. 아이들이 장난감을 정리하고 자신들의 할 일을 잘 마쳤을 때 우리는 그들이 한 일을 칭찬해주었다. "와우, 정말 잘했어요. 엄마는 너희들이 이렇게 크게 도움이 될 줄 몰랐는데"라고 하거나, 그들이 만일에 해야 할 일을 하지 않았다면 꾸중을 하기보다는 아이들이 좋아할 만한 방법으로 게임을 만들기도 했다. 예를 들면 "오늘 장난감이 이렇게 어질러져 있는 것을 보면 나를 도와주던 사람들이 모두 멀리 가버렸나 보네. 엄마는 슬퍼져서 잠시 누워서 낮잠을 자야겠네. 나를 도와주는 사람들이 와서 이 어질러진 장난감을 모두 치워주어 집이 깨끗해지면 너희들 중에 한 명이 엄마를 깨워줄

래?" 하면 어린아이들은 게임을 너무나 좋아해서 이런 말에 즉각 반응을 보인다. 이런 방법은 아이들이 어떤 것을 자연스럽게 실천하는 습관을 형성하게 할 뿐만 아니라, 재미있는 게임으로 여기고 서로 잘해내고 싶어한다. 시간을 들여 이것을 강화하면 아이들은 무슨 일이건 첫 번에 잘해내는 습관을 개발할 수 있게 된다.

잘한 행동을 칭찬해주는 것은 자녀들에게 동기를 부여하여 그들이 긍정적인 행동을 하도록 유도하는데, 아이들은 본능적으로 부모를 기쁘게 해주고 싶어하기 때문이다. 라이언과 안나는 마치 개와 고양이의 관계처럼 한 순간에는 절친한 친구였다가 다음 순간에는 적으로 돌변하곤 했다. 그들의 관계가 좋을 때는 기회를 놓칠세라 그들에게 칭찬을 해주며 엄마가 얼마나 행복한지를 알려준다. 그러면 라이언과 안나는 활짝 웃으며 스스로를 자랑스럽게 생각한다. 그러면 라이언은 안나에게 더욱 친절하게 대하며 안나는 심지어 오빠의 볼에 뽀뽀를 하기도 한다. 불행히도 이 방법이 모든 싸움을 막지는 못하지만 라이언은 적어도 개념은 이해하고 있었다.

"안나, 이렇게 하면 우리가 싸우게 될 수도 있어. 그러면 엄마가 싫어하실 거야. 안나! 내가 말했지. 이렇게 하지 말라고!" 하면서 안나와 싸우지 않으려고 노력하는 라이언을 볼 때면 웃음이 났다.

❡ 상 주기

아이들을 훈련시키는 또 다른 방법은 보상을 주는 것이다. 우리는 아이들이 상당히 어렸을 때부터 자기 전에 각자의 방을 정리하는 책임을 주었다. 아이들은 잠자리에 들기 30분 전에 2층으로 올라가서 자신들의 방을 정리했다. 우리가 점검을 해서 만족스러우면 나머지 시간은 아이들이 함께 게임을 해도 되지만, 만일 정리해놓은 것이 만족스럽지 못하면 다시 정리를 하게 했는데 이것은 30분 안에 포함된 일이었다. 이 아이디어는 아이들에게 효율적인 방법으로 일을 잘해내는 훈련을 시킬 수 있었다. 우리가 행동의 개선을 위해 이런 형태의 행동 수정 (behavior modification)*을 시도할 때면 아이들은 서로서로 도왔다. 다른 아이들은 놀고 있는데 한 아이만 남겨지는 경우는 없었다. 나이가 많은 아이가 먼저 자신의 일을 끝내면 동생들을 도와주거나, 네 명이 한꺼번에 한 방씩 치워나가는 식으로 자기들끼리 해냈다. 그들이 함께 힘을 합쳐서 일을 하거나 서로서로 돕는 것을 보면 늘 신기했다. (이럴 때는 늘 그들의 협력을 칭찬해주었다.)

훈련을 위해 또 다른 방법들을 사용했다. 주어진 일을 잘했을 때는 밝은 스티커를 표에 붙이게 했고, 투명한 플라스틱 병에 탁구공을 넣게도 했다. (한 개의 공은 한 가지 일을 완수했음을 의미한다.) 남자 아이들에게는 미리 꾸며 놓은 차고에 미니카를 한 대씩 주차시키는 방법을 쓰기도 했다. 스티커가 쌓이면 미리 계획했던 대로 이탈리안 아이스크림이나 다른 아이스크림을 먹으러 가기도 했다. 아니면 마켓에 가서 자신들이 좋아하는 특별한 것을 한 개씩 고르게 했는데, 평상시에는 주로 사주지 않는 초콜릿이나 곰돌이 모양의 젤리들을 고를 수 있게 했다. 아이

* 어떤 문제 행동으로 인해 어려움을 겪는 아이에게 그 아이의 수준에 맞게 주위 환경을 변화시켜 도와주는 것을 말한다.

들은 가장 마음에 드는 것을 고르기 위해 마켓의 통로를 돌아다니며 무척이나 좋아했다.

우리는 이 인격 형성 기간 동안 아이들을 훈련시키기 위해서 그들이 열광하는 대상이나 그들의 상상력을 활용하기도 했다. 가정에서 일상적으로 사용하는 아이템을 활용하여 이런 식으로 아이들에게 시도할 수도 있다. 비싸거나 고급 물건이 아니어도 된다. 아이들은 상상을 초월할 만큼 창의력이 있어서 우리가 그들의 수준으로 눈높이를 맞추어 아이들이 생각하는 방식으로 우리도 생각하면 된다. 그러나 항상 쉽지는 않다.

일관성 있는 훈육

아이들의 훈육에 성공하려면 일관성이 있어야 한다. 모든 아이들 안에는 일관성을 유지하기 힘든 레이더가 장착되어 있다. 우리 가정에서도 예외는 아니었다. '한 걸음 전진하면 두 걸음 물러서게 된다'는 격언

> 아직 어린아이들은 어떤 상황에서 옳고 그름에 대해 또 적절한 행동이 무엇인지 알지 못한다. 그렇기 때문에 열 살 전에 아이들을 훈련시키는 것이 중요하다. 엄마, 아빠가 함께 이 일에 어떻게 접근할 것인지 계획을 세워, 어떤 부분에 어떤 적용을 할 것이지 결정하는 것이 중요하다. 좋은 행동에 대해 칭찬을 해주면, 어린아이들은 크게 동기를 부여받는다. 창의적인 보상과 작은 선물은 아이들에게 지속해서 그런 바람직한 행동을 하도록 하는 데 도움이 된다.

처럼 일관성을 유지하기가 참으로 쉽지 않았다. 라이언은 나의 일관성 없음을 잘 알고 있어서 나를 조절(control)하고 있었는데, 나는 그것을 눈치채지 못했다. 라이언이 네다섯 살쯤 시어머님이 방문했을 때, 이런 우리의 관계를 알아보고는 알려주셨다.

"네가 라이언에게 칭얼대지 말라고 하면, 그 아이가 울기 시작해서, 네가 그 아이에게 져줄 때까지 계속 우는 걸 알고 있니?"

"정말요? 저는 몰랐어요."

"라이언은 엄마든 다른 형제들에게든 자신의 뜻대로 되지 않을 때 엄마의 관심을 끌기 위해서 칭얼대기 시작하는데, 우는 건 엄마에게만 하고 있어."

나는 크게 한숨을 쉬며 대답했다.

"라이언은 형들이 하는 것처럼 하고 싶은데 그렇게 하지 못하니 자주 좌절을 경험하는 데다가, 고집 센 동생 안나와 상대하느라 힘들어하는 걸 감안해서 제가 무의식적으로 라이언에게 그렇게 대했나 봐요."

"내가 보기에 그것은 변명 같구나. 아이가 안쓰럽다고 아이의 잘못된 행동을 눈감아주는 건 안 될 말이지. 하여간 라이언이 지금은 칭얼대면서 자신이 원하는 것을 다 할 수 있지만, 아이가 자라서는 어떨 것 같니? 이 세상에서 누가 칭얼대는 청소년이나 어른을 좋아하겠니?"

칭얼대는 아이가 칭얼대는 청소년이나 어른으로 성장할 거라는 시나리오를 생각해본 적이 없었기 때문에 나는 거의 웃음을 터뜨릴 뻔했지만, 칭얼대는 어른이 된 라이언의 모습을 상상하는 순간 마음이 차분히 가라앉았다. 말할 필요도 없이 장래 그 아이의 아내는 나를 용서

하지 않을 것 같았다. 나는 이내 어머님의 말씀이 옳다는 것을 깨닫게 되었고, 늘 래리가 격려해주었던 것처럼, 나의 개인적인 감정에 휩싸이지 않으면서 시어머님의 메시지에만 귀를 기울이기로 마음을 먹었다.

사실 나의 내면에는 라이언을 향한 죄의식이 있었다. 그래서 내가 마땅히 그러지 않았어야 하는 때에도 아이의 뜻에 굴복해주었을 것이다. 그 죄의식은 안나의 출생 즈음 있었던 충격에서부터 시작되었다. 나는 산부인과에 정기 검사를 받으러 간다고 생각해서 이웃집에 라이언을 맡기면서, 의사 선생님을 만나고 빨리 오겠다고 약속했다. 간신히 두 살을 넘긴 나이였지만 라이언은 꽤 조숙해서 일찍부터 말을 곧잘 했다. 그때도 "아기 때문에 의사 선생님 만나러 가는 거지, 엄마?"라고 물어서 "그래, 라이언. 엄마가 빨리 다녀올 테니까 친구들하고 잘 놀고 있어, 알았지?"라고 대답했다. 라이언은 "네, 엄마. 이따가 봐요"라고 말했지만 라이언을 다시 본 것은 며칠이 지난 뒤였다.

나는 그날 병원에서 몇 가지 검사 후 임신중독증이 매우 심한 상태여서 구급차에 실려 볼티모어에 위치한 병원으로 후송되었기 때문이다. 래리도 병원으로 곧장 와야 했기에 라이언은 계속 이웃집에 머물러 있어야 했고, 다른 두 아이들도 방과 후에는 그 집에 있어야 했다. 래리는 본인이 집에 돌아갈 수 있을 때까지 그리고 부모님들이 도와주러 오실 수 있을 때까지 여러 이웃집에 도움을 요청해서 아이들을 맡겼다.

라이언은 그 당시 왜 엄마가 돌아오지 못하는지, 또 엄마에게 무슨 일이 일어난 건지를 이해하기에는 너무 어린 나이였다. 나는 라이언이 그 당시 응급 상황에 대한 이야기를 얼마만큼 들었는지 모른다. 단지 기억나는 것은 그 일이 있은 후 처음 몇 달 동안 라이언은 나를 떨어지지 않으려 했고, 불안해했었다. 래리가 처음으로 엄마를 만나게 해주려고 라이언을 병원으로 데리고 왔을 때 라이언은 래리에게 달라붙어서 얼굴을 아빠의 어깨에 묻고는 떨어지지 않으려고 했다. 엄마가 안아주겠다는 것을 거부해서 우리 둘 다 매우 놀랐다. 결국에는 내 품에 안겼지만, 우리는 왜 라이언이 내게 오기를 거부했는지 그것이 엄마에 대해 화가 났기 때문이었는지, 아니면 부어오른 내 얼굴이 이상해서 라이언이 나를 못 알아봤는지 몰랐고 더이상 크게 신경쓰지도 않았다.

어떻든 라이언을 위해 칭얼대는 습관을 없애주어야겠다는 생각이 들었지만, 쉽지 않았다. 내 눈이 열린 후 나는 라이언이 얼마나 칭얼대는지 그리고 나 또한 얼마나 괴로운지를 깨닫게 되었다. 그렇지만 나는 아이를 바로잡기 위해 단호해졌다. "라이언, 엄마는 네가 칭얼대지 않고 정상적인 목소리로 말할 때까지 대답하지 않을 거야"라고 했다. 하지만 힘들고 짜증이 났을 때는 "라이언! 칭얼대지 마. 정상적인 목소리로 말해!!"라고 소리쳤다. 무엇보다도 중요했던 것은 내가 하던 일을 멈추고 라이언에게 집중하여 더이상 아이가 내 관심을 사로잡기 위해 칭얼댈 필요가 없다는 것을 느끼게 해주는 것이었다.

나는 허리를 굽히고, 아이와 눈을 마주치며, 무엇이 필요한지를 물었다. 라이언은 반응을 보였는데, 특별히 일대일의 관심에 반응을 보였다. 분명한 것은 라이언은 자신의 감정적인 필요를 정확하게 표현할 수는 없었지만 울거나 칭얼대면 자신에게 관심을 가진다는 것을 이미 알았기 때문에 어린 아기가 울음으로 신호를 보내듯이 그렇게 했다.

라이언이 위의 형들과 아래 동생 사이에 끼여서 가족 안에서 자신의 위치를 찾는 데 힘들었을 것이라는 생각이 든다. 나단은 장남으로 모든 동생들이 우러러보는 위치에 있었고, 벤은 가장 영리하며 다소 둔하여 언제나 자신만의 세상에 빠져 있는 아이였고, 안나는 막내인 데다 유일한 딸이었다. 게다가 라이언은 매우 예민했고 지금도 대단히 예민한 아이인데 내가 이 사실을 깨닫지 못했던 것을 안타깝게 생각하고 있다. 나는 네 아이들에게 같은 방법으로 같은 말을 했는데 라이언만 오로지 모든 것을 개인적으로 받아들여서, 자신의 마음속에 불평등의 감정을 쌓았다. 라이언이 가진 생각들 중의 얼마는 사실이겠지만 또 모든 것이 사실은 아니다. 라이언은 불평등의 감정을 마치 사실처럼 여겨버렸고, 우리와의 대화가 결핍되는 바람에 시무룩하고 말이 별로 없는 청소년기를 보냈다는 생각이 든다(제8장에서 자세히 설명됨).

그러나 우리는 라이언이 대학 시절을 보내면서 다시 제 모습을 찾게되어 매우 감사한다. 어린 시절의 모습대로 수다스럽고 행복한 아이, 우리 이웃들이 '언제나 미소 짓는 아이'라고 불렀던 그 모습으로 돌아왔다.

> 부모로서 아이에게 미안한 마음이나 죄의식이 있어서 훈육을 제대로 하지 못하고 있지는 않은지 주위 사람들에게 의견을 묻고 또한 스스로를 되돌아볼 필요가 있다.

，아이의 반항인지, 실수인지를 잘 구별하라

수년에 걸쳐 우리에게 도전이 되었던 것은 긍정적인 행동 수정 방법 (positive behavior modification)과 사실상 벌에 가까운 부정적인 강화법 (negative reinforcement)을 어떻게 적절하게 사용해야 되는지를 알아내는 것이었다. 우리는 우리가 다니던 교회에서 추천해준 크리스천 심리학자인 제임스 답슨이 쓴 『완벽한 결혼과 가정에 대한 참고서』라는 책을 참고할 수 있었다. 그 책의 주요 전제는 부모들은 아이들의 고의적이며 반항적인 행동과 어리기 때문에 저지를 수 있는 실수 또는 부주의의 차이를 분별하여 아이들에게 반응해야 한다는 것이다. 고의적이며 반항적인 행동은 기본적으로 부모의 권위에 도전하는 것이며, 순종하거나 부모의 말을 듣기보다는 자신의 방법대로 하기를 원하는 것이다. 아이들이 이런 형태의 반항적인 행동을 지속할 때는 아이들의 나이나 성격에 맞게 교정할 방법을 쓰거나 벌을 내려야 한다. 어떤 아이들은 타임아웃(time out) 의자에 앉아 있게 하는 것만으로도 효과가 있지만, 또 다른 아이들의 경우는 좀더 강한 방법이 필요하기도 하다. 저자인 답슨 박사는 응징을 하는 것이 아니며, 또한 화를 내지 않으면서 아이들의 엉덩이를 회초리질하는 방법을 사용하라고 했다.

한편으로 아이들의 마음(spirit)은 부서지기 쉬울 만큼 매우 약하며, 아이들의 자존감과 자신을 바라보는 관점을 반영하고 있기 때문에, 부모는 부정적인 말을 해서 아이들의 마음이 상하지 않도록 주의를 기울일 필요가 있다. "너는 왜 그러니?" "너는 어린아이야." "너는 어쩌면 그렇게 아버지(어머니)와 꼭 닮았니?"(칭찬의 의미가 아닐 때) 같이 아이에게 상처가 되는 말을 반복하면 아이의 감정을 상하게 하며 아이 스스로 자신을 바라보는 관점에 영향을 준다. 일단 아이들의 마음이 짓밟히면 그 손상을 원상태로 돌리기는 어렵다. 우리가 만일에 아이들이 고집스럽게 반항하는 순간과 어리기 때문에 저지른 실수를 잘 분별할 수만 있다면, 벌어지는 상황에 어떻게 반응을 해야 할지 알 수 있게 된다. 이러한 분별이 그리 쉽지는 않다. 나단을 키우면서 이런 어려움에 직면하곤 했다.

나단이 까다로운 아이는 아니었다. 단지 너무 활동적이다 보니 행동을 스스로 조절하기 어려운 아이였다. 때로는 아이의 행동이 반항에 기인하는 것인지, 아니면 몰라서 실수를 하는 것인지 분별하기 어려웠다. 비록 의도한 바는 아니었지만 나단은 우리에게서 부정적인 메시지를 받아 마음에 상처가 있다는 것을 알고 있었다. 래리에게 가혹하게 비판을 받았던 나단의 경우처럼, 아이들이 지속적으로 질책을 받는다면 이런 비판을 내면화시킬 수밖에 없다. 나단은 한 상처 위에 또 다른 상처가 계속 생기는 상태 같았다.

유치원에 다닐 때 끊임없이 움직이는 아이였기 때문에, 급하게 다른 장소로 가기 위해 무심코 다른 아이를 넘어뜨리는 피해를 끼치거나 엉

아이들의 마음은 부서지기 쉬울 만큼 매우 약하다. 상처되는 말을 반복하면 아이의 감정이 상하게 되고, 아이들의 마음이 짓밟히면 그 손상을 원상태로 돌리기 힘드므로 부모는 부정적인 말을 해서 아이들의 마음이 상하지 않도록 주의를 기울일 필요가 있다.

망이 되는 상황을 만들기 일쑤였다. 나단의 유치원 선생님은 '자제력 부족(poor impulse control)'이라고 했는데, 이 말을 들은 후 떠올랐던 첫 생각은 '아직 유치원생인 아이가 과연 결과를 염두에 두면서 행동할 수 있단 말인가?'였다. 그러나 유치원 선생님은 나단이 다른 친구들에 비해 확실히 다르다는 이야기를 해주었다. 젊은 부모로서 우리의 반응은 '저것이 바로 나단의 평상시 모습이라서 심각하게 생각지 않았는데'였다. 지금은 우리가 아동 연구에 근거해 쓰인 많은 좋은 책들을 통해서, 과잉 활동을 하는 아이들에게 효과가 있는 다양한 기술이나 행동 수정을 적용할 수 있다는 것을 안다. 그러나 그때는 이런 것을 모른 채, 각 상황이 벌어질 때마다 비록 느리고 힘들지라도 우리로선 최선을 다해 뚫고 나갔다.

초등학교 생활은 나단에게 더 힘들었다. 앉아 있는 시간이 길어졌기 때문에, 나단은 시간이 흐를수록 초조하고 가만히 있기 힘들어했다. 나단은 얼마 안 있어 학급의 어릿광대로 유명해졌고 다른 친구들을 재미있게 해주기 위해 우스꽝스러운 행동을 했다. 어느 한 해는 이런 행동을 줄여보기 위해 선생님이 나단의 책상을 선생님 바로 앞에 고정석으로 정해놓았음을 알게 되었다. 나단이 고개만 들면 선생님은 눈앞에 있었고, 선생님은 눈꼬리를 치켜뜨며 나단을 관리했다. 나단은 몹시 싫어했지만 효과는 만점이었다.

6학년이 되어 중학교에 다니면서는 하루 종일 한 교실에 있지 않아도 되었다. 각 과목마다 다른 선생님의 방으로 옮겨 다니며 수업을 듣게 되었고 더이상 맨 앞자리에 앉지 않아도 되었다. 그러나 그의 담임 선생님은 나단이 가장 지루해하는 영어 과목 선생님이었다. 경험 많은 그 선생님은 나단이 어떤 학생인지 금세 알아차렸다. 선생님과 상담하는 날에 선생님은 한 가지 전략을 제안했다. 선생님은 본인의 휴대폰에 아버지 전화번호의 단축키를 만들어놨다며, 나단이 수업시간에 문제를 일으키려고 할 때마다, 본인의 전화기를 높이 들어 나단은 진정하곤 했다. 이 방법은 잘 먹혔고, 우리에게 많은 안도감을 주었다. 7학년과 8학년 때 우리는 나단에게 만일 선생님께 한 통의 전화라도 받으면 우리 중 한 명이 학교 교실에 가서 나단 옆에 앉아 있을 것이라고 말해두었다. 남자 중학생에게 이러한 일은 참으로 끔찍한 일이었을 것이고, 덕분에 우리는 학교로부터 나단에 관련된 전화를 한 통화도 받지 않았다. 지금 나단은 "어떻게 저에게 그렇게 하실 수 있었는지 상상이 되지 않아요"라고 말하지만, 그때의 일은 우리 모두에게 웃음을 선사한다.

❛ 긍정적인 훈육

우리에게 통찰력을 심어준 한 권의 책이 더 있는데, 케빈 리먼이라는 크리스천 심리학자가 쓴 『세상에서 가장 좋은 부모되기』라는 책이다. 그 학자의 개념은 아이들은 결과를 통해서 가장 많이 배우게 된다는 소위 '현실 양육법(reality parenting)'이다. 이것은 특히 아이들이 어리거나 부주의로 인해 저지르는 행동들을 다루는 데 유익한 방법이다. 이 책을 읽기 전에는 아이들이 밥을 먹다가 물을 엎지르면 나는 좌절하거나 화가 나기도 했다. 아이들은 대부분 주의를 기울이지 않거나 식사 시간에 놀면서 빈둥거리다가 물을 엎지른다. '결과 접근법(consequence approach)'은 아이들에게 엎질러진 물을 닦게 하고, 자신의 물컵에 새로 물을 채우게 한 뒤, 만일에 한 번 더 물을 엎지르게 될 경우 식사가 끝날 때까지 물을 마실 수 없다고 미리 말해두는 것이다. 아이들이 바람직하지 못한 행동의 결과에 대해 미리 정확하게 알고 있을 경우, 그 결과가 발생했을 때 좀더 빨리 교훈을 배우게 되는 것을 알게 되었다.

벤의 경우 유치원에 입학 후 이 교훈을 우연히 배우게 되었다. 선생님이 서클 타임*이라고 하셨을 때, 벤은 자신이 마치 강아지인 것처럼 '멍멍' 짖으면서 기어서 서클까지 갔다. 서클에 도달해서도 지속적으로 짖었다. 반 학생들은 모두 웃었고 선생님은 아이들을 진정시키느라 많은 시간을 소비했다. 선생님은 벤에게 "오늘 수업 시간을 방해했기 때문에 휴식 시간(recess time) 동안 벤은 교실에 남아 있어야 돼"라고 말했다. 선생님은 나중에 "벤은 아무런 말을 하지 않고 한 가지 질문을 했어요. 만일 자신이 선생님 말을 듣지 않고 이와 비슷한 행동을 하면 또 휴식 시간이 없어지는지를 물어서, 제가 그렇다는 대답을 했더니, 그 후론 저희 학급의 모델 학생이 되었습니다"라고 덧붙였다. 이 원인에 따른 결과가 벤에게 효과적이었는데 벤이 가장 좋아하는 것이 휴식 시간이었기 때문이다.

나단의 사과

나단에게도 이 결과 접근법을 사용해볼 수 있었다. 한번은 친정아버

---

* 주로 유치원이나 저학년 학생들의 경우 모두 원 모양으로 둘러앉아서 한 사람씩 자신의 의견을 말하거나 그룹으로 하는 활동(activity) 시간.

지가 목회를 하시는 시카고에 위치한 교회에 방문을 했는데 일이 벌어졌다.

"루스. 이 아이가 네 아들이구나? 지난번에 봤을 때는 간신히 걷고 있었는데 참 많이 컸네."

나단은 어른들에게 둘러싸여 있었는데, 그분들은 내가 자라면서 알고 지냈던 교회 분들이었다. 그분들은 나단에게 많은 관심을 보여주었고 "참 잘생겼네"라는 말씀들을 해주었다. 내가 다른 분과 대화하는 사이 한 여성분이 허리를 굽혀서 나단에게 무엇인가를 묻는 것을 슬쩍 볼 수 있었다. 그분의 표정이 이상해지더니, 급히 몸을 일으키며, 나를 한 번 쳐다본 후 인사를 한 뒤 자리를 떴다.

나중에 이상하다는 생각이 들어 나단에게 그 여성분이 뭐라고 말씀하셨는지를 물었다. 나단은 "아무 말도 하지 않으셨어요"라고 너무 단호하게 반응해서 즉각 의심을 하게 되었다. 내가 집요하게 물으니 나단은 걱정하는 눈빛으로 "사실은 '입 닥쳐!(shut-up)'라고 말했어요"라고 대답했다. 나는 내 귀를 의심하지 않을 수 없었다. 나단은 그 말이 나쁜 말이라는 것을 알고 있었고 우리는 집에서 절대 그런 말을 사용하지 못하게 했었다.

나는 놀라지 않은 것처럼 태연한 표정으로 나단에게 "그분에게 왜 그런 말을 했니?"라는 질문했다. 나단은 눈을 아래로 내리깔고는 "모든 사람들이 나에게 인사하는 것이 피곤했고, 각 사람들과 악수하는 것도 또 그분들이 내 몸을 만지는 것도 싫어서 그분이 '너는 몇 살이니?'라고 물었을 때 '입 닥쳐!'라고 대답했어요"라고 중얼거렸다.

나는 완전히 충격을 받았고, 이 문제를 이렇게 끝낼 것이 아니라는 생각이 들었다. 내가 아닌 나단이 그분에게 직접 사과를 해야 한다는 생각이 들었다. 몸을 구부려 나단의 양팔을 부드럽게 잡으며 "그분에게 죄송하다고 사과를 해야 해"라고 말했더니, 나단은 격렬하게 머리를 흔들며 놀란 표정을 지었다. "싫어, 싫어"라며 거부했지만, "좋지 않은 말을 한 것도 잘못이지만, 특히 어른에게 그러한 말을 했다는 것은 아주 잘못한 거야" 하고 단호하게 말했다. 나단은 야단법석을 치며 심하게 저항하면서 사과하고 싶지 않다고 했다. 내가 조금도 여지를 주지 않자, 나단은 "엄마가 대신 사과해"라고 간청을 했지만 "아니. 그리 오래 걸리지 않을 거야. 단지 '오늘 있었던 일을 사과드립니다'라고 말하면 돼"라고 답했다.

나단이 준비되기까지 시간이 걸렸지만 그 여성분에게 전화를 걸어서 내가 나단에게 들은 말과 있었던 일에 대해 설명을 드리고 나단이 직접 드릴 말씀이 있다는 말을 하고선 수화기를 나단에게 넘겨주었다. 이것이 어쩌면 작은 일이었을지도 모르지만 나단에게는 큰 인상을 남긴 사건이었다. 내가 그 아이를 대신해서 사과할 수도 있었지만 나단이 직접 사과하게 시킴으로써 그 아이에게는 실제 상황이 되었고, 자신의 잘못된 행동에는 반드시 결과가 따르며, 그것은 자신이 직접 바르게 고쳐나가야 한다는 경험을 하게 했다.

벌 주기

벌을 주는 방법으로는 행동에 따라 타임아웃을 시키거나, 아이들의 특권을 빼앗거나, 회초리 사용을 조합해서 훈육했다. 어떤 행동을 했을 때 이런 벌을 받게 된다는 것을 미리 알려주었다. 타임아웃은 주로 유치원생들에게 쓰는 방법이다. 각 아이마다 얼마의 시간만큼 타임아웃을 시켰는지 자세히 기억나진 않지만 아마도 나이 한 살에 1분씩 정도라는 생각이 남아있는 것을 보면 그렇게 했던 것 같다. 꼼지락대며 잠시도 가만있지 못하는 나단과 안나의 경우는 타임아웃을 몹시 힘들어했다. 나단은 의자에 앉아 있는 동안 50가지쯤 다른 포즈를 취했었다.

라이언과 안나가 싸울 때는 먼저 경고를 한 뒤, 그래도 멈추지 않으면, 아이들을 각기 어린이용 의자에 앉힌 후 타이머를 맞추어둔다. 그들은 의자에서 벗어나면 안 되는 것을 안다. 일단 벗어나면 시간이 더 늘어난다는 것을 알고 있다. 타임아웃을 끝내고 다시 놀 수 있게 되었을 때, 만일 또 한 번 싸우면 더이상 놀이 시간은 없다는 것을 알려준다.

아이들이 초등학생이 되면 각자의 방으로 들여보내는 것과 특권을 빼앗는 방법을 함께 사용했다. 우리 집 아이들은 놀다가 다른 형제들에게서 분리되어 자신의 방으로 가는 것을 몹시 싫어했다. 그들의 방에는 텔레비전이나 전자 기기가 없었기 때문에 방에 들어가게 되면 책을 읽거나 일찍 잠자리에 드는 등 혼자서 시간을 보내야 했다. 특권을 빼앗기는 것은 주말 밤에 일찍 잠자리에 들어야 하거나, 친구와 보낼 시간이 없어지는 것이었다. 우리는 아이들이 버릇없이 대들거나, 우리 말에 순종하지 않았을 경우에는 회초리를 사용했다.

; 고집 센 안나

아버지로부터 불굴의 의지, 확고한 투지, 격렬함, 어려움을 견디는 힘과 같은 많은 좋은 점을 물려받은 안나는 그 대신, 네 아이들 중에서 가장 고집이 셌다. 이런 이유로 가장 체구가 작은 아이임에도 축구 경기를 할 때면 격렬한 상대가 되었고, 학교를 다니면서 한 번도 A학점을 놓친 적이 없었다. 때문에 오빠들 사이에서도 전혀 기죽거나 주눅들지 않고 오히려 세 명의 오빠들을 위협하며 살아왔다. 나는 작은 발을 쾅쾅 내딛는 대담성을 지닌, 그리고 늘 'No'를 외치는 어린 딸과 빈번한 전쟁을 치르느라 흰 머리카락이 무수히 생겼다.

안나가 세 살쯤 되었을 때 나단의 야구복을 갖추어 입은 안나를 나단의 방문 앞에서 발견했다. 야구 모자는 안나의 작은 얼굴을 모두 덮었고 손을 감싸고 있던 야구 장갑은 축 늘어져 있었다. 귀엽다는 생각 외에 다른 자세한 기억은 나질 않지만 안나가 작은 발로 마룻바닥을 차며 'No'를 외쳤던 기억이 나는 것을 보면 아마도 내가 옷을 벗으라고 했던 것 같다. 강한 성격을 가졌기 때문에 안나와 직접적인 대립을 하는 것은 효과가 없었다. 어린아이들의 경우에는 관심을 돌리거나 다른 선택의 여지를 제공하는 것이 더 나은 방법이다. "안나, 아래층에 내려가서 공 가지고 놀까?" 하고 관심을 돌리면, 분명히 안나는 공놀이를 좋아했기 때문에 'Yes'라고 대답을 했을 것이다. 그러나 문제는 야구복을 벗게 만들어야 했으므로 "안나, 엄마 옷장으로 내려가서 안나가 입으면 재미있을 옷을 찾아볼까?"라고 물을 수 있었을 것이다. 직접 어떤 것을 하지 말라고 이야기하기보다는 다른 선택의 여지를 주는 것이 훨씬 수월하게 문제를 해결하는 법이었다.

안나가 자라면서 특별히 나에게 주어졌던 감사와 기쁨은 안나의 부드러운 성품과 열린 마음이었다. 안나의 부드러운 마음은 재빨리 자신의 잘못을 사과하게 하였고 잘못된 점을 고쳤다. 안나는 그때나 지금이나 '정'이 많아서 다른 사람들을 돕는 일에 열심이며 불쌍한 사람들을 보면 곧잘 눈물을 흘린다. 한번은 우리 차가 신호등에 걸려 멈춰 있었는데, 지팡이를 짚고 횡단보도를 걸어가는 나이 많은 할아버지를 안나가 유심히 보게 되었다. 안나의 눈이 커지면서 "불쌍한 할아버지, 저기 있는 사람이 왜 저 할아버지를 도와주지 않지?"라며 물었다. 오빠들 중의 한 명이 "그 사람은 할아버지를 도와주기 싫을 거야"라고 대답했다. 안나는 천천히 걸어가는 할아버지를 지켜보다가 마침내 눈물을 흘렸다. 오빠들은 그런 안나를 믿을 수 없다는 듯이 소리 지르며 말했다.

"안나, 너 뭐가 잘못된 것 아니니? 단지 할아버지일 뿐이야, 더욱이 나쁜 사람일수도 있다고." (라이언을 빼놓고 오빠들은 안나만큼 동정심이 많지 않다.)

안나는 열린 마음을 가지고 있어서 쉽게 가르침을 받고 고분고분하게 받아들인다. 그렇지만 언제 밀어붙여 가르쳐야 하며 언제 한발 뒤로 물러서서 지켜봐야 하는지를 알아 균형잡기가 그다지 쉽지는 않다. 안나가 점점 커가면서 내가 했어야 하는 만큼 안나를 훈육시키지 못했다는 생각이 든다. 아들들은 내가 안나를 제대로 훈련시키지 않았다고 불평하곤 하는데 어느 정도는 나도 동의한다. 안나가 십대 초반과 사춘기를 겪으면서 이것을 느낄 수 있었다. 안나는 화가 나거나 감정이

상했을 때는 부모에게도 주눅들지 않는 아이로 변해 무례하게 말하거나 고함을 지르곤 했다. 오빠들에게선 결코 볼 수 없었던 광경이었다. 안나는 친구들을 좋아했고 많은 친구가 있었기 때문에 여러 번 외출금지의 벌을 받았다. 그러나 안나는 종종 이런 말을 했다.

"나도 잘못된 것을 아는데 화가 나면 조절이 안 돼요."

안나를 돕기 위해서 나는 래리와 아들들에게 그런 안나를 가만 놔두고 관여하지 말라고 말해둔다. 안나에게는 진정될 때까지 방에 가서 있으라고 한다. 나는 안나가 밤마다 자신의 '무례함'을 놓고 기도하고 있다는 것을 알고 있는데, 지금은 놀랄 만큼 좋아졌다.

두더지 게임과 자녀 양육

나는 종종 우리의 양육 경험을 '두더지 게임'으로 비유하곤 한다. 우리 식구가 놀이 공원에 갈 때면 즐겨 하는 게임 중의 하나이다. 게임기는 평평한 나무로 만들어진 카운터 위에 많은 구멍들이 뚫린 커버가 달려 있다. 일단 게임이 시작되면, 구멍들 중의 하나가 열리면서 플라스

> 아이들의 의지를 다듬기 위해 부모는 일관성 있게 바람직하지 않은 행동의 결과를 다루어주어야 한다. 타임아웃이나 특권을 상실시키는 방법으로 즉각적인 반응을 보이는 것이 효과적인 수단이 될 수 있다. 아이들을 훈련시키는 데는 끝없는 에너지, 경계, 인내, 지속성이 필요하다. 회초리가 훈육을 위해 효과적인 방법이긴 하나 반항을 하는 경우에 한하여 사용하며, 부모가 화난 상태에서는 절대 사용하지 말아야 한다.

틱 두더지 머리가 나왔다 들어갔다 한다. 우리는 어느 구멍이 열려서 두더지 머리가 나올지 예상할 수 없으니 플라스틱 방망이를 들고 있다가, 머리를 내밀고 나오는 두더지들이 다시 구멍 속으로 들어가기 전에 가능한 많은 두더지들의 머리를 때리면 된다. 게임은 빠른 속도로 진행되고 우리는 긴장한 채 준비하고 있다가 두더지 머리를 때려야 한다.

마찬가지로 아이들을 키우면서, 어떤 아이가 무슨 문제를 일으킬지 모른다. 한 문제가 해결되면, 다른 문제가 튀어나온다. 우리가 준비가 되었는지 그렇지 않은지 상관없이 두더지 머리는 나온다. 어떤 아이는 울고, 또 어떤 아이는 감정이 상했다고 하고, 의도적이건 사고건 간에 얻어맞기도 하고, 어떤 것을 부수기도 하고, 소리 지르기도 하고, 싸우기도 하고, 유리창을 깨기도 하고(나단이 여섯 살 때 1층에서 유리창을 부쉈다), 코피가 터지기도 하고, 무릎이 까지기도 하고, 한꺼번에 수두에 걸려 앓아눕기도 하고, 선생님께 전화를 받기도 하고, 차문을 열고 나가 차가 달리는 찻길로 뛰어들기도 한다(내가 라이언을 유치원에서 픽업하려고 잠시 주차했을 때, 안나가 안전벨트를 풀고 카시트에서 탈출하여 차 문을 열고 나를 따라온다고 나왔다. 단지 1분 사이에 안나는 거의 차에 칠 뻔했다).

때로는 양육이란 아이들을 훈련시키는 것이 아니라 나 자신을 훈련시키며 성장시키는 것이 아닌지, 라는 생각을 하곤 한다. 왜냐하면 너무나 많은 경우 강점과 약점, 능력과 무능력을 포함하여 우리가 어떤 사람인지 혹은 어떤 사람이 아닌지를 들춰내기 때문이다.

_____ 래리   나는 평상시 상당히 차분한 성격을 가진, 좀처럼 짜증을 내거나 화를 내지 않는 사람으로 알려져 왔다. 나는 치열한 상황이나 감정이 요동칠 수 있는 상황에서도 객관성을 유지할 수 있다. 아이들을 낳기 전까지는 화뿐 아니라 소리를 질러본 적도 없었다. 내가 처음으로 나단에게 소리를 질렀을 때 루스 또한 무척 놀랐다. 사실 루스는 평상시 절제를 잘하는 이성적인 어른이, (루스의 표현을 빌자면) '발광하는 눈빛'으로 화가 오른 아이와 맞서 싸우는 것을 보면서 웃음을 참을 수 없었다고 했다. 아이들은 얼마나 쉽게 우리를 그들의 수준으로 떨어지게 만드는지 모른다. 순간적인 격렬함 속에서, 나도 알지 못하는 사이 생각 없이 행동을 하게 만든다. 이런 행동이 내게 무척 생소한 이유는 평상시 내가 하는 행동과 전혀 다르기 때문이다.

한번은 화장실을 갔다가 아래층으로 내려올 벤을 기다리고 있었는데 시간이 많이 지났는데도 벤의 기척이 없어 이상하다는 생각을 하고 있었다. 결국 위층에 올라갔다가 화장실 변기 시트 위에 변을 올려놓고 완전히 몰두해서 변을 연구하고 있는 벤을 발견했다. 나는 벤이 조사하고 있는지 아니면 손으로 변을 만지고 있는지를 구분할 겨를도 없이, 또 알고 싶지도 않은 채 버럭 소리를 질렀다.

"벤! 무슨 일이야?"

놀란 벤은 나를 쳐다보았고 화가 난 내 표정을 보았다. 그제서야 벤은 변을 슬쩍 내려다보면서 자신이 하지 말았어야 하는 일을 했다는 사실을 깨달은 표정이었다. 벤은 한 번도 크게 울지 않았다. 평상시에도 벤은 조용한 아이였고 심지어 화가 났을 때에도 단지 눈물만 글썽일 뿐 거의 소동을 피우지 않았는데, 그 순간 눈물을 흘렸다. 벤은 언제나 탐구하는 것을 좋아했고, 만지면서 분석하는 것을 좋아했다는 생각이 한참 뒤까지도 들었다. 모래 상자에서 노는 것을 좋아했는데, 다른 아이들이 모래성을 쌓고, 모래를 한 국자씩 떠서 던질 때, 벤은 가만히 앉아서 모래 위에 손을 비비면서 만들어지는 모양에 매혹되었던 아이였다.

마찬가지로 벤은 단지 호기심 때문에 변을 만졌던 것 같다. 그 즈음에 혼자서 화장실 가는 법을 배웠으니, 벤에게는 새로운 경험이었을 것이다. 내가 그렇게까지 강하게 반응하지 않았어야 했는데 그런 반응을 보여서 나 또한 기분이 언짢았다. 그 순간 내가 생각했던 전부는 오로지 위생에 관련된 것이어서 벤이 변을 만지고 있다는 생각밖에 다른 생각을 하지 못했다.

아이를 훈육하는 일은 꼭 해야 되지만 많은 노력을 기울여야 하는 피곤한 일이다. 나도 확실히 아이들 훈육에 관여를 했지만, 일차적으로 훈육을 담당한 것은 루스였는데, 아무래도 많은 시간을 아이들과 함께 보내므로 당연한 일이었다. 월요일이 되면 나는 직장에 가는 것이 너무 좋았다. 나는 농담 삼아 직장에서 일하는 것이 나의 본업으로부터 벗어나 한숨을 돌릴 수 있게 한다는 말을 하곤 했다. 특히 우리가 사는 곳 근처에는 도움을 청할 수 있는 다른 친척들조차 없었다. 우리는 이 일이 장기전이라 생각했기 때문에 우리 스스로를 정신적·신체적으로 보충하기 위해 주어진 제한된 시간을 관리해야 했다. 매주 그럴 수는 없었지만 교회 활동도 좀 줄이고, 사교 모임도 줄이고, 일찍 잠자리에 들수 있게 주말 시간을 조절하려고 노력했다. 매주 6일간 너무도 정신없이 바쁘게 보냈고, 특별히 토요일은 음악과 운동으로 스케줄이 꽉 차있었기에, 주말 중 적어도 하루는 쉴 시간이 필요했다.

❚ 벤과 꿀 사건

___ 루스 ___ 자녀들이 형제, 자매끼리 사이좋게 놀면서 부모의 말에 순종하고, 시킨 일을 잘해낸다면 '좋은 부모'가 되기는 쉬운 일일 것이다. 물론 아이들이 부모의 말을 귀담아 듣기 싫어하고, 무례하게 반응하며, 자기들끼리 싸우고 잘못된 행동을 할 때 부모는 어려워진다. 참기 힘든 순간에 비록 속은 타겠지만 겉으로는 안정된 마음을 유지하는 부모들을 보면 존경스럽다. 그들의 자제력이 부럽고 나도 그들처럼 했더라면 좋았을 텐데, 라는 생각이 들기도 한다. 내가 부모로서 저지른 실수 중에서 가장 후회가 되는 것은 생각 없이 행동으로 옮겼던 일들이다.

잊을 수 없는 벤과의 사건이 있다. 나는 위층에 있었고 벤을 본 지 꽤 오랜 시간이 흘렀다는 생각이 문득 들었다. 벤이 어디에 있는지 궁금했지만, 라이언이 자고 있어서 큰소리로 벤을 부르지 않고, 아래층으로 내려가 거실에 벤이 있나 들여다보았다. 벤을 보았을 때 내 눈을 의심하지 않을 수 없었다. 말 그대로 30초 가량 벤을 쳐다본 채 할 말을 잃었다. 그러다 경악하여 벤에게 소리쳤다.

"벤! 뭐하니?"

방금 전까지 몸을 웅크리며 자신이 하고 있는 일에 완전히 몰입해 있던 아이의 얼굴이 당황하며 나를 올려다보고 마치 '뭐라고요?'라고 묻는 것처럼 보였다. 그러고는 거의 다 비워진 꿀통을 얼른 쳐다보았다. 카펫 위에는 금빛깔의 소용돌이 모양의 패턴들이 정결하게 그려져 있었다. "네가 어지럽힌 이 광경을 봐. 카펫에서 꿀을 닦아내기가 얼마나 어려운 일인지 아니? 도대체 너는 무슨 생각을 하는 아이니?" 라고 소리를 치며 흥분을 가라앉히기가 힘들었다. 벤은 기가 꺾인 채, 눈에 눈물을 그렁그렁 담고 있었다.

"당장 네 방으로 올라가. 엄마가 부를 때까지 절대 나오지 마."

벤은 빈 꿀통을 바닥에 내려놓고는 뛰어서 자기 방으로 올라갔다.

나중에 돌이켜 생각해보니 그렇게까지 심하게 반응하지 않았더라면 좋았을 텐데, 라는 생각이 들었다. 하지만 그 순간에는 새로 깐 카펫 위에 쏟아놓은 꿀만 보였다. 내가 만일 잠시만 찬찬히 생각을 했더라면 벤이 문제를 일으킨 것이 아니라는 사실을 알았을 텐데 그러지 못했다. 벤은 평상시처럼 자신의 탐구방식대로 놀았을 뿐이고, 도리어 그 상황이 내게는 아이를 가르칠 수 있는 순간이었는데, 부드럽고 늘 수용을 잘하는 아이에게 그만 실수를 저질렀다.

나는 지금도 "벤, 거실 카펫에 이렇게 꿀을 전부 쏟은 것이 이런 패턴을 만들고 싶었기 때문이었니?"라고 말했더라면 얼마나 좋았을까 하고 후회한다. 그랬더라면 벤은 (후에 내게 말한 이유였지만) "엄마, 꿀이 만드는 패턴을 보고 싶었어. 꿀이 천천히 흘러내려오는 것을 보는 것이 너무 재미있어"라고 대답했을 것이다. "엄마 눈에도 그것이 보이네. 그렇지만 네가 끈적거리는 꿀을 카펫에서 닦는 것이 쉽지 않다는 사실은 몰랐던 것 같아. 자, 지금까지 훌륭한 패턴을 만들었으니, 이제는 네가 이 꿀을 청소할 차례야. 그리고 다음번에는 어디에다가 꿀로 패턴을 만들 수 있을지 찾아보자." 이런 식으로 차분히 이 문제를 다루어 벤이 청소를 했거나 적어도 청소하려 시도를 했더라면, 그것이 얼마나 힘든 일인 줄 벤이 배웠을 것이고, 벼락같은 소리를 듣는 대신 교훈을 얻었을 것이다.

아직도 벤의 놀라 당황한 얼굴과 눈물이 기억난다. 비록 빨리 달리지는 못했겠지만, 그 짧은 다리를 가능한 한 가장 빨리 움직여 방으로 뛰어갔을 것을 생각하면 가슴 아프다. 더 놀라운 것은 아직도 벤이 그 일을 기억하고 있다는 사실이다. 내가 꿀을 쏟았다고 얼마나 나무랐으면 아직도 그 일을 기억할까? (아이들이 긍정적인 경험보다는 부정적인 경험을 얼마나 더 오래 기억하고 있는지에 묘한 느낌마저 들었다.) 당시론 그것이 큰일이라 생각했지만 사실 카펫은 물질적인 것에 불과하다. 꿀은 닦아낼 수도 있고, 카펫은 새것으로 바꿀 수도 있는 것이지만, 내 아들, 그 아이의 감정, 그리고 우리의 관계는 그 우스운 카펫보다도 훨씬 중요한 것이다.

♀ 아이들과의 전쟁에서 살아남는 나만의 방법

아이들을 키우면서 겪는 가장 큰 어려움은 화가 났을 때 생각 없이 어떤 일을 하거나, 말을 하거나, 반응을 하는 것이었다. (래리는 아무리 화가 나도 말을 조심해서 사용하지만 나의 경우는 흔든 콜라병이 터지듯이 폭발해버린다.) 화(anger)는 대단히 독성이 강하여 나뿐 아니라 아이들에게도 나쁘게 영향을 끼침을 발견했다. 라이언이 유치원을 다닐 때인지, 아니면 초등학교를 다닐 때인지 내게 이런 말을 했다.

"엄마는 화내는 사람이에요."

나는 엄청난 충격을 받았다. 엄마로서뿐 아니라 기독교인으로서 나의 깊은 중심을 때리는 말이었다. 나의 화를 피곤 때문이라고 핑계를 대면서, 화를 내고는 아이들에게 사과하는 행동을 더이상 지속할 수 없다는 것을 깨달았다. 변화가 필요했다. 하지만 나는 '갑상선 기능 항진증'이라는 진단을 받았었고 이 질병은 설명하기 어려운 의학적 이유로 극도의 과민증과 화를 유발시키기 때문에 이런 변화는 내게 어려운 일이었다.

그러나 의학적 이유도 중요하지 않았다. 중요한 것은 내게 변화가 필요하다는 것이었다. 전쟁터에 나가는 사람처럼 전략을 찾아야 했고 대처할 수 있는 방법이 필요했다. 많은 기도 끝에 내가 발견한 한 가지 방법이 있는데 나는 이것을 '살아남기 작전'이라고 부른다. 폭발하기 직전이라 생각이 들면 내 방으로 달려가 문을 잠그고 옷방(closet) 안에

> 화(anger)는 독성이 강해 관계에 나쁜 영향을 주며, 특별히 부모와 자녀 사이에는 더욱 좋지 않다. 화를 불러일으키는 요인을 찾아 배우자나 믿을 수 있는 가족, 친구들과 함께 전략을 세우고, 도움이 될 방법과 작전을 짜서 화를 내지 않도록 노력하는 것이 중요하다.

숨어서 화가 사그라질 때까지 기다리는 것이다. 이 시간 동안 나는 기도를 한다. 때로는 베개에 얼굴을 파묻고 소리를 지르기도 한다. 이 두 방법이 내게 많은 도움이 된다.

성숙한 어른으로서, 교육을 받은 여자가 어쩌다가 이렇게 옷방에 숨어서 베개에 얼굴을 파묻고 소리를 지르는 신세가 되었는지 초라해질 때도 있었다. 아이들 양육을 잘해나갈 수 있을까, 과연 제정신을 가지고 언제까지 버틸 수 있을까, 하고 나 자신에게 물을 때도 있었다. 그러나 나는 내 안에서 벌어지는 이러한 전쟁 중에 내가 나뿐만 아니라 나의 아이들을 위해 싸우고 있음을 상기시키곤 했다. 마음을 정리하고, 방문 앞으로 나오면 방문 틈으로 밀어넣은 라이언과 안나가 쓴 용서를 구하는 쪽지를 발견하곤 했다. 그들은 자신들이 싸운 것을 사과하고 착한 행동을 하겠다는 약속을 했고 자신들을 용서해달라고 했다. 어떤 때는 내가 방문을 열고 나오면 안나가 방문에 기대어 화가 난 채 울고 있을 때도 있었다. 그러면 라이언도 자기 방에서 나와 우리 세 명이 부둥켜 안은 채 한참을 있기도 했다. 엄마로서 언짢은 마음이 들었고 아이들을 울게 만든 것이 미안했지만, 그래도 아이들에게 화를 내는 것보다는 그들로부터 도망치는 것이 이따금은 내가 살아남을 수 있는 유일한 방법이었다.

나는 안나처럼 천천히 좋아졌고, 지금도 점점 더 향상되어가고 있다. 한 가지 방법은 항상 깨어 있으며 경계를 하는 것이다. 이것과 동시에 화를 불러일으키는 요인이 어디에 있는지를 조사하며 평가하는 것이다. 이렇게 하니 전략을 찾아 대처할 수 있게 되었다.

네 명의 아이들과 각기 보낸 10년씩의 기간이 내게는 영속의 시간이 었다. 그렇지만 모든 사람들이 말하듯 그 시간은 빨리 지난다. 그 초기의 기간 동안 학업 습관을 들여놓고, 기대를 심어주고, 바람직한 행동들을 가르치면 자연스럽게 청소년기로 옮겨 가므로, 우리는 그 나이 아이들이 저지를 수 있는 바람직하지 못한 반항 행동을 겪지는 않았다. 비록 라이언과 대화하는 것에 어려움이 있었고, 내가 원했던 만큼 라이언과 밀접한 관계를 갖지는 못했지만, 우리는 단결된 가족이 되었고, 아이들은 서로서로 그리고 우리와 함께하는 시간들을 좋아했다.

지금 대학 생활을 하고 있는 벤이 청년으로서 자기 방식대로의 독립적인 생활을 추구하고 있기에 다소 어려움이 있지만, 벤이 자라면서 배웠던 것들과 가치들에 대한 시각을 잃어버리지는 않았다는 것을 안다. 그의 기숙사 방은 예외이다. 그 아이의 방은 화산이 폭발한 모습과 흡사하다. 그러나 우리는 매일 밤 자신의 방을 청소했던 벤의 모습이 여전히 어딘가 깊숙이 존재하고 있어서, 이따금씩은 청소할 동기를 받기도 하는 것을 보게 된다. 벤이 가끔 청소를 했다는 사실을 전화나 문자 메시지를 통해 알려준다.

자녀 양육이란 겸손해져가는 과정인 것 같다. 우리의 약점과 결점을 깨닫게 되며, 우리가 원치 않는 곤란한 상황과 직면하게도 된다. 곤란한 상황 속에는 어려움과 고통이 있지만, 그 결과는 노력해볼 만한 충분한 가치가 있다. 지금의 나는 예전에 아이들을 낳아서 기르기 시작했을 때보다 훨씬 나은 사람이며, 감사한 것은 우리 아이들이 매우 용서를 잘하고 다행히도 회복력이 있다는 점이다. 아이들에게도 늘 말하지만 완벽한 가족이란 존재하지 않는다. 각 가정마다 약점이 있고, 잘하는 점이 있으면, 그다지 잘하지 못하는 점도 있게 마련이다. 모든 사람이 가정을 꾸려나가야 하기 때문에 우리는 아이들에게 우리 가족으로부터 가장 좋은 것을 선택하여 그들이 부모가 되었을 때는 우리보다 더 나은 가정을 세우라고 격려한다. 우리가 자녀 양육을 시작하기 전에 알았더라면 좋았을 것들을 그들에게 미리 알려줌으로써 우리 자녀들은 자신들의 가정을 꾸리면서 우리가 누리지 못했던 즐거움을 더 많이 얻을 수 있을 것이라 믿는다.

체벌에 관한 생각

특별히 미국에서 회초리를 사용하는 문제는 논란이 많다. 몇몇 주에서는 회초리로 때리는 것, 혹은 체벌이라고 불리는 모든 형태의 벌을 불법화한 법안이 통과되었다. 이들 법안은 절제를 하지 못했던 어른이나 부모들이 저지른 많은 아동 학대의 사례들 때문에 생겨났다. 최근 한 인터넷 사이트에 캐나다 연구자의 글이 인용되었다.

"32개 국에서는 체벌이 금지되었을지라도, 전세계적으로 어린이를 체벌하는 것이 어느 정도는 사회적으로 수용되고 있다. 이 체벌 문제는 대부분 어린이를 훈련시키기 위해 폭력을 휘두른다는 윤리를 중심으로 논란이 일고 있다."

회초리를 사용하는 것을 폭력으로 간주하는 것에 다소 황당한 느낌이다. 필요할 때 우리는 아이들에게 회초리를 사용해서 무례함과 같은 잘못된 행동을 의도적으로 교정한다. 작은 나무로 만든 수저를 사용하는데 평상시에는 냉장고 위에 놓고 아이들의 손이 미치지 못하게 했다. 회초리로 맞을 필요가 있을 때 먼저 왜 회초리로 맞아야 되는지 아이들에게 이해시키고 또 잘 이해했는지 확인한다. 때로 아이들이 회초리로 맞기 싫다고 하면 설명을 해준다. 방법은 엉덩이를 한 대나 두 대 정도 때린다.

나단에게 회초리 체벌과 그것에 대한 효과를 물은 적이 있다.

"회초리로 맞기 싫어서 내 방으로 도망갔던 기억이 나지만, 그것이 효과는 있었다고 생각해요. 내가 회초리로 맞을 수 있다는 것을 알고 있을 때 나의 행동에 대해 다시 한번 생각하게 만들었어요."

나단은 안나와 라이언의 경우에는 회초리로 많이 맞지 않았다고 자신의 의견을 덧붙여 이야기했다. "엄마도 안나와 라이언이 저보다 더 자기 고집대로 하려는 것을 아시잖아요"라는 말을 했다. 회초리로 벌을 주는 것은 훈련의 첫 단계가 되기보다는 마지막 단계가 되어야 한다. 절대로 화가 나거나 악의를 가지고 행해서는 안 되는데, 잘못하면 훈련의 목적을 상실하고 아동 신체 학대의 형태로 바뀔 수 있기 때문이다.

공부 잘하는 아이로
키우는 비결

우리도 학업 성적을 가장 강조했고 의심할 여지없이 아이들이 상위권 대학에 진학하기를 원했다. 그러나 대학 입학이 아이들의 최종 목표는 아니었다. 아이들이 공부를 잘하도록 지도했던 것은 단지 아이들을 개발시키기 위한 또 다른 수단이었고 인생에서 성공하기 위해 아이들에게 도구를 제공해주는 것에 불과했다. 만일 우리가 아이들에게 학업 윤리(work-ethic), 동기부여, 열정을 심어줄 수 있다면 아이들이 명문대학에 입학하건 아니건 그들은 성공할 것이다.

; 아시안 학생들, 아시안 엄마들

미국 사회 내에서 아시안 학생들은 열심히 공부하며 그들의 부모들은 자녀들의 학업 성취를 위해 혼신의 힘을 다한다는 평판을 듣는다. 이런 평판이 늘 긍정적인 면만 있는 것은 아니다. 특별히 내가 살고 있는 휴스턴 지역에서는 아시아인들 중에 중국인 이민자들이 높은 비율을 차지하고 있는데 이들을 상당히 저돌적이며 강압적이라는 시각으로 보고 있다. 휴스턴 지역의 어떤 도시에서는 백인 부모들이 의도적으로 그들의 아이들을 아시아인이 적어서 경쟁이 심하지 않은 고등학교로 보낸다. (텍사스의 각 고등학교의 상위 8퍼센트 학생들은 자동적으로 오스틴에 있는 텍사스 주립대학에 입학할 수 있다. 이 오스틴 캠퍼스는 텍사스 주 안에 있는 일곱 개의 캠퍼스 중 가장 좋은 학교이며 본교이다.) 아주 어린 나이부터 아시아 학생들은 가정교사나 토요일 학교를 통해서 특별한 개인교습을 받는다.

휴스턴 지역의 대부분의 중국 학생들은 토요일 학교에 참석한다. 아시안 부모들이 자신의 아이들에게 휴대용 컴퓨터에서 자동차에 이르기까지 선물 공세를 한다는 말은 흔히 듣는 이야기이다.

우리가 처음 휴스턴에 이사 왔을 때 많은 아시안 고등학생들이 라이스 대학(텍사스 주 내 최고의 명문 사립대학)에서 여름 학기 수업(고등학교 과목을 수강할 수 있음)을 듣는 것에 놀랐다. 전략적으로 학점을 이수하기 위해서 수업을 듣기도 하고 학점을 일부러 이수하지 않으면서 강의를 듣기도 했다. 학점을 이수하는 경우는 다음 학기 수업을 미리 듣고 그 과목 학점을 이수해서 학기 중에 다음 학년 수업들을 들을 수 있도록 스케줄을 비우기 위한 것이다. 다음 학년 수업을 들으면 내신 성적을 높일 수 있기 때문이다. 내신이 높다는 것은 등급이 높아진다는 뜻이다.

학점을 이수하지 않는 경우는 다음 학년에 듣게 될 수업을 미리 선행 학습하는 것이다. 예를 들면 만일 한 학생이 가을 학기에 미적분학을 이수할 예정이면 여름 방학에 미리 그 수업을 듣는다. 학점을 얻지는 못했지만 여름 방학 동안에 미적분학을 배웠기 때문에 학생은 이미 그 수업에 익숙하여 가을 학기에 그 수업을 들을 때 만점을 받을 수 있는 가능성이 높아진다. 좋은 성적표를 얻기 위해서 이렇게 심하게 아이들을 밀어붙여서라도 아이들이 가장 높은 등급을 얻으면 아이비리그 대학과 같은 유명한 대학에 입학할 가능성이 커질 것이라는 부모들의 잘못된 견해가 빚어낸 관행이다. 이들은 이러한 유명한 대학들 중 한 곳에 자녀를 입학시키면 부모로서 그들의 할 일을 잘 완수한 것이라 믿고 있다. 아이들도 유명 대학에 입학한 것이 앞날의 성공과 출세가 예정되었다는 것을 의미한다고 믿는다.

우리는 이런 방법과는 다르게 아이들을 공부시켰다. 물론 우리도 학업 성적을 가장 강조했고 의심할 여지없이 아이들이 상위권 대학에 진학하기를 원했다. 그러나 대학 입학이 아이들의 최종 목표는 아니었다. 아이들이 공부를 잘하도록 지도했던 것은 단지 아이들을 개발시키기 위한 또 다른 수단이었고 인생에서 성공하기 위해 아이들에게 도구를 제공해주는 것에 불과했다. 만일 우리가 아이들에게 학업 윤리(work-ethic), 동기부여, 열정을 심어줄 수 있다면 아이들이 명문대학에 입학하건 아니건 그들은 성공할 것이다.

스스로 공부하도록 하는 방법 1:체계적인 환경 조성

_____ 래리 만일 내가 아이들에게 심어주었던 한 가지 선물을 선택하라고 한다면 그것은 '동기부여'이다. 우리 집 아이들은 각기 매우 다른 성격과 재능을 가졌음에도 불구하고 자기 동기로 공부한다는 점이 공통된 특성임을 자신 있게 말할 수 있다. 다시 말해 우리 아이들은 매우 의욕적이다. 우리가 어떻게 이 부분을 훈육했는지는 정확히 모르겠지만 내 생각에는 다양한 요소들이 있었던 것 같다.

첫째는 가정 내에 체계적인 환경을 조성했는데 이것은 특별히 나단을 위해서였다. 나이가 어릴 때부터 아이들을 공부에 집중시켜 학교에서 좋은 결과를 얻을 수 있도록 하기 위해서였다. 가정 안에 확립된 정해진 일과가 이런 체계를 세워준다. 때로는 예외가 있었겠지만 대부분의 저녁 시간이 변함없이 일정했다. 저녁식사와 아이들에게 주어진 집안 일을 마치면 아이들은 자신의 방으로 가서 숙제를 했다. 아이들의 책상은 다양한 부분으로 정리되었는데, 즉 한쪽은 수학, 다른 한쪽은 읽기 등으로 정리가 되어 있었다. 각 아이들 책상 위 벽에는 그들의 스케줄 표를 붙였다. 아이들이 해야 할 활동들과 시간을 그들의 나이에 따라 정했다. 우리는 아이들에게 학교 숙제를 가장 먼저 하라고 했고 가장 어려운 과목을 제일 먼저 하라고 권했다. 아래 내용이 초등학교를 다니는 동안 사용했던 전형적인 저녁 시간 스케줄이었다.

1. 숙제
2. 수학과 읽기를 심화하기 위한 연습문제 (1~3쪽)
3. 수학 플래시 카드
4. 독서(독서 시간은 아이의 나이별로 다르게 정했고 읽을 책은 공공 도서관에서 루스가 정기적으로 대여해왔다.)
5. 다음날 등교 준비; 입을 옷 준비
6. 잠잘 준비

나는 나단의 스케줄 표에 심지어 저녁 시간의 해야 하는 일로 '대변 보기'를 집어넣어서 하루는 나단의 친구가 놀러 왔는데 이 항목을 보고는 까무러칠 정도로 웃었다. 나단이 너무나 당황하여 내가 표를 다시 작성했고 그 일 후론 다른 아이들의 표에도 그것은 넣지 않기로 결정했다. 아이러니컬하게도 스케줄 표에 대변 보기를 넣었던 그 아이가 유일하게 지금까지도 규칙적으로 화장실을 간다.

정해진 일정을 표로 만들어두면 목표를 매일 효과적으로 이룰 수 있게 만들고 아이들이 스스로 자신들이 할 일이 무엇인지를 분명하게 알게 된다. 사실은 이 방법이 훨씬 쉽게 아이들을 양육할 수 있게 하여 입씨름을 하거나, 속이거나, 잔소리를 늘어놓을 필요가 없다. 그러나 지속하는 것이 성공의 비결이다.

_____ 루스   어린아이 때부터 좋은 습관을 들이기 위해서는 정해진 일과가 매우 중요하다. 아이들은 정해진 일과를 좋아하는데 이것은 아이들에게 규칙과 안정감을 주기 때문이다. 일단 아이들이 3~4개월이 되어서 밤에 깨지 않고 아침까지 잠을 자게 되면 매일 밤 같은 시각에 아이들을 잠자리에 들게 하는 것이 훨씬 쉽다. 아이들을 일찍 잠자리에 들게 하는 것이 나와 래리에게 매우 중요했는데 아이들을 재운 후 나는 밀린 집안일을 해야 했고, 래리는 연구 프로젝트를 써야 했다.

아이들이 점점 성장해서 의사소통이 가능하게 되었을 때 책을 읽어주기 시작했다. 아이들은 밝고 대담한 그림을 좋아한다. 그래서 아이들을 자극할 수 있으면서도 재미있는 책을 찾았다. 이것이 잠자리 습관으로 형성된 후에는 아이들이 침대에 누워서 아빠나 엄마가 기도하고 잠이 들기 전에 먼저 책을 읽어주기를 기다렸다. 심지어 아이들이 혼자서 책을 읽을 수 있게 되었을 때에도 아이들은 여전히 우리가 책을 읽어주기를 원했다. 이따금 내가 너무 피곤할 때에는 나단이 동생들에게 책을 읽어주도록 시키기도 했다. 모두 한 침대 안에 들어가서 나단이 책을 읽으면 아이들은 서로 몸을 감고 누워서 들었다.

나는 책을 읽어주기를 좋아했다. 등장인물에 맞춰 목소리를 흉내냈고 가끔씩은 각기 다른 주인공들의 재미있는 목소리를 내곤 했다. 하루는 나단이 동생들에게 책을 읽어주는데 내가 사용했던 바로 그 재미있는 목소리로 아이들에게 책을 읽어주는 것을 듣고는 매우 기뻤다. 요즘도 나단은 다양한 사람들의 목소리를 흉내내곤 한다.

'지속성'은 래리의 두 번째 천성이다. 내게 이것은 대단한 도전이었는데 나의 가장 약한 부분이 바로 지속성이었기 때문이다. 대신 나는 자유로운 성격이었고 새로운 변화에 대한 적응력이 빨랐다. 반대로 래리는 경계를 정하고는 무슨 일이 있어도 확고히 자리를 지키는 변치 않는 거북이와 같았다. 심지어 누군가가 그가 가고 있는 길에서 그를 밀어내려고 해도 래리는 조금도 움직이지 않는다. 양 극단의 성격을 가진 나와 래리가 함께 어떻게 노력했는지를 상상할 수 있을 것이다. 그래서 때로는 불꽃이 튀었다.

그러나 나는 부모로서 양육을 성공하려면 부부가 함께 협력해야 함을 일찌감치 깨달았다. 그래서 때로는 래리가 집안 분위기를 너무 조직적으로 만들고 통제한다고 느꼈을지라도 래리를 따라주기로 마음을 정했다. 엄마를 닮아 쉽게 흐트러지는 성향을 가진 아이들을 다루기 힘들어서 래리가 아이들에게 지나치게 한다고 느낄 때도 있었다. 그래도 아주 심한 경우를 제외하고는 부모가 서로 의견이 다르면 아이들에게 효과가 없다는 생각이 들어서 체계적인 집안 분위기를 유지하려고 애를 썼다. 하지만 래리가 터무니없거나 과도하다고 느껴지면 단호하게 중재를 했다.

종종 내가 완충 장치처럼 느껴졌다. 왜 아버지가 그들의 눈에 불합리하게 보이는지를 아이들에게 이해시키려 노력했다. 래리가 아이들과 많은 시간을 보냈기 때문에 비록 엄하게는 했지만 결국 아이들은 아버지와 좋은 관계를 맺게 되었다. 래리는 단지 아이들에게 다가가서 아이들이 무엇을 해야 하는지를 지시하는 아버지는 아니었다. 아이들은 근본적으로 아버지가 자기들을 진심으로 사랑하고 있고 단지 그들이 무엇에든 최고가 되기를 바랄 뿐임을 알았다. 래리가 자신의 분야에서 성공한 것이 아이들에게 큰 본보기를 주었음도 사실이다. 아이들은 아버지를 통해 얼마나 열심히 일하며, 어떠한 결단력과 인내력이 있으면 성공을 하게 되는지를 생생하게 볼 수 있었기 때문이다.

우리 부부가 서로 전혀 다른 성격을 가지고 있었지만 가정을 잘 이끌 수 있었던 또 다른 이유는 래리가 고집스러운 반면에 합리적인 사람이었기 때문이다. 고집스러운 사람이 합리적이라는 말이 이상하게 들리겠지만 래리가 비록 내 의견에 동의하지는 않았지만 늘 내 말에 귀를 기울여주었다. 래리는 논리적이고 목표 중심적인 사람이기 때문에 감정을 섞지 않으면서 내 생각과 자신의 생각을 함께 고려했다. 그래서 더 중요한 문제에 서로의 의견을 일치할 수 있었다.

그러나 나를 많이 닮은 나단과 벤은 종종 말하곤 한다.

"엄마, 우리는 엄마가 아빠 같지 않아서 정말 다행이라고 생각해요. 그렇지 않았다면 우리는 스트레스를 많이 받았을 거예요."

아빠와 성격이 같지는 않지만 아빠처럼 명확하고 논리적으로 생각하는 라이언은 내게 수시로 이런 말을 한다.

"엄마 그것은 사리에 맞지 않아요. 논리적이지 않아요."

물론 아빠와 많이 닮은 안나는 아빠에 대해서 옷에 관련된 문제가 아니라면 거의 불평이 없다. 래리가 그나마 결혼한 이후로 패션감각이 훨씬 좋아졌다는 사실을 안나는 모른다.

ᛒ 스스로 공부하도록 하는 방법 2 : 부모의 관심

아이들에게 동기를 불어넣어주는 두 번째 요소는 '부모의 기대'이다. 모든 아이들은 부모를 기쁘게 해주고 싶어한다. 우리는 확실히 아이들이 학교에서 공부를 잘하기를 기대했다. 우리는 아이들이 성적표에서 모두 A학점을 받을 수 있다는 것을 알았고 이런 우리 생각을 아이들에게 전했다. 그러나 우리 또한 이렇게 될 수 있도록 아이들과 함께 노력했다. 격려하기도 하고 돕기도 했다.

래리 아이들이 초등학교에 다닐 때는 매일 밤 루스와 내가 아이들의 학교 파일 폴더와 가정통신문을 확인하는 일을 나눠서 했다. 우리는 아이들의 숙제와 시험 결과를 볼 수 있었다. 틀린 문제는 다시 풀게 하여 아이들이 그 개념을 바로 알고 있는지를 확인했다. 만일 프로젝트나 글쓰기 숙제에 낮은 점수를 받아오면 다음번에 잘하기 위해서 보충해야 할 부분이 어딘지를 선생님께 물어서 알아냈다. 한 과목에 계속 낮은 점수를 받게 되면 선생님과 상담을 했다. 아이들은 우리가 선생님과 따로 상담하는 것을 원치 않았기 때문에 이런 경우는 드물었다. 우리는 이 방법을 아이들을 향상시키기 위한 또 다른 방법이라 여겼던 반면 아이들은 이것을 부정적인 것으로 생각했다. 비록 쉬운 것부터 하는 것이 자연스러운 것이지만 나는 아이들에게 학교 숙제 중에 가장 하기 어려운 것부터 끝내라고 권했다. 이것은 어려운 문제를 대했을 때 겁먹지 않는 태도를 훈련시킬 수 있고 무엇이든지 가치 있거나 귀한 것이 어렵다는 것을 지속적으로 상기시켜줄 수 있다.

나는 자주 선생님께 부가적으로 공부시킬 수 있는 자료를 물어보곤 했다. 즉 내가 집에서 연습을 시켜서 아이들을 더 깊이 이해시키는 데 사용할 수 있는 영어 문법 교재 같은 것을 물었다. 예를 들면, 나단이 암기는 잘하는데 추상적인 개념을 이해하는 힘은 부족한 것을 알게 되었다. 그래서 나는 문제 해결 기술을 개발시키기 위해 만들어진 심화학습용 산수 응용문제를 풀게 시켰는데, 이것은 아이에게 추상적인 개념을 심지어 더 깊이 생각하게 했기에 도전을 주었다.

그러나 나단의 암기 실력이 나단에게 많은 도움을 주었다. 나단이 초등학교 4학년이었을 때 '도전 24'라고 불리는 산수 게임이 메릴랜드 주의 학교들에 새롭게 소개되었다. 각기 네 개의 숫자가 적혀 있는 카드들로 이루어진 게임이다. 게임은 사칙연산을 사용하여 네 개의 숫자를 조합하여 마지막으로 24라는 결과를 얻어내는 것이다. 최소한의 시간에 최대로 많은 카드를 풀어낸 아이가 1등을 하게 된다. 나단은 머리 회전이 빠른 아이여서 지역학교에서 1등을 하여 시에서 개최한 대회에 나가게 되었다. 나단과 또 다른 학생이 워싱턴 DC의 국립항공우주박물관에서 개최된 미국 내의 지역 대회에 참석할 수 있었다. 다른 똑똑한 아이들(그들의 대부분은 북버지니아 주에서 온 중국 아이들이었다)과 나단이 겨루는 것을 우리 가족이 함께 볼 수 있었던 것은 큰 기쁨이었다. 그리고 나단에게도 성공과 긍정적인 피드백을 경험할 수 있는 좋은 기회였다.

장난꾸러기였지만 나단은 좋은 학생이었고 동생들에게 좋은 본보기를 보였다고 믿는다. 나단이 우수한 성적표를 받아와서 우리가 얼마나 기뻐했으며 축하해주었는지를 동생들이 보았고 그들도 똑같이 하고 싶어했다. 아이들이 자신도 모르는 사이에 서로에게 동기부여를 했다. 만일 한 아이가 시험을 잘못 보면 다른 아이가 그것을 큰 문제로 여기며 논했다. 이것이 그로 하여금 다음번에 잘하도록 동기를 부여했다. 형제간의 경쟁이 우리 가정에서는 좋은 영향을 끼쳤다. 내 생각에는 아이들이 서로 친했고 각자를 개별적인 존재가 아닌 한 단위로 여겼기 때문에 부정적이기보다는 긍정적으로 작용했던 것 같다. 루스가 가정에서뿐 아니라 형제간에도 긍정적이며 서로 격려하는 분위기를 조성하려 노력한 결과라고 생각한다. 형제간에 서로 놀리는 것과 헐뜯는 말을 루스는 용납하지 않았다. 물론 아이들은 언제나 아이들이기에 상처 주는 말과 감정이 발생하지만 루스는 이것이 결코 집안에서 뿌리내리지 못하게 했다.

> 비록 쉬운 것부터 하는 것이 자연스러운 것이지만, 가장 어려운 문제를 먼저 풀게 훈련을 시키는 것이 좋다. 이 습관은 인생을 살면서 맞이하는 어려운 문제들 앞에서 아이들이 위축되지 않는 자세를 키워줄 수 있다.

비록 초등학교 기간 동안 아이들을 지도하기 위해 많은 노력을 했지만, 그랬기 때문에 중학생들이 되어서는 스스로 공부하는 습관이 붙어 우리가 열심히 한 것에 대한 대가를 얻게 되었다. 모르는 것을 질문했을 때나, 드물지만 선생님이 직접 연락을 해왔을 때에만 도와주었다. 학년 초에 학교에서는 각 아이들을 위해 선생님과 상담을 하는 자리를 마련한다. 우리는 상담을 하면서 선생님께 만일 아이들이 기준에 미치지 못하는 경우가 발생하면 직접 연락을 달라고 분명하게 의사를 전달한다.

❡ 가족을 우선순위에 둔 가장

한국 문화에서 우리가 가장 감사하게 생각하는 부분이 학업 윤리이다. 아시안들은 전세계 민족 중 가장 부지런하고 열심히 일하는 민족들 중의 하나이다. 그리하여 아시아 사회에서 놀라운 결과들을 생산해내고 있는 반면, 부작용도 있다. 아버지들과 어머니들이 오랜 시간을 밖에서 일하기 때문에 상대적으로 자녀들과 함께하는 시간이 적어 가정 안에서 상당히 큰 타격이 있기 때문이다.

_____ **루스**   대부분의 사람들이 이틀에 걸쳐서 할 일을 래리가 하루 만에 할 수 있는 비결은 학업 윤리, 자기 훈련, 체계성 덕분이라고 생각한다. 그러나 래리는 수년에 걸쳐 다양한 결정을 내릴 때에 가족을 최우선 순위와 가치에 두었다. 다른 도시에서 열리는 과학자들의 모임을 위해 출장을 가도 최소한의 시간만 머물렀다. 개인 시간은 거의 없애버렸고 집 밖에서 자신을 위한 시간이나 친구들을 만나는 시간도 거

의 드물었다. 매일 저녁 아주 정확한 시간에 퇴근을 했고 자주 있는 일은 아니지만 늦게 들어오는 날은 언제나 미리 전화를 걸었다.

모든 휴가는 가족과 함께 보냈고 휴가지에 일을 가져가는 일은 없었다. '일은 직장에서 한다'는 모토를 가지고 있었고 지금도 그렇다. 그 결과로 래리가 집에 있을 때는 백퍼센트 마음을 쏟아 가정에 집중한다. 완전히 가정과 아이들에게 중심을 맞추어주었기 때문에 나와 래리가 함께 모든 일을 할 수 있었다. 아시안 친구건 백인 친구건 얼마나 많은 아내들이 자신의 남편이 일밖에 모른다고 불평을 하는지 모른다. 더욱 놀라운 것은 얼마나 많은 남편들이 일 때문에 휴가 가기를 원치 않는지를 들었을 때이다. 장래의 아버지들이 될 세 명의 아들을 키우면서 나는 그들이 자라서 가족들과 시간을 보내야 되는 때에 아버지와 똑같이 하기를 원한다.

래리　　아이들에게 학업 윤리를 가르치고 훈련을 시키기 위해서 나는 또한 만족을 뒤로 미룰 수 있는 능력을 가르칠 필요가 있다고 생각했다. 많은 것들이 즉시, 쉽게 만족되는 미국 사회에서 만족함을 뒤로 미루는 것은 상당히 도전적인 일이다. 메릴랜드의 작은 도시에서 아이들을 키우면서 여러 가지로 장점이 있었던 반면, 그렇지 않은 점은 동네 아이들이 많은 시간을 밖에 나와서 노는 것이었다. 우리 아이들도 하루 종일 교실에만 있었기에 방과 후에는 잠시 밖에 나가 놀면서 그들의 에너지를 발산시키게 하지만 다른 아이들보다는 훨씬 일찍 집에 들어와야 했다. 특히 날씨가 좋은 날 밖에서 다른 친구들이 소리를 지르며 노는 소리를 들으면 집중하기 힘들어했다.

그러나 일과를 정해놓고 지속하게 되면 괜찮다. 일단 습관이 되면 아이들은 따르게 되어 있다. 나는 아이들이 '공부가 놀이보다 우선'이라는 개념을 이해하기 원했다. 주중에 우리 아이들은 열심히 공부했다. 많은 다른 친구들과는 다르게 숙제 외의 부가적인 공부를 했고 악기도 연습했다. 주중에는 결코 텔레비전을 시청하거나 비디오 게임을 할 수 없었다. 한 주를 열심히 공부한 후 금요일 밤에는 가족만의 오붓한 시간을 보냈다(더 자세한 내용이 12장에 있다). 그리고 주말에는 텔레비전이나 비디오 게임을 허용했으나 이것도 정해진 시간 동안만 허락했다. 주말은 또한 연습을 의미했는데 아이들의 모든 스포츠 게임이 토요일에 있었다. 네 아이가 모두 사교적인 엄마의 성향을 물려받아서 그런지 친구와 함께 노는 것이 가장 중요한 일 중의 하나였기에 주말에는 늘 친구와 노는 시간을 가졌다. 일요일 밤은 항상 주중과 같이 취급하여 저녁식사를 한 후에는 남은 숙제를 끝마치거나 틀린 문제를 고치거나 책을 읽었다.

❥ 내과 의사면서 과학자로 성공한 비결

_____ 래리   공부를 잘하기 위해서는 동기부여 외에 우선순위를 정하여 집중하는 능력이 큰 자산이 된다. 내가 내과 의사면서 과학자로 성공할 수 있었던 비결 중의 하나를 꼽으라면 문제에 집중하여 깊게 생각하고 그 문제가 풀릴 때까지 인내한 것을 들겠다. 이것은 부모님이 조성한 환경 가운데 어려서부터 습득한 방법이다. 아이들의 집중력을 훈련시키는 것은 어른이 되었을 때 생산성을 높이는 데 결정적이

라고 믿는다. 집중한다는 것은 관련이 없는 것은 버리고 가장 중요한 정보를 식별하기 위해 노력하는 것을 의미한다. 내 경험에 의하면 사실상 집중한다는 것은 'Yes' 보다는 'No'라고 말하는 것과 더 관련이 있다. 가라지로부터 알곡을 골라내기 위해서는 주의 깊게 식별을 해야 한다. 집중할 수 있는 능력을 키워주기 위해서 우리는 어린아이일 때부터 그들을 위해 적절한 환경을 조성해주려 애썼다. 가령 공부와 독서를 할 수 있도록 자신의 방과 책상을 마련해주었다. 다른 사람들의 대화나, 전화, 음악소리로 인해 주의가 산만해지는 것을 막기 위해 집안 내의 공공의 장소에서 숙제를 하는 것을 금했다.

끊임없이 주의를 산만하게 하는 소셜 네트워크가 판치는 요즘 같은 전자 시대에 아이들에게 조용한 환경을 만들어주는 것은 특별히 중요하다. 어린아이였을 때 다소 집중하기 힘들었던 나단과 안나의 경우에는 이 능력이 무엇보다도 중요했다. 심지어 요즘도 안나는, 이미 고등학교 졸업반인데도 자신의 페이스북에 유혹되는 것을 막기 위해 비밀번호를 우리에게 만들라고 했다. 그리고는 자신이 원할 때 우리가 페이

아이들이 '공부 먼저, 놀이 나중'이라는 개념을 이해하기 원했다. 즉각적인 의사소통과 만족을 추구하는 문화 속에 살면서 즐거움을 찾기 전에 해야 할 일을 먼저 끝내야 한다는 변치 않는 원리를 아이들에게 가르치는 것이 쉽지는 않다. 그러나 가정 안에서 이 원리를 가르친다면 인생을 살면서 필요한 성공의 기술로 아이들을 무장시킬 수 있으니 기꺼이 해볼 만하지 않은가.

스북에 로그인해주길 요청했다. 이렇게 해서 이 전자 매체에 의해 지배 당하지 않고 오히려 지배할 수 있게 되었다.

🖈 정리 정돈하는 습관이 중요한 이유

자신만의 개인 공간을 가지는 것은 조직적(organization)이 되도록 훈련시키는 데 중요한데, 특별히 우리 아이들의 경우 쉽게 산만해져서 이 부분이 중요했다. 중요한 학교 숙제나 종이를 집 안의 공공의 장소에 두게 되면 쉽게 잃어버리게 되지만 자기 방에 두면 책상 위에 놓여 있는 자료들이 안전하다는 확신을 가질 수 있고, 만일 잃어버린다고 해도 자신의 잘못으로 돌리게 된다. 우리는 매일 각자의 책상을 가지런히 정리하라고 시켰다. 수학 응용문제, 영어 문법 연습문제, 수학 플래시 카드와 읽고 있는 책 등을 과목에 따라 정리된 파일에 집어넣으면 한 눈에 '해야 할 목록'을 볼 수 있기 때문이었다. 다시 말해서 잘 정리된 책상은 또 다른 시각적인 도움을 주며 일의 우선순위를 정하는 습관을 들게 한다.

개인 공간을 가지는 것은 또한 깊이 있게 생각하는 데 중요하다. 우리는 각자에게 중요한 물건들 즉 책가방, 악기와 책들을 매일 자신의 방에 가져다놓도록 훈련시켰다. 그리고 이미 말했지만, 매일 자기 전에 자신들의 방을 청소하도록 훈련했다. 그러나 일단 고등학교에 들어가면 학교 숙제가 점점 힘들고 어려워지기 때문에 일찍 잠자리에 들 수 없게 되었다. 아이들이 너무 바쁘기 때문에 루스는 어질러진 방을 크게 문제 삼지 않았는데 어차피 나중에라도 자신들이 청소를 해야 했기 때문이다. 그대신 방들이 어지럽혀지면 질수록 아이들은 더 무질서하게 되는 것이 흥미로웠다. 물론 그 무질서로 인해 물건을 잃어버리게 되고 좌절도 하게 된다.

_____ 루스   나단은 예외적으로 늘 방을 단정히 정리했다. 아이의 옷장은 꼼꼼하게 정리되어 있는데 한 종류의 셔츠는 한쪽 면에 다른 종류의 셔츠는 다른 쪽 면에 있는 식이다. 신발도 가지런히 정리되어 있어, 아이의 방에는 모든 것이 제자리에 잘 놓여 있다.

반대로 벤은 날마다 뜻밖의 일이 생긴다. 아이의 방은 너무 지저분하다. 물론 날마다 물건을 찾는다. 벤을 아는 사람들은 누구든 어린아이였을 때조차도 그 아이를 '정신 나간 교수'라고 부르곤 했다. 당시엔 웃곤 했는데 지금은 그 당시에 더 아이를 다잡고 훈련시키지 못한 것이 아쉽다. 우리는 조직화된 우리 가정이 그 아이의 쉽게 잊어버리는 성향을 충분히 고칠 것이라 생각했다. 그러나 다른 아이들과는 다르게 벤은 타고나기를 무질서하고 생각이 정리되지 않는 아이이다. 아버지의 집중적인 훈육에 의해 그나마 좀 달라진 것이다.

요즘 아이들은 다양한 일을 동시에 할 수 있다. 키보드로 타이핑을 하면서 음악을 듣고 동시에 친구들과 전화 통화를 할 수 있다. 더욱이 아이들마다 전화기를 가지고 있다. 공부를 하면서도 문자 메시지와 전화를 받는다. 이것들이 요즘 세대 아이들을 위협하는 가장 큰 어려움이다. 우리는 막내 아이 전까지는 이런 유의 일들로 고민하지 않았다. 그러나 안나가 고등학교에 입학하면서 아이들이 서로 전화로 숙제를 도와주는 일이 일반적인 현상이 되었다. 무제한 문자 서비스가 나오기 시작하면서 안나는 연속적으로 문자를 주고받았다. 안나가 전 과목에 A를 받는 열심히 공부하는 아이였기에 우리는 이것을 놔두기로 했다.

하지만 나는 어린아이를 가진 부모들에게 이 문제는 부모로서 결정을 잘 내려야 하는 것임을 충고한다. 세상이 빠르게 변하고 기술이 계속 발달하면서 휴대용 전화기를 소유하는 연령대가 점점 낮아지고 있지만, 가능한 한 아이들에게 휴대폰을 늦게 사줄 것을 권한다. 또래 친구들 사이에 압력이 있고 부모들도 자신의 아이들만 휴대폰이 없을까 염려하는 것도 안다. 그러나 상식으로 이런 압력들을 극복해야 한다. 잠깐 사이에 부모들도 아이들처럼 부주의하게 되기 쉽다.

<u>래리</u>　　나는 일관되게 시각적 효과를 주는 달력이나 일람표를 사용하여 할 일을 정리하게 했다. 지금도 나는 목록을 사용하여 내가 해야 할 일을 기록하고 확인한다. 모든 해야 할 일과 행사의 스케줄을 잘 기록해온 안나의 달력을 보면 참 흐뭇하다. 여행을 갈 때 라이언과 안나는 여행 가방에 넣고 가야 할 모든 물건의 목록을 정리한다. 그래서 여행에서 돌아올 때 목록에 있는 물건들이 잘 챙겨졌는지를 확인한다. 고등학생 때부터 라이언이 이렇게 하기 시작했고 안나도 똑같이 하기로 결정했다.

몇 년 전에 처남이 라이언과 자신의 아들을 데리고 동남아시아 여러 나라로 여행을 간 적이 있다. 그런데 라이언은 가방을 쌀 때마다 목록을 들고 확인하느라 시간이 너무 걸려서 조카가 그런 라이언을 못 견

더 했다고 했다. 비록 여러 호텔과 나라들을 다녔지만 라이언은 물건을 하나도 잃어버리지 않았다. 여행을 다녀와서 처남이 웃으면서 이야기했다.

"내 아들은 각 나라마다 무엇인가를 두고 왔어."

❥ 어려움을 혼자 이겨낸 안나

중학교 중반쯤 안나가 더 심화되고 어려워진 수학 때문에 고전하고 있음을 알았다. 수학을 풀면서 계속 도와달라고 했고 "이 문제를 이해할 수 없어. 낙제할 것 같아. 무엇을 배우고 있는지도 모르겠어"라는 말을 자주했다. 수학 문제를 풀다가 눈물을 흘리곤 했다. 내가 아이를 앉혀놓고 함께 문제를 살펴보니 안나는 문제가 바로 이해가 되지 않을 때는 즉시 포기를 했다. 쉽게 좌절했고 그 문제를 풀 수 없다고 단정했다. 이 잘못된 생각을 극복시키려 하는 동안 서로 어려웠다. 예를 들면, 나는 수학 응용문제의 추상적인 부분을 상상하라고 권했고 종이 위에 그림을 그렸다. 그러나 이 방법도 도움이 되지 못했다. 이러는 과정에 안나는 감정이 상했고 눈물을 흘렸다.

그래서 나는 안나를 가르치는 일을 그만뒀다. 피아노를 지도하면서 벌였던 전쟁을 다시 하고 싶지 않아서 차라리 선생님께 직접 물어보라고 시켰다. 고등학교에 입학하기 바로 전 여름에 안나는 수학반 편성 시험을 치렀는데 점수가 좋지 않았다. 한 해 동안 배운 모든 내용이 담긴 내용이라 어렵긴 했지만 그래도 안나는 몹시 충격을 받은 것 같았다.

안나는 다음 학기에 수학 보통반에 들어가야 한다는 것에 무척 화를 냈다. 나는 차라리 보통반 수업이 안나에게 더 적합할지도 모른다고 이야기했다. 내 말에 안나는 더 화가 나서 단호하게 말했다.

"오빠들은 누구도 보통반 수학을 이수하지 않았잖아요? 나도 우월반(honor's course) 수학을 이수할 거예요." 다행히도 수학 선생님이 그동안 안나의 성적과 다른 시험 결과를 비교해본 후 안나가 열심히 공부하는 학생인 것을 알고 한 가지 제안을 했다. 여름 방학 동안 공부를 해서 학기 직전에 다시 시험을 치르라고 했다. 선생님은 일년치 교과내용이 담긴 CD를 빌려주었다.

_____ **루스**　　안나를 그저 지켜보는 것은 힘든 일이었다. 우리는 방학 동안 수학 가정교사를 구해서 안나를 도와주어야 하는 것은 아닌지 계속 고민했다. 부모로서 우리가 간섭을 해야 하는지 아니면 그대로 놔두어야 하는지를 결정하기가 힘들었다. 래리와 이 문제를 많이 상의한 뒤 우리는 그냥 안나가 혼자 이 문제를 극복하도록 놔두기로 결정했다. 안나에게 주어진 CD는 혼자서 공부를 해나가는 프로그램이었기 때문에 성공의 유무는 얼마나 스스로 해내는지에 달려 있었다. 래리와 나는 이것이 전적으로 네 책임이므로 공부하라고 재촉하거나 잔소리하지 않을 것이라고 안나에게 말했다. 만일 이렇게 CD를 가지고 공부하고 싶으면 안나 자신에게 달린 것이니 혼자의 힘으로 열심히 해보라며 책임을 그 아이에게 지게 했다. 우리도 안나가 이것을 어떻게 해나갈지 몰랐고 안나가 실패하는 것을 보고 싶지 않았기에 다소 걱정이었다.

그러나 안나의 끈기와 노력과 결단에 우리도 놀랐다. 안나는 혼자 힘으로 여름 방학 동안 일년치 분량의 수학을 모두 공부했다. 재시험을 치렀을 때 단지 통과만 된 것이 아니라 95점이라는 높은 점수를 받아서 우월반에 들어갈 수 있었다. 이것이 전환점이 되어서 그 후론 안나가 오빠들보다도 더 꼼꼼하고 근면하게 학교 공부를 했다. 지금 되돌아보면 안나는 그 과정을 거치면서 단지 수학 과목이나 우월반에 입학하는 그 이상을 배운 것 같다. 어떤 어려움에 부딪쳐도 열심히 공부하고 노력을 하면 정복할 수 있다는 중요한 인생의 교훈을 배운 것이다. 안나는 또한 무엇과도 바꿀 수 없는 자신감을 얻었다.

_____ 래리   안나와 내가 몇 년간 겪은 좌절들을 생각해보면 아마도 안나는 발육이 다른 아이보다 늦어 준비가 되지 않았던 것을 고려했어야 했다. 아이들은 저마다 성장과 발달 속도가 다르다. 아직 준비되지 않은 어떤 것을 하도록 밀어붙이면 때로는 불이익이 되기도 한다. 만일 아이들이 열심히 하면서도 극도의 좌절을 보이면 부모는 한발 물러서서 그 일이나 과정이 아이에게 적합한지를 살펴봐야 할 것이다.

❥ 공부만큼 중요한 것

_____ 루스   안나 학교의 많은 학생들이 가정교사를 두고 있다. 나도 여러 번 이렇게 해볼까 하는 생각을 했지만, 가정교사의 도움으로 A학점을 받는 것이 그다지 좋은 방법이 아니라는 생각이 들었다. 또 오빠들도 한 번도 가정교사의 도움을 받은 적이 없었고 안나도 원하지

않았다. 고등학교 내내 안나는 혼자 힘으로 열심히 노력하여 전 과목에 A학점을 받았다. 나는 가정교사가 도움이 되며 효과도 있지만 장기적으로 가정교사의 도움을 받는 것이 바른길은 아니라고 생각한다. 어느 시점에서 부모들은 아이들이 지속적으로 가정교사가 필요한지 아닌지, 아이가 너무나 선행학습을 하고 있는지, 아이가 너무 의존적이지는 않은지, 그 외에 다른 어떤 문제들이 생기고 있지는 않은지를 판단해볼 필요가 있다.

요즘 한국에서 아이들은 방과 후에도 학원에 다니고 있으며, 부모들은 아이들 학원비를 벌기 위해 부업을 하거나 더 오랜 시간 일을 할 수밖에 없다는 것을 알고 있다. 또한 아이들은 아이들대로 방과 후에 학원을 다니느라 밤늦게 귀가한다고 들었다. 이 말을 들었을 때 솔직한 내 생각은 "그렇다면 언제 가족이 함께 모여서 시간을 보낼까? 학교를 다니는 동안 가족이 몇 번이나 함께 저녁식사를 할 수 있을까? 주말에는 서로 얼굴을 볼 수 있을까? 아니면 주말 또한 바쁠까?"였다. 내가 한국에서 살고 있지 않기 때문에 나는 단지 대학 입학이라는 궁극적 목표를 향해 불철주야 수고하는 한국의 부모들과 아이들이 직면하게 되는 큰 압박감과 극심한 경쟁을 상상만 해볼 수 있을 뿐이다. 물론 한국적인 특수한 사정이 있을 것이고 또한 부모로서 아이들을 위해 최선을 다하는 마음과 자녀들이 목표에 도달할 수 있도록 돕기 위해 가능한 모든 것을 해주고 싶은 마음 때문임을 충분히 이해할 수는 있다.

하지만 자녀들의 성격 형성기 동안 그들의 인격을 다듬고, 좋은 영향을 주어서 아이들을 성숙하게 하는 데 부모인 우리에게 주어진 시간이 그리 길지 않다. 학업이 가장 중요하지만, 장래를 위한 열쇠는 함께 시간을 보내면서 형성되는 관계와 추억들이다. 물론 주말에 해야 할 다양한 일들이 있겠지만 그것들을 다소 접고 온 가족이 함께 의미 있는 시간을 보낼 수 있으면 얼마나 좋겠는가? 단순하지만 아이들이 좋아하는 것, 이를테면 함께 공원에 가는 것, 아이스크림을 먹는 것, 가족이 산책하는 것, 아무런 방해(휴대용 전화기나 전자 제품) 없이 가족이 함께 식사하는 것도 좋다. 그러나 그밖에 다른 중요한 일들처럼, 가족 시간 또한 계획해서 고수하지 않으면 지켜가기 힘들다. 전 세계적으로 아시안 부모들은 영리하며 성공하는 자녀들로 키우기 위해 획일화된 목표하에 자녀들을 열심히 교육시키는 것으로 알려져 있다. 우리는 한국 부모들이 한 단계 더 나아가 좋은 관계가 지속되는 가족 안에서, 다른 사람을 배려하며, 정직하고 영리하여, 성공하는 자녀들을 양육해내는 부모로도 알려지길 소망한다.

여름 방학 기간의 학습 활동

_____ **루스**　각 아이들이 고등학교에 들어가기 전 우리 가족의 여름 방학은 휴가를 즐기며, 한 주에서 두 주 정도의 스포츠 캠프와 음악 캠프에 아이들을 참석시키고, 집에서 책을 읽거나 학습지를 풀고 친구들과 노는 시간으로 짜여졌다. 우리는 여름 방학을 무척 기다렸는데 이것은 두 달 반 가량 덜 바쁘게 보낼 수 있기 때문이다. 우리는 여름 방학 동안 아이들이 여유를 가질 수 있게 해주었지만 짧은 시간이 아니었기에 학기 중에 만들어놓은 체계나 훈련을 지속하기를 원했다. 자

명종을 맞추어서 일어날 필요 없이 여유 있게 아침식사를 함께한 후 악기 연습을 하게 했다. 그리고는 얼마간의 수학과 문법문제를 마치면 친구들과 놀았다.

각 아이마다 여름 방학 동안 읽을 책들을 도서관에서 빌렸다. 여름 방학일지라도 우리는 공부를 먼저 끝낸 후 놀 수 있게 했다. 많은 다른 친구들이 왜 우리 집 아이들이 오후가 될 때까지 놀 수 없는지 궁금하게 생각했다. 우리 집 아이들 중 한 아이는 좀더 일찍 놀 수 있는 옵션을 가졌는데 이것은 더 일찍 기상해야 됨을 의미했다. 때로는 다음날 친구 집에 가서 놀아야 하는 약속 시간이 정해지면 자명종을 맞춰놓고 일찍 일어나 친구 집에 놀러 가기 전에 모든 공부를 끝내야 했다.

많은 미국 가정에서는 아이들을 한 번에 몇 주씩 집을 떠나서 지내는 여름 캠프에 보낸다. 그중에는 자연 탐사와 같은 주제가 있는 것도 있지만 대부분은 단지 아이들을 실내나 실외에서 하루 종일 놀리는 어린이집 같은 캠프였다. 고등학교에 들어가기 전까지는 아이들을 몇 주씩 집을 떠나서 가는 그런 캠프에는 보내지 않았다. 고등학생이 되어서도 학업이나 음악에 관련된 캠프에만 보냈다. 아이들은 일년 동안 공부에 전념했기 때문에 여름 방학 동안에는 집에서 여유 있게 시간을 보내는 것을 좋아했다.

유일하게 안나만 친한 친구들과 7학년(중학교 2학년) 때부터 매년 여름 일주일씩 기독교 캠프에 참석했다. 첫 해 안나와 나는 둘 다 힘들었다. 캠프에 참석하기 전에 우리 둘 다 걱정을 했고 안나의 마음은 수도 없이 바뀌었다. 심지어 취소하기 위해 전화를 걸었지만 캠프 관련자가 안나를 하루 이틀만이라도 보내보라고 권했다. 만일 안나가 좋아하지 않으면 언제든지 집에 가도 좋다고 했다. (캠프 장소는 두 시간이 채 안 되는 거리에 있었다.) 마침내 래리와 나는 캠프 장소까지 운전을 해서 갔고 마지못해 안나에게 작별 인사를 했다. 부모가 아이들에게 이메일을 보낼 수 있고 아이들도 캠프장에서 메일을 읽을 수는 있지만 답장을 쓸 수는 없었다. 그래서 나는 매일 안나에게 편지를 썼다. 편지에 대한 답장을 받을 수는 없었지만 적어도 캠프측으로부터 아이를 일찍 데려가라는 전화를 받지는 않아서 안심했다.

우리가 안나를 데리러 갔을 때 안나는 매우 기뻐하면서 내년에도 다시 참석하겠다고 했다. 10학년을 끝낸 여름 안나는 2주 동안 기독교 리더십 훈련 캠프(CLT)에 참석하기로 결정했다. 대학생들과 청년 카운슬러들이 인도하여 5일을 연속으로 산을 타며 캠핑을 하는 프로그램도 들어 있었다. 자신들이 모든 장비를 가지고 가야 했고 매일 밤 텐트를 쳐야 했을 뿐만 아니라 기본적인 생활 시설인 화장실이나 샤워 시설도 사용할 수 없었다. 모든 것이 실외였다. 딸아이가 이런 데를 가려고 하는 것이 신기했다. 깊은 산속에 있을 아이를 상상할 수 없었다. 비록 운동선수이고 야외를 좋아하긴 했지만 우리 가족은 한 번도 캠핑을 가본 적이 없었고 황량한 자연에서 하이킹을 해본 적도 없었기 때문이다.

기타 활동을 통한 훈련: 나단과 안나의 사례

나단은 고등학교 때 토론팀에 들어갔다. 토론은 학교에서 하는 과외 활동으로 방과 후에 했다. 대부분의 고등학교에는 토론팀이 있다. 미국 전역의 모든 토론팀 회원들에게 일년 동안 같은 주제가 할당된다. 예를 들면 어떤 해에 해양 정책이 주제로 선정되었다고 해보자. 한 팀이 해양 보전에 대한 정책이나 계획을 제안하면 다른 팀은 그 정책보다 더 나은 정책을 내놓든지 아니면 상대팀이 제안한 정책의 신빙성을 떨어뜨려야 한다. 몇 라운드 후에 심판이 어느 팀이 더 설득력 있는 주장을 했는지 결정을 내린다. 한 고장에서 우승을 한 팀은 지역 대회에 참석하고, 다음은 주 대회에 참석하고, 최종적으로 전미 시합에 출전하게 된다. 정신질환, 유엔 평화 유지와 운영, 국제 AIDS 정책과 같은 주제를 가지고 토론한다.

우리는 아이들에게 고등학교 때 토론팀에 들어가보라고 권했다. 이것은 어떤 전문 분야에서도 가치가 있는 대중 앞에서 말하는 기술을 훈련시킨다. 래리는 고등학교 때 주 대표 토론자로 뽑혔었다. 래리는 요즘 대중 앞에서 쉽고 효과적으로 말을 하거나, 강연과 연설을 할 수 있는 것을 고등학교 때 했던 토론 훈련 덕분으로 여긴다. 그러나 이것은 도서관이나 인터넷에서 정보를 찾아야 되며 주말 내내 지속되는 다양한 토너먼트에 참석해야 하기에 놀랄 정도로 많은 시간이 소요된다. 토론팀에 완전히 헌신적인 학생은 다른 과외 활동을 전혀 할 수 없다.

벤은 토론을 좋아했지만 피아노 때문에 오래 지속할 수 없었다. 라이언과 안나는 특별히 많은 사람들 앞에 서야 한다는 것을 싫어했다. 안나는 한 학기 동안 토론팀을 한 후 그만두었고 라이언은 비록 싫어했지만 2년 동안 지속했다. 네 명의 아이들 중에 나단이 가장 오래 토론팀에서 훈련을 했다. 나단은 좋아했고 잘했다. 고등학교 2학년과

3학년 여름 방학 때 나단은 4주씩 토론 캠프에 참석했다. 캠프는 대학교 캠퍼스에서 열렸고 그 해에 선택된 주제의 연구를 앞서서 시작할 수 있었다. 학기 중에 나단의 스케줄은 학교 축구팀과 클럽 축구팀을 모두 해야 했고 거기다 비올라를 해야 했기에 너무나 빡빡했다. 그래도 나단과 그의 짝이 몇몇 지역 대회에서 우승을 해서 좋은 경험을 쌓았다.

우리는 안나에게 학교 연극반에 들어가보라고 권하며 이런 연극을 하는 경험이 대중 앞에 설 때 자신감을 개발할 기회를 줄 것이라 설명해주었다. 처음에는 안나가 거부했지만 다행히도 안나의 몇몇 친구가 그 연극반에 들어가기로 결정해서 안나도 또한 등록을 했다. 안나는 2년 동안 연극반에 참가했는데 상당히 즐기는 것처럼 보였다.

작년에 안나의 고등학교에서 〈지붕 위의 바이올린〉이라는 유명한 뮤지컬을 제작했는데 안나가 참가하고 싶다고 말해 우리는 깜짝 놀랐다. 우리가 놀랐던 것은 오디션을 할 때 노래와 연기를 둘 다 해야 했기 때문이다. 안나는 대중 앞에서 한 번도 노래를 해본 적이 없었다. 후에 안나는 신경이 끊어지는 것 같은 경험이었다고 말했다. 안나가 오디션을 잘 마치고 그 앙상블 내에서 한 부분을 맡았을 때 정말 기뻤다.

> 때로는 우리가 아이들의 학업이나 성취에만 집중한 나머지 아이들의 다른 중요한 점들을 잊어버리게 된다. 자녀들의 약한 점을 찾아보고, 그 약점을 개선할 수 있는 기회를 제공해주어야 한다.

우리가 뮤지컬을 관람하게 되었을 때 비록 안나의 역할이 큰 앙상블 중의 작은 부분이었지만 마치 안나가 주연을 담당한 것만큼 자랑스러 웠다. 안나가 완전히 새롭고 낯선 것을 경험하기 위하여 자신의 상자 에서 과감히 나와 큰 위험을 직면했기 때문이다.

우리에게 학문 공부는 단지 학교 공부나 학과 공부에 지나는 것이 아니었다. 세상, 특히 사회성, 자기주장과 담대함이 높이 평가되고 인 정받는 비(非)아시아 문화권에서 살아남는 법을 가르치는 것이었다. 우리는 이 점에서 아이들이 미국 친구들과 같아지도록 훈련하려 시도 했지만 우리가 원하거나 집중했던 만큼 이 부분에서 성공하지는 못했 다. 우리 집 아이들 넷 중에 셋이 타고나기를 수줍어하는 성향임을 알 게 된 뒤 우리는 아이들의 성향이 큰 영향을 끼친다는 사실을 깨닫게 되었다. 우리의 네 아이들이 집 안에서는 외향적이며 활기찼지만 어린 시절 네 아이 중의 세 아이는 공공장소에서 수줍어했다. 나단이 유일하 게 자신이 관심의 대상이 되는 것을 좋아했던 아이였다. 나머지 세 아 이들은 관심받기를 싫어했다.

_____ **루스**   이 점이 나를 힘들게 했다. 통계적으로 봐도 세 명의 아이가 래리의 성향을 닮은 것은 이해하기 힘들었다. 우리는 공공장소 에 나갔을 때나 특별히 낯선 곳에 여행을 갔을 때, 래리는 각 아이들을 위해 낯선 사람들에게 질문을 하는 게임을 하게 한다. 화장실이 어딘지 아니면 티켓 판매대가 어딘지 같은 것을 물어보게 한다. 나단을 제외한

다른 아이들이 너무도 하기 싫어해서 래리는 아이스크림을 사겠다는 말로 아이들을 꼬드기곤 한다. 해외에 나갔을 때는 더욱 심하다. 우리 가족이 2006년에 스페인을 방문했을 때 래리는 아이들이 이미 배운 스페인어를 사용해보기를 권했다. 물론 아이들은 한마디 말도 하기 싫어했다. 그래서 래리는 만일 아이들이 길을 물어보거나 티켓 구입과 같은 실제로 필요한 일을 물어볼 경우 1유로씩 주겠다는 제안을 했다. 처음에는 아이들이 모두 주저했지만 1유로씩 받고 나서는 발동이 걸려 래리가 돈을 모두 다 쓰기 전에 게임을 그만두어야 했다.

❞ 대학 캠퍼스 방문

__래리__   최근 들어 내가 해야 하는 즐거운 일 중의 하나는 아이들이 고등학교 3학년이나 4학년쯤 되었을 때 미국 전역에서 입학할 만한 학교들을 선택하여 각 아이와 그 학교들을 방문하는 일이다. 어떠한 교육의 기회를 얻을 수 있는지를 미리 알 수 있고 또한 직접 다양한 대학을 체험할 수 있기 때문에 미국에서는 고등학생들이 미리 대학교 캠퍼스를 방문하는 일이 일반적이다. 학교들을 방문해보면 단지 웹사이트를 통해서는 완전히 파악할 수 없는 각 학교마다의 개성을 발견하게 된다. 대학들은 일반적으로 예비 입학생들을 대상으로 잘 조직화된 정보 제공 프로그램과 캠퍼스 견학을 제공한다. 정보를 제공하는 프로그램에 참석할 때 방의 맨 앞줄에 앉아야 아이들이 입학사정관의 설명에 궁금한 것을 한 가지라도 질문하기가 쉽고 아니면 나라도 질문해서 아이들을 긴장시킬 수 있다고 생각했다.

라이언은 이런 방문 기간 동안 자신감을 갖도록 격려할 필요가 없는 아이였다. 함께 첫 대학을 방문했을 때 단지 앞자리에 앉자는 제안만 했을 뿐이다. 그 뒤론 다른 대학들을 방문했을 때 맨 앞자리에 앉기 위해 시간보다 일찍 가자며 오히려 나를 재촉했다. 라이언은 자신의 인생에 중요한 일, 즉 자신에게 적합한 대학을 고르는 일에 주인의식을 가진 아이였다. 개인적으로 한 아이와 의미 있는 긴 시간을 보낼 수 있는 기회였기 때문에 나는 각 아이들과 다니는 이 여행들을 매우 소중하게 생각했다. 일부러 일주일을 잡아서 동부에 모여 있는 여러 학교들을 방문할 수 있도록 여행 일정을 계획해서 실행했다.

❜ 아이들이 겪은 다양한 경험들

요즘 우리는 고등학교와 대학에서 겪었던 다양한 경험들이 아이들의 개성에 큰 영향을 끼쳤음을 볼 수 있다. 나단의 경우 다방면에 걸친 토론의 경험과 대학 경영학과에서 요구했던 많은 발표 경험, 학교 축구팀의 주장과 학교 오케스트라에서 수석 비올리스트로서 쌓은 리더십, 대학 기숙사의 RA로서 다양한 봉사를 했던 경험들이 자신감 넘치고 역량 있는 리더로 성장하는 데 기여를 했다.

벤의 경우 수년간 무대에서 다양한 대회와 연주를 한 경험이 대중 앞에서도 자신감과 평정을 유지할 수 있게 했다. 뿐만 아니라 가정과 엄하게 통제된 환경을 벗어나면서 벤은 개성과 경험 면에서 인생의 전성기로 입성하게 되었다. 긍정적인 면으로 보면 벤은 독립적이 되었고 대단히 사교적이며 외향적인 청년으로 성장했다. 럭비팀이나 아카펠라 그룹 같은 모임에 참가하여 새로운 도전의 기회들을 얻어가고 있다. 부정적인 측면은 아이의 느긋하고 태평한 성격이 더욱 드러나고 있다. 결과적으로 벤의 삶의 방식이나 습관은 래리가 정의내린 '정리된 무질서'를 잘 반영하고 있다. 보스턴을 자주 방문하게 된 래리가 벤에게 들를 때마다 벤의 삶을 보고 어떻게 다뤄야 할지 힘들어했다.

라이언은 고등학교에 다니면서 부정적인 경험과 긍정적인 경험을 모두 겪었다. 자신이 더 편안하게 느끼는 많은 아시안 친구들이 있는 동네의 공립학교에 다니기보다는 벤이 걸어간 길을 따르기를 원해 백인 친구들이 훨씬 많은 작은 사립고등학교를 선택했다. 그 학교를 다니면서 라이언은 좋은 성적을 얻었지만 문제는 그 학교를 싫어했다. 한 해가 지난 후 우리는 라이언에게 더 잘 맞을 것 같은 동네 공립학교로 전학하라고 권했지만 라이언은 일단 시작한 길을 끝마치고 싶다고 했다. 3년째에 접어들어서야 라이언이 적응을 하여 다른 민족에 속한 친구들과 친해지게 되었다. 메릴랜드에 살 때는 단지 백인 친구들만 사귀었고 자신을 한국 사람이나 혹은 소수민족이라고 전혀 생각하지 않았던 라이언이 아시안 친구들을 더 편안하게 생각하는 것이 우리에게는 의외였다. 대학에서 사귄 라이언의 친구는 모두 아시안이다. 대학에 가서 라이언은 자신의 정체성을 확실히 가지게 되었고 2세대 한국계 미국인으로서 평안을 찾았다.

세 아이들이 대학에 가더니 자신들이 한국어를 하지 못하는 몇 명 중에 속한다는 말을 전했을 때 흥미로웠다. 대학을 가기 전까지 아이들은 한국어를 하지 못하는 사실을 인식하지도 않았기 때문이다. 세 아이들이 모두 우리에게 왜 한국어를 가르치지 않았느냐며 불평을 한다. 요즘 들어 세 아이들 중 특히 나단이 한국 문화에 흠뻑 빠져서 한국어를 못하는 것을 괴로워한다. 나단이 한국 음악을 들으며 다양한 단어나 문구의 의미를 내게 물어본다. 대학을 졸업 후 여름 방학에(미국 학교들은 9월에 학년이 시작되어 5월에 졸업을 한 후 3개월 가량 긴 여름 방학이 있다) 나단은 연세어학당에서 한국어를 배우고 한국에서의 생활을 매우 즐거워했다. 여전히 거기서도 한국어를 하지 못했던 몇 안 되는 학생이었다.

불행히도 벤은 한국 학생들에 대해 부정적인 경험을 했는데 학교에서 만난 한국 학생들이 모임 중에 한국어만을 사용했기 때문이다. 벤은 한국 학생모임에 함께할 수 없었기 때문에 결국에는 흥미를 잃어버리고 그 그룹에서 나왔다. 아이들이 한국어를 하지 못하는 것을 불평하면 나는 우리가 살던 메릴랜드의 작은 도시에서 선택의 여지가 없었음을 말하곤 한다. 한 지역 교회에 한글학교가 있었지만 토요일에 수업을 했다. 만일 우리가 토요일 아침에 스포츠가 아닌 한국어 교육을 시켰다면 아이들이 폭동을 일으켰을 것이다. 물론 지금은 나도 한국어를 가르치지 않은 것을 후회하지만 우리 아이들이 한국인으로서 한국 문화에 그토록 관심을 보이는 것이 참 기쁘다.

음악 교육이
중요한 이유

음악은 음악 자체를 배우게 되는 이점뿐 아니라 훈련을 시키고, 열심히 노력하는 습관을 몸에 배게 하고, 집중력을 키우는 등의 가치 있는 기술들을 익힐 수 있다고 믿었기 때문에 그렇게도 많은 시간을 투자했다. 더욱이 음악을 배운 아이들과 그렇지 않은 아이들 사이의 뇌 발달의 차이에 대한 많은 과학적인 연구 결과들이 발표되지 않았는가.

❾ 네 아이에게 음악을 가르치다

우리는 음악 교육을 중요시한다는 점에서 전형적인 아시안 부모이다. 아이들을 어렸을 때부터 훈련시키고, 집중력과 지구력을 키워주기 위해 악기를 가르치기로 결정했다. 내가 열 살 때부터 대학 입학 전까지 비올라를 배우면서 이러한 유익함을 얻었고, 이런 것들이 나의 직장 생활에 많은 도움을 주었기 때문에 내 아이들에게도 악기를 가르치고 싶었다. 내가 다녔던 초등학교에는 현악기, 목관악기, 금관악기 등의 다양한 악기를 연주해볼 수 있는 기회들이 있었다. 사실 나는 트럼펫 연주에 가장 관심이 있었지만 트럼펫을 불기에 적합하지 않은 입술을 가지고 있어서 그 악기를 선택할 수 없었다. 대신 현악기 연주가 내게도 적합하고 가장 장래성이 있어 보였다. 무엇보다도 부모님은 내가 음악을 좋아하게 될까 봐 악기를 배우는 것을 별로 탐탁지 않게 여겼다. 성인이 되어서까지 음악을 하면 먹고 살기가 어렵고 가족을 부양하기 힘들기 때문에 남자의 직업으로 적절하지 않다고 생각하신 것이다.

부모님의 반대에도 불구하고 나는 학교에서 비올라 레슨을 받기 시작했다. 연습도 열심히 해서 중학교 때에는 하루에 두세 시간씩 연습을 하곤 했다. 내 여동생(현재는 미네소타 오케스트라의 수석 연주자)이 바이올린(부모님은 내게 여동생이 연주하는 바이올린과는 다른 비올라를 연주하도록 권했다) 연주에 신동이었기 때문에 동생에게 경쟁의식을 가졌던 것이 비올라를 열심히 연습하게 되는 동기로 작용했다. 바이올린과 비교해보면 비올라는 경쟁이 덜하여 오케스트라에서 가장 좋은 포지션을 받기가 쉽다. 그래서 고등학교 때에 몇 차례 청소년 음악 경연대회에서 입상하기도 했다.

우리 가족이 오스트리아에서 일년간 살았을 때는 유명한 비엔나 음악 아카데미에서 비올라를 배웠는데, 다시 미국에 돌아와서는 캔자스 지역의 청년 그리고 전문 오케스트라와 함께 여러 차례 솔로 협주곡을 연주했다. 그럼에도 불구하고, 돌이켜보면 솔로로 악기를 연주하는 것은 관현악단이나 팀 스포츠와 비교했을 때 다른 친구들과 섞여서 하는 활동이 아닌 혼자서 하는 활동이다. 아마도 이런 것들이 내가 내성적인 성격을 가지게 된 데 한 몫 하지 않았나 싶다. 비올라의 솔로 레퍼토리는 바이올린만큼 다양하지 않기 때문에 차이코프스키의 바이올린 협주곡과 같은 클래식을 연주할 수 없었던 것이 항상 아쉬웠다. 나는 늘 바이올린이 더 품위 있는 악기이고 비올라 연주는 2등급처럼 느꼈기 때문에 내 아이들에게는 바이올린을 가르칠 것이라고 다짐했다. 아이러니컬하게도 나의 두 아이가 바이올린을 배우기 시작했지만, 결국에는 비올라로 악기를 바꾸었다.

비올라를 배운 나의 경험과 어린 시절 피아노를 배운 루스의 경험으로 우리는 다섯 살짜리 나단에게 바이올린을 가르치기 시작했다. 벤에게는 다섯 살 때 피아노를, 라이언에게는 네 살 때 바이올린을, 안나에게는 네 살 때 피아노를 각각 가르치기 시작했다. 형제간의 경쟁과 비교를 줄이기 위해 우리는 악기를 아이들 나이별로 엇갈리게 선택했다.

나단의
바이올린과 비올라

나단과의 음악 전쟁

래리 　스즈키 음악교육의 좋은 점 중의 한 가지는 단순히 음악을 들으면서 악기를 시작할 수 있어서, 악보를 읽지 못하는 어린 나이에 악기를 배울 수 있다는 것이다. 연주곡이 녹음된 CD를 반복해서 듣다 보면 청음을 통해서 음악을 배우게 된다. 바이올린은 초보자에겐 피아노보다 여러 면에서 훨씬 배우기 어려운 악기이다. 우선 악기를 손으로 잡는 것부터도 특별한 기술이 필요하다. 보기와는 다르게 왼손은 바이올린을 잡지 않는다. 쇄골 위에 악기를 올려놓고 왼쪽 턱으로 눌러 잡아주는 것이다. 이것은 자연스럽지 않은 포즈인 데다 나무로 된 턱받침과 쇠붙이 잠금쇠가 목으로 돌출돼 있어 매우 불편하다. 건반을 누르면 정확한 음이 나오는 피아노와는 달리 바이올린은 연주할 때 눈에 보이지 않는 지판의 정확한 위치에 손가락을 올려야

152

음을 낼 수 있는데, 1밀리라도 벗어나면 찡깽 소리를 내기 때문이다.

또한 어머니가 스즈키 피아노 강사로서 활동하고 계셨기에 자연스럽게 이 방법으로 나단에게 바이올린을 가르치기 시작했다. 하지만 양육에 경험이 없었기 때문에 바이올린이 나단에게 적합한지 아닌지를 깊이 생각해보지 않았다. 정확히 말해서 아이가 바이올린을 배우기 위해 만만찮은 노력을 시작할 준비가 되었는지 아닌지를 고려해보지 않은 것이다. 매일 엄격하게 악기를 배우는 것이 나단에게 집중력을 길러주고 아이를 훈련시킬 수 있다고만 단순하게 생각했다. 무슨 악기이건 처음 배우기는 쉽지 않지만 특히 흥분을 잘하고 활동적인 아이가 이런 기교와 부동의 자세를 요구하는 섬세한 악기를 연주한다는 것은 적합하지 않았다. 돌이켜보면 나단의 경우에는 어느 정도 아이가 성장하여 악기를 배울 준비가 되었을 때까지 기다렸어야 했다. 악기를 배우는 초기의 경험이 미래에 악기를 자신의 것으로 받아들여 연주하는 데 중요한 초석이 된다. 만일 아이가 초기에 긍정적인 성공을 경험하면 악기를 쉽게 받아들이고 주인의식(ownership)을 갖게 된다.

그러나 나단의 경우에는 바이올린 기술을 익힌다거나 재능의 유무까지는 생각할 수 없었다. 악기 연주를 지속하게 하고 일정시간을 집중하게 하는 것 자체도 어려웠다. 더욱이 아이가 쉽게 좌절하곤 했다. 캘리포니아에 살 때 그 아이의 첫 바이올린 선생님은 많은 활동적인 아이들을 가르친 경험이 있는 노련한 분이었다. 그럼에도 불구하고 나단으로 인해 아주 힘겨워했다. 레슨 시간에 나단을 집중시키기 위해 선생님은 온갖 방법을 시도했고 매번 가까스로 레슨을 마쳤지만 선생님은 완전히 지쳐버리곤 했다.

　루스는 나단뿐 아니라 막 피아노를 배우기 시작한 벤의 연습도 지도했다. 그러나 루스가 벤의 연습까지 돕게 되니 두 어린아이들을 연습시키는 일이 점점 힘에 부쳤다. 벤의 피아노 선생님은 운전해서 45분 떨어진 지역에 살았는데, 레슨 후에도 음악 이론을 배우는 반에 아이를 넣으라고 했다. 벤이 지역 대회에 참석하기 시작해 루스는 대회가 있는 토요일에는 더욱 정신이 없었다. 나머지 날들은 세 살과 한 살이었던 라이언과 안나를 돌보는 스케줄로 꽉 차 있었다. 게다가 나단과 벤의 학급 일도 도와야 했다. (부모들이 일주일에 한 번 아이들 학급에서 아이들과 선생님을 직접 도와주거나, 프로젝트를 준비하거나, 무엇이든 선생님을 도울 수 있는 일에 봉사했다. 비록 의무는 아니었지만 이렇게 하면서 학교에서 무슨 일이 진행되는지를 알 수 있었기 때문에 참여했다. 하지만 무엇보다도 아이들이 엄마가 학교에 오는 것을 좋아했다. 하지만 중학생이 되어서는 부모가 학교에 오는 것을 더이상 좋아하지 않았다.)

　나는 루스가 한계에 부딪쳤음을 알았다. 그래서 바이올린과 더 친숙한 내가 나단의 연습과 레슨을 책임지고 연습시키기 시작했다. 루스에게는 큰 도움이 되었지만 나와 나단의 관계를 위해 최선은 아니었던 것 같다. 이미 공부를 시키면서 내가 아이를 힘들게 한 데다 바이올린의 연습을 돕는 것도 예외는 아니었다. 나는 일 중심적이며 일의 결과를 중시하는 성향이다. 그렇기 때문에 상대방을 지나치게 밀어붙일 뿐만 아니라, 특별히 내 생각에 최선을 다하지 않은 사람에게는 좀 심하게 대하는 편이다. 부모님이 나를 이렇게 양육했고 나 또한 나단에게 그렇게 했다. 나단과 함께 바이올린 연습을 하기가 힘들었다. 둘 다 모두 좌절하고 화가 나버리곤 했다. 나단은 아마도 바이올린을 부정적인 물건으로 보게 됐던 것 같다. 당시 나는 자녀 양육에 대한 좁은 시각을 가져서 전체적인 청사진을 볼 수 없었다. 내 행동이 아이에게 어떠한 영향을 줄지 몰랐다. 지금 돌이켜보면 악기를 배우는 것은 아이를 훈련시키고, 재능을 길러주고, 발달시키는 데 목적이 있는데 그 시간들이 충돌과 부자 간의 갈등의 근원으로 끝나고 만 것이 아쉽고 후회스럽다.

◦ 성공에 대한 벽돌쌓기는 어린 시절부터

_____ 루스   중학교에 가면서 나단은 혼자 바이올린을 연습했지만 해야 하는 의무 중 하나로 악기를 연주한 것이지 자신이 원하거나 재미있어서 한 것은 아니었다. 그러나 나단은 아버지가 지켜보지 않을 때는 혼자서 연주를 즐겼던 것 같다. 워싱턴 DC의 외곽에 위치한 작은 도시에 살 때 이웃들은 대부분 백인이었다. 우리가 사는 동네에 바이올린을 배우는 또래 친구가 없다는 것은 나단에게 별 도움이 되지 않았다. 친구들은 대부분 운동에 집중했고 간혹 악기를 배우는 아이들이 있어도 그다지 진지하게 배우지 않았다.

많은 나단의 친구 부모들은 왜 우리가 그렇게 많은 시간과 노력을 악기 배우는 데 들이는지 이해하지 못했고 우리를 이상하게 생각했다. 이따금 백인 친구 부모들이 우리에게 부정적인 조언을 하곤 했다. 아이들은 아이들이어야 되며 그들에겐 놀 시간이 있어야 한다고 했다. 아이들이 유년기 시절을 가져야만 한다고 권하면서 우리가 아이들을 매일 악기 연습을 시키는 것을 상상하기 어렵다고 말하곤 했다. 때로는 긍정적인 반응을 보이는 부모들도 있었다. 자신의 아이들도 우리 아이들처럼 악기를 진지하게 배웠으면 한다고 했다. 우리 아이들이 천재라며 어떻게 연습을 시키는지를 물어볼 때도 있었다. 하지만 가장 기분 좋게 들렸던 말은 자신의 아이들도 악기를 가르치고 싶지만 가르칠 능력이 없으니 '곽 캠프'에 보내겠다고 했던 농담이었다.

주변 이웃들의 삶과 자녀 양육 면에서 다소 달랐던 우리의 생활은 좋은 점도 있었고 나쁜 점도 있었다. 주변 이웃들이 우리 아이들을 영리하고 재능 있다고 생각했기 때문에 아이들 스스로도 자신들을 특별한 존재로 생각했던 점은 좋았다. 열심히 하는 아이들이기에 나중에 좋은 결과가 있을 것이라는 말을 이웃들이 했을 때 우리 아이들은 힘을 얻었다.

부정적인 측면은 자신들이 이웃 친구들과 다르기 때문에 느꼈던 이질감이었다. 그러나 우리는 자녀들이 원하는 것은 무엇이든 들어주며 학교 공부를 진지하게 생각지 않는 가정들을 예로 들면서 우리 가정의 이러한 차이점이 도리어 장점임을 알려주었다. 그러한 가정들의 삶은 후일에 좋은 결과를 낳을 수 없는 길로 가고 있음을 알려줬다. 거의 모든 사람이 어린아이였을 때 가졌던 습관과 행동을 평생 동안 갖게 된다. '마땅히 행할 길을 아이에게 가르치라. 그리하면 늙어도 그것을 떠나지 아니하리라'는 교훈을 마음에 두고 아이들을 가르쳤다. 성공을 위한 벽돌쌓기는 어린아이 시절부터 시작됨을 반복해서 이야기해주었다. (우리는 모든 아이들이 유치원부터 고등학교까지 같은 학교를 다니는 작은 동네에 살았다. 그래서 이웃끼리 서로들 너무나 잘 알았고 각 가정을 실제적인 모델로 사용해 말할 수 있었다.)

       래리   9학년이 되면서 나단의 음악 선생님이 비올라로 악기를 바꾸자고 제안을 했다. 내가 비올라를 2등급 악기로 생각했던 경험 때문에 처음에는 이 말을 듣고 실망했다. 그러나 비올라로 바꾸기를 잘했다. 나단이 악기 연주에 자신감을 가지기 시작했고 독주회 연주를 꺼려하는 마음이 사라졌기 때문이다. 다른 사람들로부터 칭찬을 많이 듣게 되자 더 열심히 연습을 하게 되었다. 많은 시간이 걸리긴 했어도 고등학교 때에 드디어 비올라를 자신의 악기로 받아들였고 악기에 대한 주인의식을 갖게 된 것이다.

나단이 고등학교에 다닐 때 나단, 벤, 그리고 라이언 셋이 교회에서 연주를 시작하게 되었고 이따금씩 결혼식에서 축가를 연주하기도 했다. 이른바 '곽의 아들들'로 알려지게 되었다. 부모로서 많은 시간과 노력을 투자했기 때문에 아이들이 연주하는 것을 지켜보면서 뿌듯했다. 재미있는 기억이 있다. 교회에서 연주하기 위해 나단과 라이언이 비올라 연습을 시작하면 성실하고 신중한 피아노 반주자였던 벤은 그들의 진지하지 못한 태도를 못마땅해한다. 그러면 장난기가 발동한 나단과 라이언은 벤에게 달려가 등을 부둥켜 안고 벤은 그들을 떼어버리려고 발버둥치곤 했다. 얼마 가지 않아서 아이들은 마룻바닥을 뒹굴며 레슬링을 하게 되고, 가장 작은 아이였던 라이언이 항상 맨 밑에 깔려서는 엄마에게 소리쳐 도움을 청하곤 했다.

이렇게 장난을 치며 연습을 했지만 일단 아이들이 연주를 위해 무대에 올라서면 장난꾸러기 세 아들들이 연주하는 선율은 너무도 아름다웠다. 이 순간만큼은 그동안 흘렸던 땀과 눈물과 모든 힘들었던 기억을 잊어버리곤 했다. 집 안 가득히 음악소리가 울려퍼졌던 기억은 향수를 불러일으킨다. 네 명의 아이들이 한꺼번에 연주를 할 때면 우리 집은 온실처럼 느껴졌다. 날씨 좋은 날 우리 집 창문이 열려 있으면 이웃들이 이 음악 소리를 듣고 감탄하기 일쑤였다. 아이들이 어렸을 때 끼깽거리는 소리로 바이올린 연주를 시작했던 때를 기억하면 저절로 웃음이 나곤 한다. 루스는 이 소리가 손톱으로 칠판을 긁는 듯한 소리로 들려 귀마개를 끼고 아이들을 연습시켰다. 음악 학자 스즈키의 철학인 "음악적 능력은 타고난 재능이라기보다는 후천적으로 개발되는 것이다"는 이론에 내가 완전히 동의할 수는 없지만, "모든 아이들이 자신의 모국어를 말할 수 있는 능력을 가지고 있는 것처럼 적절한 훈련을 통해서 음악적 능력을 개발할 수 있다"고 나는 생각한다.

나단의 소감

오랫동안 악기 연주를 벌받는 것으로 여겼다. 초등학교 때는 밖에서 친구들과 놀고 싶었다. 나는 악기를 연주하고 있는데 농구나 축구를 하고 있는 친구들을 내 방 창문 너머로 보게 됐을 때 내 마음은 무너져 내렸고 시기심이 불타올랐다. 부모님이 우스꽝스럽게 생긴 나무토막을 내게 들이밀고, 내 삶에 도움이 될 거라며 연습을 강요했지만 나는 이해할 수 없었다. 가능한 빨리 연습을 끝내고 친구들이 기다리는 밖으로 뛰쳐 나갔다. 물론 지금이야 부모님이 좋은 의도로 내 삶에 보탬이 될 중요한 기술을 가르치려고 했음을 이해한다. 하지만 활동적이고, 장난치기 좋 아하며, 목소리 큰 어린아이가 오랜 시간 혼자 부동자세로 서서 아름다 운 선율을 표현해야 했으니 얼마나 어렵고 힘들었겠는가. 아버지는 내 안에 숨긴 재능을 최대한 끌어내려 했지만, 나는 집중하지 않았고 그에 따라 아버지의 분노와 노여움은 점점 커져갔다. 동기부여는커녕 더 많 은 연습을 하면 할수록 내 안의 분노와 화는 한없이 쌓여갔다. 시간이 지 나면서 내 속의 화는 냉담으로 변했고 나는 점점 수동적으로 되어갔다.

중학교에 들어가면서 부모님과 선생님이 하루에 한 시간 반씩 연습 을 하라고 했지만 나는 쉬는 시간을 포함해 10분 연습하고 5분 쉬는 식 으로 연습시간을 채웠다. 나도 재능이 있다는 것은 알았지만 열심히 노 력하기가 싫었다. 보통 한 달에 한 곡을 배우지만 나는 일부러 두 달에 한 곡을 배우곤 했다.

내가 음악에 빠져서 그 가치를 알게 된 것은 10학년에 들어서면서부 터였다. 볼티모어 시립 청소년 오케스트라에 가입했고, 많은 대회에 참 가하면서 서서히 변화되어갔다. 처음에는 맨 뒤쪽 비올라 섹션에 앉았 는데 나도 더 잘할 수 있는데, 라는 생각이 들어 모욕감이 느껴졌다. 이 것이 동기가 됐고 결국에는 정상(top)이 되었다. 대회에서 상을 받아 더 열심히 할 수 있는 동기도 주어졌다. 중학교 때 몇 번 대회에 나갔지만 열심히 연습을 하지 않은 데다가 떨리고 긴장하여 1등을 하지 못했다. 그러던 중 하나님의 은혜로 지역 청소년 대회에서 2등을 하게 되어 지 역 신문에 내 얼굴이 실렸다. 그때 내 머릿속으로 조금 연습해서 2등을 했다면 많이 연습하면 1등도 할 수 있겠다는 생각이 스쳤다. 열심히 연습했다. 다음 대회에서 1등을 해서 지역 청소년 탤런트 쇼에 참석했다. 친구들이 탤런트 쇼에서 연주한 나를 지켜보고는 칭찬을 해주었고, 이것이 듣기 좋아 더 열심히 악기 연주를 하기 시작했다. 그때부터 비올라 연주를 진지하게 여겼을 뿐만 아니라 실제로 아름다운 음악을 연주해내는 과정을 즐기기 시작했다.

내가 음악의 가치를 깨닫게 된 후부터 악기 연주는 나를 좀더 원숙한 사람으로 성장케 했다. 창의력과 감성이라는 다른 측면의 문도 두드려 보게 되었다. 그러나 다시 어린 시절로 돌아갈 수 있다면 나는 여전히 축구나 야구와 같은 스포츠에 모든 에너지와 힘을 쏟고 싶다. 그럴 수만 있다면 정말 좋아했던 태권도를 더 열심히 하고 싶다. 검은 띠를 딴 후 스케줄이 너무 바빠 그만둔 것이 못내 아쉽다. 나처럼 활동적인 사람에게는 다른 친구들과 함께 에너지를 소모하는 그룹 활동이 적합하여 열심히 할 동기는 물론 성취감과 자신감 또한 얻게 될 것 같다. 그랬더라면 수많은 시간 동안 흘렸던 눈물과 좌절감 내지는 분노를 겪지 않아도 되지 않았을까. 아니면 아버지처럼 열 살 때쯤 악기 연주를 시작했더라면 어땠을까.

나단과 같이 활동적인 성향의 아이들의 경우 어렸을 때 악기를 배우는 것이 이상적이지는 않은 것 같다. 어느 정도 나이가 들어서 악기 연주를 배우는 것이 아이나 부모에게 좌절감을 느끼지 않게 하며 더 잘 배우게 될 것 같다.

벤의 피아노

; 음악에 대한 벤의 자연 친화력

"엄마, 제 구두 못 보셨어요?"

"무슨 말을 하는 거야? 나는 우리가 집을 떠나올 때 네가 챙겼다고 생각했는데?"

"이런, 저는 엄마가 챙기셨다고 생각하고 있었어요."

"어머나, 벤! 넌 지금 테니스 신발을 신고 있잖니. 다시 집으로 돌아갈 시간은 없어!"

"엄마, 진정하시구요……. 지금 우리가 할 수 있는 것이 아무것도 없잖아요. 테니스 신발을 신고 연주하면 돼요."

벤이 무대 위로 오르기를 기다리면서 나는 몹시 걱정이 되었다. 심사위원들이 제발 신발을 눈여겨보지 않기만을 바랬지만, 그것은 역시 바람에 불과했다. 평상시대로 벤은 차분하게 검은 정장과 흰색 테니스 신발을 신고 무대 위로 올랐다. 피아노 의자에 앉아서 의자의 높이를 조절하는데, 내 눈에 들어오는 것은 오로지 빛나는 흰 양말과 테니스 신발이었다. 심사위원들이 잠시 수군거리다 벤에게 연주를 시작하라는 신호를 보냈다.

벤은 입가에 미소를 머금고 눈을 감았는데 나는 아이가 연주할 곡에 집중하고 있음을 알아차렸다. 벤은 이내 서서히 눈을 뜨더니 피아노 연주를 시작했다. 나는 이미 벤이 신발에 대해 까맣게 잊어버렸음을 알았다. 음악이 강당 안에 울려 퍼지면서 나 또한 음악에 빠져버렸다. 벤이 연주를 마친 후 나는 큰 숨을 내뱉었다. 이보다 더 연주를 잘할 수는 없었다는 것을 알았다. 연주 결과를 기다리면서 몇몇 부모들이 벤의 신발 이야기를 했고, 또 다른 몇 사람들은 벤의 신발을 내려다보았다. 심사 결과를 들으러 다시 강당으로 들어갔다. 벤이 우승을 하여 무대 위에 다시 오르게 되었을 때에야 비로소 나는 웃을 수 있었고, 테니스 신발도 예뻐 보였다.

몇 년 후, 벤이 다니는 대학의 음대 교수님이 내게 이런 말을 했다.

"벤은 무대를 위해 태어난 사람 같아요. 벤은 공연을 무척 좋아하고 자신의 음악을 듣는 청중들과 어떻게 연결하는지를 알아요. 비범한 음악적 직관이 있어요."

이 말을 들으면서 나는 벤이 다섯 살 때 처음 피아노 의자에 앉았던 기억을 떠올렸다. 스즈키 교본의 첫 번째 곡인 '반짝반짝 작은 별 (Twinkle Twinkle Little Star)'의 변주곡을 배웠는데 벤은 자신이 건반을 눌러서 음악을 만들 수 있다는 사실에 마음을 홀딱 빼앗긴 듯했다. 나단을 가르쳤던 경험이 있었기에 참신함은 사라진 채 나단의 표현 그대로 또 다른 '고통의 시간(torture sessions)'을 보내겠구나, 하는 생각을 했었다. 그래서 나는 벤을 어르고 달래서 피아노를 연습시켜야겠다는 마음의 준비를 하고 있었다. 그러나 나는 "벤, 이제 연습시간이야"라고 말하면 즉각 달려오는 벤을 보고는 경악하지 않을 수 없었다. 내가 두세 번 말할 필요가 없었다. 나는 이것이 우리의 능력이 아니라는 것을 알았다. 벤은 음악에 대해 자연 친화력이 있었다. 벤은 재빨리 쉬운 음악을 끝내고 얼마 안 되어 더 어려운 음악을 배우게 되었다.

아주 흥미로운 것은 벤이 얼마나 음악을 즐기느냐 뿐만 아니라 얼마나 공연하기를 즐기는지였다. 벤은 아주 조용한 아이였고 자신의 생각에 빠져드는 내성적인 성향의 아이였기 때문에 이런 사실이 우리도 무척 신기했다. 내가 벤에게 자주 썼던 말은 "여보세요. 엄마 말이 들리니?"였다. 내가 벤을 데리고 음악 레슨에 가는 동안 안나와 라이언을 봐주신 나이 드신 아주머니가 계셨다. 내가 라이언을 연습에 데리고 가면 안나와 벤을 봐주셨기 때문에 그분은 벤도 물론 잘 알고 있었다. 나중에 벤이 피아노 연주를 잘하기 시작하면서 그분이 내게 이런 말을 했다.

"처음에 벤에게 음악을 시킬 거라는 말을 들었을 때 저렇게 멍하고 거북이처럼 느린 아이에게 음악을 가르치다니 도대체 루스는 무슨 생각을 하는 거야? 하고 생각했었어요. 그런데 지금 벤이 연주하는 것을 보니 도저히 믿을 수 없어요. 대단해요."

그분은 내가 아이를 무척 잘 가르쳤다고 생각해서, 내가 가르친 것이 아니라는 말을 거듭해도 내 말을 믿지 않았다.

나단과 라이언은 자연히 벤이 피아노를 왜 그렇게 좋아하는지 궁금해했고 벤을 이해하지 못했다. 라이언은 그것을 벤은 앉아서 연습을 하기 때문이라고 보았고, 나단은 동생이 뭐가 잘못되었기 때문이라고 생각했다. 물론 시어머님은 너무 황홀해하시며 기뻐했고 우리가 어머니 댁을 방문하거나, 어머님이 우리 집을 방문하실 때면 벤과 함께 몇 시간이고 연습을 같이 해주었다. 순종적이었던 벤은 아무런 불평 없이 충실하게 연습을 했다. 밖으로 드러나는 것은 이따금씩 몸을 뒤틀거나 한숨을 쉬는 것이 전부였다. 벤의 피아노 선생님은 할머님이 방문하실 때마다 금방 알아차리곤 했는데 주말 동안 벤의 실력이 갑자기 늘었기 때문이다. 시어머님은 항상 벤의 큰 손을 두고 한 옥타브를 다 잡을 수 있는 유리함이라며 좋아하셨다. 어머님의 말씀대로 체격이 작은 아시아 여자 아이들과 달리 벤의 큰 손은 한 옥타브를 쉽게 잡아 음을 연주하고도 남을 정도로 힘이 있었다.

❢ 비니 인형과 과자의 도움을 받다

어려움이 닥칠 수 있을 거라 예상했던 대로 벤은 처음으로 어려운 곡을 연주하게 되었고, 그 곡을 쉽게 연주할 수 있을 것이라 생각했는데 의외로 그렇지 못하여 좌절을 경험하기도 했다. 그것은 세밀한 부분에 많은 시간을 들여 연습하기를 싫어했고 거듭되는 연습도 좋아하지 않았기 때문이다. 잘못된 음을 고치지 않고 계속 실수를 하면서 그 곡을 지속해서 연습했다. 잘못된 것을 따로 분리시키기 싫어하며 자신이 원하는 대로 연습하고 싶어했다. 이러한 아이를 격려하고 분발시키기 위해서는 좀더 창의적인 방법이 필요했다. 다년간의 경험을 바탕으로 나를 도와주고 격려해준 시어머님이 계신 것이 내게는 큰 축복이었다. 전에 어머님이 작은 색색의 회전판을 하나 사주었다. 이것이 우리 아이들에게는 참으로 효과적이었다. 회전판 표면은 여러 가지 색의 칸으로 나뉘었고 그 각 칸 위에 1부터 6까지 숫자들이 적혀 있었다. 회전판을 돌려서 걸린 숫자를 선택할 수 있었다. (때로는 주사위를 사용하여 숫자를 선택하기도 했다.) 벤은 6이라는 숫자가 뽑히는 것을 싫어했고 1이 뽑히는 것을 좋아했다. 만일 아주 긴 곡을 연습해야 하는데 6이 뽑히면 늘 반을 깎아서 세 번만 연습했다.

우리 아이들은 동물 인형들을 좋아했는데 특히 비니 인형(Beanie Baby, 아이들이 자랄 때 인기 있었던 인형)을 가장 좋아하여 늘 모으곤 했다. 위층 아이들 방에서 모든 비니 인형을 아래층 피아노가 있는 거실로 가져와 벤이 연주를 완벽하게 하면 인형 한 개를 뽑아서 피아노 위에 올려놓고 인형을 청중으로 두고 다시 연습을 할 수 있게 했다. 벤은 이 게임을 너무도 좋아했다. 벤은 집에 있던 모든 인형이 피아노 위에 올라오기를 원했다. 이때부터 나는 벤을 비니로 부르기 시작했던 것 같고 수년간 이 이름이 머릿속에 남아있었다. 우리 식구는 모두 벤을 비니로 부르며 때로는 더 짧게 빈이라고도 부른다.

비니 인형을 좋아했지만 무엇보다 벤이 과자를 좋아해서 이것을 활용해서 피아노 연습을 시켰다. 아이가 좋아하는 다양한 종류의 과자를 사놓았다가 연습을 한 만큼 준비해둔 과자를 먹게 했다. 내가 시킨 부분을 완벽하게 연주하면 거미베어, 마시멜로, 프레젤이나 금붕어 모양

치즈과자를 주었다. 나는 다양한 간식과 과자를 준비했고 이것은 오로지 연습시간에만 먹을 수 있었으며 가장 힘든 곡을 연습해야 하는 경우에 주로 이 방법을 사용했다. 벤은 피아노를 배우는 동안 쭉 많은 것을 먹었다고 나는 농담 삼아 이야기한다. 그래서 아이가 다른 형제보다 유독 큰 것 같다.

벤에게는 피아노를 치면서 성공했던 경험과 계속됐던 칭찬과 상이 자극과 동기로 작용했다. 다른 형제들과 달리 벤은 무대 공연을 좋아하고 상당히 즐긴다. 좀처럼 긴장하지 않아서 대회에 나갔을 때 많은 도움이 된다.

_____ 래리　　벤이 여덟 살 때 우리는 아이가 타고난 재능과 잠재력이 있음을 확실히 알게 되었고 우리가 할 수 있는 한 최고의 훈련기회를 제공해야겠다고 결정했다. 이미 모든 스즈키 피아노 책을 다 마친 뒤였기에 좀더 고급 기술을 훈련받을 준비가 되어 있었다. 벤에게는 새로운 피아노 선생님이 필요했다.

레슨 경쟁이 심한 데다 제자를 쉽게 받지 않는 한 피아노 선생님께 오디션을 받았고, 감사하게도 제자로 받아들여졌다. 이 선생님의 피아노 스튜디오는 워싱턴 DC에 있었다. 선생님을 바꾼다는 것은 더 많은 헌신을 해야 한다는 것을 뜻했다. 다시 말해 곡이 더 힘들고 정밀하며 많은 분량을 연주해야 함을 의미했다. 음계와 기술 습득을 위한 연습곡인 에튀드(etudes)도 연습해야 했다. 음악 이론을 배워야 하므로 연습시간이 배가되어 하루에 두 시간씩 연습해야 했다. 일주일에 한 번 아이를 데리고 메릴랜드에서 한 시간 이상 운전을 해서 피아노 선생님 스튜디오가 있는 워싱턴 DC로 가야 했다. 그동안에는 벤이 주중에 레슨을 받았기에 루스가 아이를 데리고 다녔는데, 다행히 토요일에 한 자리를 얻을 수 있어서 내가 벤을 레슨에 데리고 다녔다. 한 시간을 운전하고 한 시간 반을 레슨받은 후 점심을 먹고(벤을 기쁘게 해주기 위한 것이었다) 집에 오면 거의 하루를 고스란히 피아노 레슨을 위해 바치는 것이었다. 피크 때는 대회와 연주회에 참석하기 위해 워싱턴 DC에서 오후와 저녁 시간을 보낼 때도 있었다. 이것은 우리의 정해진 주말 일과였고 훈련이었다. 때로는 일요일에도 다시 대회와 연주회를 하러 워싱턴 DC를 가야 했다. 벤은 워싱턴 DC 지역에서 열린 거의 모든 대회에서 1등을 했다.

벤이 비록 새로운 선생님 밑에서 피아노를 잘 배워나가고 있었지만 친구와 함께 놀 시간이 거의 없었던 점이 안타까웠다. 생일 파티와 같은 친구들과의 모임에 참석할 수 없었기 때문에 많은 재미있는 활동을 놓쳤다. 이것을 보상해주기 위해 토요일 밤에는 영화를 함께 보는 등 즐거운 시간을 보냈다. 한번은 버지니아 주의 노퍽까지 세 시간을 운전해 가서 대회에 참석했는데, 집에 오는 길에 놀이 공원에 들러 오후 내내 기구들을 타면서 신나는 시간을 보냈다. 벤은 한 번도 친구들과 놀지 못한 것을 불평하지 않았지만, 나중에 대학 입학 후 부모에게 반항한 것을 보면 속에는 어떤 분노가 숨겨져 있었던 것은 아닌가라는 생각을 하게 했다.

벤은 고등학교 때에 휴스턴으로 이사 오면서 또 다른 탁월한 피아노 선생님을 만나서 훈련받았고 더 높은 수준의 대회에서 성공을 경험했다. 그때에는 주말에 내가 벤을 데리고 대회에 참석하기 위해 주변 도시로 여행을 다녔다. 루스는 나머지 아이들을 돌보는 것으로도 분주했고 더욱이 대회에 아이를 데리고 여행 다니는 것 자체를 힘들어했다. 나는 대회 참석을 위해 벤을 데리고 서너 시간을 운전해서 다른 도시에 가는 것을 꺼리지 않았다. 나는 이 시간을 벤과 단둘이서 보낼 수 있는 귀한 시간이라고 생각했고 우리 가족에게 새로운 거처가 된 텍사스 지역을 구석구석 구경할 수 있어서 좋았다.

텍사스는 큰 주이다. 비록 텍사스 내의 몇몇 큰 도시들은 국제적인 도시이지만 이 큰 도시를 연결하는 시골의 작은 도시들은 인구밀도가 아주 낮고 옛날 서부의 진부한 문화를 여전히 가지고 있는 농장이나 목장이 대부분이다. 때로는 여행 도중에 식사할 식당을 찾기도 힘들었다. 한번은 벤과 내가 고속도로에서 멀리 떨어진 식당에서 저녁식사를 하게 되었다. 우리가 식당에 걸어 들어갔을 때 주인이 우리를 반갑게 맞이했지만 마치 아시안을 처음 본 사람들처럼 그들이 우리를 계속 주목하고 있었다. 우리는 가능한 빨리 식사를 끝내고 안도의 한숨을 내뱉으면서 식당을 빠져나왔다. 이런 경험이 나와 벤 사이의 유대감을 높였다.

나는 벤의 매니저가 되었다. 항상 우리가 빠뜨린 물건은 없는지 다시 확인해야 했다. 벤은 너무나 부주의하고 건망증이 심한 아이였다.

가장 기억에 남는 당황스러웠던 사건은 텍사스 주 댈러스에서 개최된 대회에 참석했을 때 벌어진 일이었다. 휴스턴에서 차로 다섯 시간을 운전해 댈러스에 도착했다. 콘서트홀에 막 들어서서 벤이 옷을 갈아입으러 갔다. 얼마 안 되어 벤이 뛰어나왔다.

"아빠, 제 정장 검은 바지가 어디 있죠?"

"무슨 소리야? 내가 왜 네 바지를 가지고 있겠니? 정장을 들고 다녔던 것은 너였잖아?"

"근데, 가방 안에 없어요."

"네가 집을 떠나기 전에 확인을 했으니 가지고 온 것은 확실해. 호텔에서 나오기 전에 확인했니?"(나는 항상 아이들이 호텔을 나오기 전에 옷장과 서랍장을 열어서 남겨둔 물건이 없는지 확인하도록 시킨다.)

"물론 확인했어요. 옷장 안에 아무것도 걸려 있지 않았어요."

나는 스트레스를 잘 견디지 못한다. 그래서 중요한 대회에 벤이 입고 나갈 바지가 없다는 것이 내게 꽤 스트레스를 주었다. 탈의실로 벤과 함께 가서 확인을 했는데 정장 상의는 있는데 하의가 없었다. 화를 내지 않으려고 애를 쓰면서 최선의 방법을 생각했다. 내 바지를 내려다보았다.

"그래, 내 바지를 입는 수밖에는 다른 방법이 없다."

"네? 아빠 바지를 입을 수는 없어요."

"그러면 다른 아이디어가 있니? 너는 청바지를 입고 있고 나는 검은 바지를 입고 있잖니. 연주 시간은 다가오는데 다른 선택의 여지가 없어."

"이건, 상상할 수 없는 일이에요."

벤은 투덜댔다. 나는 기가 막힌 눈으로 벤을 쳐다보았다.

"이 상황을 상상할 수 없다고? 벤, 나는 지금 악몽을 꾸고 있는 것 같다."

벤은 기분 언짢아하며 내 바지를 받아 입었는데 바지는 품은 넉넉하고 길이는 8센티미터 가량 짧았다. 다행히 벨트는 있었기에 적어도 연주하는 동안 바지가 흘러내리지는 않을 것 같았다. 그런데도 세상의 시간이 마치 제 것인 양 자신 있게 무대로 올라서서 인사를 하고 피아노 의자에 앉는 벤을 보았을 때 머리를 절레절레 흔들지 않을 수 없었다. 결국 그 대회에서 우승을 했는데, 이번에도 흰 양말이 훤히 보이는 내 바지를 입고 무대 위에 다시 올랐다.

나는 이런 유의 사건을 반복해서 겪을 수 없다는 것을 알았기에, 음악 대회에 나갈 때와 그리고 호텔을 나설 때 챙겨야 하는 품목이 적혀 있는 자세한 표를 만들었다. 나는 지금도 이 표를 기념으로 가지고 있다. 그 표에는 우산, 치약, 콘택트렌즈 솔루션, 구두, 피아노 책, SAT(미국 대학 입학시험) 연습문제(여행 중 자투리 시간에 공부하기 위해), 여분의 양복 바지가 적혀 있다.

벤이 점점 더 잘하면서 더 먼 곳으로 여행을 다니기 시작했다. 고등학교 1학년 때 텍사스 주 대표로 뽑혀서 미국 지역 대회를 참석하기 위해 알칸사스 주의 리틀락까지 갔다. 이 대회에서 1등을 해 워싱턴 주 시애틀에서 열린 전국음악교사협회 결승전에 참석했다. 이때는 벤을 응원하기 위해 나의 부모님도 함께 참석하셔서 더욱 기뻤다. 고등학교 3학년 때 다시 한번 주 대표와 지역 대표로 뽑혔고 전국 대회 결승전에 참석하기 위해 캐나다의 토론토까지 나와 루스가 벤을 데리고 갔다.

루스는 벤이 연주를 할 때에 너무 긴장해서 자리를 떴지만 대회를 마친 후에는 토론토 관광을 했고 맛있는 음식을 먹으며 벤과 즐거운 시간을 보냈다. 벤은 또한 국제 대회에도 출전했고 고교생으로 유일하게 결승전에 진출했다. 결승전에 함께 진출했던 나머지 두 학생은 대학에서 피아노를 전공하는 학생들이었다. 피아노 연주자로서 벤의 인생에서 가장 빛났던 순간은 2008년에 휴스턴 심포니 리그 협주곡 대회에서 금메달을 따고 2009년에 휴스턴 심포니 오케스트라와 함께 프로코피에프 피아노 협주곡 제1번을 연주했을 때다. 12학년 때 텍사스 음악 선생님 교육기금으로부터 장학금을 받았다. 이 장학금은 텍사스 주 안에서 가장 탁월한 업적을 남긴 12학년 졸업생에게 주는 상이었다.

비록 벤이 대학에서 음악 전공자는 아니지만 지난 3년간도 계속 음악 레슨을 받았다. 대학 4학년인 지금은 학업에 집중하기 위해 잠시 음악 공부를 쉬고 있다. 대학 1학년 때 음악 교수님 앞에서 연주를 했는데 그 교수님이 벤에게 물으셨다고 했다.

"왜 너는 음악을 전공으로 선택하지 않았니?"

벤은 2010년에 브라운 대학 협주곡 경연대회에서 상을 받았고 브라운 대학 오케스트라와 라흐마니노프의 피아노 협주곡 1번을 공연했다. 럭비 연습을 하다가 코가 부러진 후 일주일 만에 핏기가 가득하고 시퍼렇게 멍이 든 눈으로 공연을 했다. 청중 가운데 한 명이 공연을 마친 후 벤에게 다가와 "격하게 몸싸움을 한 것처럼 보이는 피아니스트는 제 평생에 처음 뵙습니다"라며 인사를 해왔다.

벤의 소감

음악은 언제나 내 삶의 일부분이었고 지금도 그렇다. 내 인생에서 얼마나 큰 부분을 차지하는지 오히려 다시 깨닫기 시작하고 있다. 나는 음악 듣기를 즐기며 내면의 깊은 곳까지 연결된 듯한 느낌을 받는다. 바꿔말해서 이런 느낌이 음악 연주를 쉽게 만든다. 나는 느껴지는 대로 음악을 연주하곤 하는데 꽤 아름다운 음악이 되곤 한다. '내가 만일 음악 속에 빠진다면'이라는 생각이 늘 든다. 저 깊은 내 정신의 한 귀퉁이에서는 언젠가 음악 속에 빠질지 모른다는 생각이 들곤 한다.

그러나 내가 비록 음악을 좋아하고 연주를 즐기지만 혼자서 연습해야 하는 고독한 시간들은 별로 흥미롭지 않다. 평생을 매일 많은 시간 동안 혼자 연습실에 앉아서 피아노를 연주하는 내 모습을 상상하고 싶지는 않다. 세상 밖으로 나가서 내 생각을 펼치고 내 주변을 변화시키며 주위 사람들에게 영향을 끼치는 삶을 살고 싶다. 과학 분야가 흥미롭고 내가 잘할 수 있다는 생각이 들기 때문에 엔지니어링이 음악의 자리를 대체할 것이라 믿는다. 어떻든 음악은 여전히 내 삶의 아주 큰 부분이 될 것이다.

라이언의
바이올린과 비올라

🎵 "내가 자라면 나는 아주 많이 놀 거예요!"

"아빠, 제가 언제 바이올린을 그만둘 수 있죠?"

"네가 열여덟 살이 되면……."

라이언의 얼굴을 바라보는 것은 재미있었는데, 다음 주를 넘기는 인생을 가늠할 수 없는 여덟 살의 라이언이었다.

"왜 그렇게 오랫동안 기다려야 하나요?"라고 다시 물었다.

"왜냐하면 네가 그것을 계속해야 하기 때문이야, 라이언. 그러면 네가 인내하는 법을 배우게 된단다. 네가 대학에 입학하게 될 때 계속할지 그만둘지 결정하면 돼."

라이언은 형들보다 한 살 이른 네 살 때 바이올린을 배우기 시작했다. 전략적인 선택이었다. 바로 위의 형인 벤과의 사이에 혹시나 악기로 인해 경쟁이 생기게 될까 봐 여섯 살 차이가 나는 나단이 배우는 바이올린을 가르치기로 결정했다. 처음에는 루스가 라이언을 레슨에 데리고 가서 함께 참여하고 연습을 시키는 것을 도맡았다. 라이언은 바이올린을 악기가 아닌 장난감처럼 생각했고 단지 큰형을 흉내내고 싶어했다. 처음에는 흥분과 열정으로 악기를 배우기 시작했다. 마치 너무나 기다렸던 아이처럼 재미있어 했고 집 안을 이리저리 뛰어다니면서 "나를 봐봐. 나를 봐봐. 나는 이제 큰형인 나단이야"라고 소리치곤 했다.

역시 스즈키 방법으로 가르쳤다. 스즈키 음악 교본은 한 책마다 약열 개 정도의 음악이 들어 있는 일곱 권의 책으로 구성돼 있고 순서대로 배워야 한다. 우리가 이 방법을 좋아한 이유는 아이들이 자신의 배우는 속도에 맞춰서 진도를 나갈 수 있었기 때문이다. 그래서 열심히 연습하는 네 살짜리가 여섯 살 아이보다 진도가 빠를 수 있다. 이 방법을 좋아했던 또 다른 이유는 배우는 과정에서 부모가 깊이 관여한다는 점이었다. 매 음악 레슨에 부모가 함께 적극적으로 참석하며 집에서 연습할 때 아이를 지도한다. 그러므로 부모 또한 배우게 되는 것이다. 이 과정은 많은 부모의 참여를 요구하기 때문에 루스가 혼자 나단과 라이언을 데리고 레슨을 가는 것은 힘든 일이었다. 더욱이 집에서 연습 또한 지도해야 했다. 게다가 두 살짜리 안나가 여기저기 뛰며 돌아다니는 상황에서 엄마 혼자 이것을 감당하기는 쉽지 않았다. 루스가 너무 지쳐버렸다. 일년쯤 지나서 루스와 나는 각자의 역할을 분담하기로 결정했다. 루스가 라이언을 데리고 낮에 레슨에 가면 내가 저녁 때 연습을 지도하기 시작했는데 결국에는 내가 둘 다 맡았다.

기대치 않게 라이언의 바이올린 실력은 빠른 속도로 늘었다. 체구가 작은 아이가 바이올린을 연주하면 많은 다른 부모들이 칭찬을 했다. 라이언도 무대에 오르기를 좋아했고 귀엽고 사랑스럽다는 말을 듣기를 즐겼던 것 같다. 솔직히 말해서 나와 루스도 다른 사람들이 라이언을 칭찬하면 기분이 좋았고 이러한 칭찬이 라이언에게 연습할 동기를 새롭게 해주는 긍정적인 역할을 한다고 생각했다. 라이언은 순종적인 아이였다. 우리가 시키는 대로 연습은 했지만 자발적으로 하지는 않았다. 어려운 부분을 중점적으로 거듭거듭 연습시키고, 정확한 리듬과 음조 그리고 프레이징(phrasing)*과 음악성을 주의하라고 지적해도 비교적 참을성 있게 따라왔다.

우리는 놀기 전에 숙제를 먼저 하고 쉬운 일보다는 어려운 일을 먼저 하라는 원칙을 언제나 강조했다. 우리는 하루도 거르지 않고 연습을 했다. 사실상 휴일이나 생일은 더 많은 연습을 할 수 있는 소중한 기회였다. 주말에도 예외는 없었다. 가령 일요일 오후에는 교회에 다녀온 후 쉬지 않고 곧바로 바이올린 연습으로 뛰어들었다. 우리는 어머님으로부터 배운 '하루 연습을 미루면 하루 후퇴하는 것이다'는 말을 늘 마음에 새기고 있었다. 농담처럼 아이들에게 "연습한 날만 밥을 먹을 수 있다"고 하여 연습은 우리 가정에서 무조건 해야 하는 필수 사항임을 알렸다.

곡이 점점 어려워지면서 그 곡을 완성하기 위해 많은 반복을 해야 했

---

* 문장에서 쉼표나 마침표처럼 음악 어법에서 프레이즈(작은악절)를 끊거나 이어서 표현하는 방법이다. 때로는 '숨을 쉬는 것'이라고 표현하기도 한다.

다. 라이언은 백인 친구들이 자기처럼 날마다 끊임없이 오랜 시간 동안 악기 연습을 하지 않는다며 불평했다. 곡들이 점점 어려워지면서 라이언이 더이상 연습이 재미가 아닌 힘든 일이라는 것을 깨닫고 열심히 연습하기 싫어했다. 연습을 하는 동안 계속 서있어야 하는 것도 싫어했다. 그러면서 왜 피아노를 치는 벤은 앉아서 연습하는데 자신은 서서 연습해야 하는지 물었다. 하루는 나와 연습을 하던 중 갑자기 연습을 멈추더니 심오한 성명을 발표했다.

"아빠, 내가 자라면 나는 아주 많이 놀 거예요."

예상치 않은 말을 했기에 나는 왜 그렇게 될 수 없는지를 자세히 설명했다. 그랬더니 아이가 심각한 눈빛으로 나를 쳐다보더니 "그렇다면 내가 어른이 되어도 밖에 나가서 놀 시간이 없단 말이에요?"라고 물었다. 이것은 어린아이에게 산타클로스가 존재하지 않는다는 사실을 알리는 것과 비슷한 상황이었다.

내게도 아이들의 악기 연습을 돕는 것은 시간이 소비되고 쉽지 않은 일이었다. 하루 종일 직장에서 일하고 들어오면 지쳐서 쉬고 싶지만 바이올린 연습이라는 또 다른 일이 주어졌다. 아이들을 연습시키고 아이들의 운동팀에 코치를 했던 이 기간 동안 나만의 취미생활이란 거의 없었다. 나는 아이들에게 희생적으로 몸과 마음과 시간을 투자했다. 내 아버지가 내게 해주신 그대로 했기 때문에 나는 나 자신을 위해 많은 시간을 보내지 못한 것을 결코 후회하지 않는다. 다만 나와 아이들 모두에게 동기를 부여하면서 이 모든 일을 지속하기 위해서는 특별한 에너지가 필요했다. 아이들 양육에 풀타임으로 일하는 아버지 같이 느껴졌다. 우리 아이들이 해야 할 하루 분량의 연습을 생각하는 것만으로도 정신적으로 지치던 시절이다.

﹐ 아이의 창의력과 주도력을 억압시킨 경험

중학교 1학년 학부모 상담일에 학교를 방문했다. 선생님이 그동안 라이언이 한 글쓰기 숙제 몇 개를 보여주었다. 그 숙제를 읽으면서 깜짝 놀랐다. 내가 아들에게 제안했던 의견을 라이언이 그대로 받아 적었음을 알게 되었다. 의도한 바는 아니었지만 더 깊이 있게 배우라고 가르친 것이 아이의 창의력과 자기 주도력을 막고 있었다. 바이올린 연습을 할 때도 비슷한 상황이 벌어지고 있음을 알게 되었다. 내가 바이올린 연습을 도와주면서 곡의 진도를 나가는 데 중점을 두다 보니 라이언에게 자신이 직접 생각하고 결정을 내릴 기회를 주지 않았다. 예를 들면 전곡을 연습하기 전에 음악의 가장 어려운 부분을 중점으로 연습해야 하는데 나는 주로 연습할 횟수를 정해주었다. 라이언은 순종적인 아이여서 내가 심하게 통제를 해도 반대하지 않고 그대로 따랐다.

그러나 선생님과의 상담 후 아이를 통제하는 나의 이런 전제적인 행동이 아이가 인지적으로나 정서적으로 건강하게 자라지 못하게 막고 있음을 깨달았다. 나단에게 나의 기준을 세워 억압적으로 양육했던 경험이 있었기 때문에 아이들을 억압하지 않으려고 조심했다. 나는 즉각 대화의 방법을 바꿔서 아이의 말을 더 귀담아들으려고 노력했고 아이의 감정에 더 민감해지려고 애를 썼다. 나는 아이에게 몇 번 연습하고 싶으며 얼마나 오랫동안 연습할 것인지를 물었다. 내 입장에서는 아이가 답을 할 때까지 기다려야 했으므로 참을성이 필요했다. 그래도 아이의 결정을 존중하려고 노력했다. 그러나 내가 생각하기에 열 번을 연습해야 하는 어려운 곡인데도 다섯 번만 하겠다고 했을 때는 일곱 번 정도로 타협을 하기도 했다. 내가 아이를 통제하지 않고 인내할 수 있었던 것은 아이의 의사 결정을 인정해주면서 스스로 생각하게 하는 힘을 길러주는 것이 더 중요하다는 것을 확실히 체험했기 때문이다.

라이언이 스스로 목표를 정해 연습을 시작한 후부터는 그렇게 진도가 빠르지 않았다. 설상가상으로 라이언이 열두 살 되던 해, 우리가 휴스턴으로 이사를 오면서 바이올린 선생님이 바뀌었다. 여러 명의 바이올린 선생님을 조사해본 뒤 명성이 높은 우수한 선생님을 한 분 만나게 되었다. 나는 훌륭한 선생님 아래서 라이언이 다시 전성기를 맞이할 것이라 자신했다. 그러나 그 선생님은 라이언 나이 또래의 우수한 학생(다수가 아시안이었다)들을 키우고 있었지만 라이언을 분발하게 하지는 못했다. 훗날 라이언이 고백하기를 그 중년의 선생님께 바이올린을 배웠던 2년 6개월의 시간이 참으로 고통스러웠다고 했다. 선생님의 진심 어리지 않은 입에 발린 칭찬과 살짝 얕보는 듯한 웃음이 그를 힘들게 했다고 말했다.

지금 와서 생각해보면 도전을 받고 밀어붙였어야 하는 아이의 성향과 선생님이 서로 맞지 않았던 것이다. 이를테면 라이언이 공연에 나가지 않겠다고 하면 선생님은 나가지 말라고 했다. 거의 3년 가까운 시간 동안 한 번도 독주회를 나가지 않았기 때문에 실력의 향상도 별로 없었고 도리어 라이언은 바이올린에 대해 자신감까지 상실했다. 더욱이 학교에서건 선생님 스튜디오에서건 경쟁이 극히 심해 대회에서 무조건 1등 하기를 원하는 아시안 학생들 틈에서 자신감을 잃는 것은 어쩌면 당연했다.

라이언이 고등학교를 들어가면서 악기를 비올라로 바꿨고 젊은 여자 비올라 선생님을 만났다. 이 선생님은 명성도 없었고 경험도 없었지만 열정이 넘쳤고 무엇보다도 라이언이 가진 재능을 알아차렸고 그것을 키워주려고 했다. 신기하게도 이 선생님은 라이언에게 적격이었다.

이 선생님은 어떻게 비올라를 연주하며 즐길 수 있는지를 보여주었다. 배우기 시작한 첫 해에 텍사스 고등학교 주립 선발 오케스트라의 오디션에 통과했다. 라이언은 처음으로 성취감을 경험했다. 아버지의 감독과 지도에 의해서가 아닌 자신이 스스로 선택해서 얻은 성취였다. 그리고는 고등학교 2학년 때 인생을 변화시키는 경험을 했다. 이 비올라 선생님은 뉴욕 대학(New York University) 음대에서 여름 방학 동안 학생들을 가르쳤는데 라이언에게 그 학교에서 열리는 여름 방학 현악기 4중주 프로그램에 참석할 것을 권했다. 이것은 플래시(Flesch)의 바이올린 음계 연습곡보다도, 마자스(Mazas)의 테크닉 연습곡보다도, 바흐(Bach)의 바이올린 협주곡보다도 더 나은 체험을 직접하게 했다. 3주간 집을 떠나서 여름 음악 프로그램에 참석하기 전까지만 해도 악기 연습은 라이언에게 숙제 이외에 해야 하는 부가적인 의무에 불과했고 자신에게 유익함을 주는 작은 일 중의 하나일 뿐이었다.

하지만 음악을 사랑하고 음악과 더불어 사는 아이들 틈에 푹 빠져서 3주를 보낸 후 라이언은 새롭게, 마음에서 우러나온 음악에 대한 즐거움을 찾기 시작했다. 열정과 헌신적인 마음으로 악기를 연주하는 새로운 친구들을 날마다 만났다. 심지어 한 여학생이 바이올린을 마치 자신의 아기를 다루듯 귀하게 여기는 것을 보며 라이언은 깜짝 놀랐다. 라이언은 이 기간 동안 어떻게 의미있게 악기 연습을 하는지, 어떻게 감동을 표현하는지, 어떻게 음악과 더불어 살아가는지 등을 배웠다. 이 프로그램은 라이언에게 꼭 필요했던 음악에 대한 열정을 발견하는 촉매 역할을 했다. 이후 아이는 연주회, 독주회, 오디션을 두려워하는 대신 그것들을 열망하는 아이로 바뀌었다. 매 공연마다 아이는 충전되었고, 한 단계씩 진보했고, 자신이 할 수 있는 최선의 연주를 사람들 앞에서 표현하는 기회로 삼게 되었다.

라이언이 음악을 좋아하게 되기까지는 여러 해가 걸렸지만 라이언에게 가장 적합했던 선생님이 촉매 역할을 했고, 특히 뉴욕 대학의 여름 프로그램에서 만난 친구들에 의해 영향을 받아 천천히 변했다. 무엇

아이들과 선생님과의 관계가 무엇보다 중요하다. 선생님이 명성이 있고 탁월한 학생들을 많이 배출한다고 해도 특별한 경우 아이와 맞지 않을 수도 있다. 맞지 않는 선생님은 음악에 대한 흥미를 잃게 만들 수 있고, 악기를 연주하는 자신감을 떨어뜨릴 수 있다. 반면에 적합한 선생님은 아이에게 동기를 부여하고 고무시켜서, 주인의식을 가지고 악기를 연주하게 만들어준다. 부모는 아이들과 선생님의 관계에 주목하여 적합하지 않은 선생님을 바꾸는 것을 주저해서는 안 된다. 선생님을 바꾸는 것이 이상할지 모르나 아이들에게 도움이 되는 일에 행동을 취하는 것이 부모가 할 일이다.

보다도 성실히 일하면 좋은 성과가 있다는 상관관계를 라이언이 배웠다. 또한 이런 결과를 통해 자신감과 자기만족감을 경험했다. 씨앗을 심어서 꽃이 피기까지 참으로 많은 시간이 걸렸지만 결국은 열매를 맺게 된 것이다.

고등학교 기간 동안 라이언은 음악 부분의 경력을 잘 쌓았다. 고등학교 3학년 때 텍사스 사립학교 주립 오케스트라의 정상 비올리스트의 자리까지 올랐고, 경쟁이 치열했던 텍사스 주립 심포니 오케스트라에 입단했다. 고등학교 마지막 해에는 텍사스 주 청년 비올리스트의 여섯 번째 자리까지 오르게 되었다. 라이언이 네 살 때 그렇게 좋아하며 악기 연주를 시작했을 당시 우리가 생각했던 것과는 달리 음악 신동이 되지는 못했지만, 음악을 배우는 과정 중에 인생에서 더할 나위 없이 중요한 많은 교훈을 얻었다.

라이언의 소감

어렸을 때 나는 전혀 바이올린을 좋아하지 않았다. 부모님이 억지로 시키는 일들 중의 하나였고, 내 삶의 고통스런 부분이었다. 그렇지만 그것은 내 존재의 일부분이었고 내 정체성의 일부분이었으며 나와는 결코 분리시킬 수 없는 것이기도 했다. 나는 매일 하기 싫은 연습을 해야 했고, 어려웠던 일주일치 레슨을 준비했으며, 몹시 두려웠던 연주회에 나가야 했다.

이런 생각 속에 갇혀 모든 것을 부정적으로 보았다. 사실 나는 토요일에 팀에서 하는 축구, 야구 그리고 농구 게임도 싫어했는데 그것들도 사람들 앞에서 엉망진창이 될지도 모르는 내 모습을 보여주는 연주회 무대, 혹은 그와 비슷한 장소로 느꼈기 때문이다. 이런 게임들을 대중 앞에서 하는 공연처럼 여겼다. 내 어린 시절은 빈 방 안에 고립된 채 고통스러운 연습을 하는 것으로 채워졌고 대중 앞에서 창피를 당할 가능성이 큰 장소로 이따금 밀어붙여졌다.

초등학교 4학년 때였는데 그날은 하루 종일 부모님이 집에 안 계셨다. 벤, 안나와 내가 집에 있었고 우리 중 누구도 연습을 하지 않았다. 부모님이 돌아오셨을 때 안나와 나는 연습을 이미 했다고 거짓말했다. 하루 동안 연습으로부터 탈출할 수 있는 기회가 주어진 것이 기뻤고 느긋하게 즐길 수 있었다. 벤은 입을 열지 않았지만 나는 벤을 위해서도 좋은 말을 해주었다. 벤도 연습을 이미 했다고 나는 부모님께 거짓말했다. 그렇지만 벤은 연습을 하지 않았다고 단호하게 진실을 말하고는 연습을 시작했다. 어떤 사람은 내가 게으를 뿐 아니라 어리석었다고 말할지도 모르겠다. 여하튼 이것이 꼼짝없이 갇힌 내 삶이었다.

9학년 때까지 가능한 한 연습을 피할 수만 있다면 연습하지 않았다. 솔직히 말해 바이올린을 잘하지 못했다고밖에는 달리 할 말이 없다. 그때쯤 휴스턴으로 이사 와서 2년 동안 바이올린을 가르쳐준 선생님은 내게 도움이 될 말을 부모님께 하겠다고 했다. 부모님과 선생님의 대화를 엿듣게 되었다. "지난 2년간 라이언의 실력이 하나도 늘지 않았습니다"라는 선생님의 음성이 들렸다. 그 선생님은 그동안 내게 거짓말을 한 타락한 천사였든지 아니면 내 수준이 생각했던 것보다 훨씬 낮았든지 둘 중의 하나였다. 핑계일지는 모르지만 냄새 나는 개를 옆에 두고 레슨을 받았던 나도 힘은 들었었다. 나는 게을렀고 바이올린 연주에 흥미가 없었다.

그해 초 바이올린을 그만두고 비올라로 악기를 바꾸면서 적어도 지역 오케스트라나 주 오케스트라에 쉽게 들어갈 수 있겠지, 라는 기대를 했다. 그러나 아니었다. 9학년 때 선생님을 바꾼 것은 내 인생에서 지금까지 내린 결정 중 가장 잘한 일이었다. 새로운 여자 선생님은 나를 밀어붙이거나, 도전을 주고, 감정을 상하게 하는 것을 전혀 두려워하지 않는 자유롭고 외향적인 분이셨다. 나는 젓가락으로 맞았고 여러 번 친절한 모욕을 당했다. (실제로 기분 좋은 모욕이었다.) 연습했던 곡을 좋아하기도 했지만 다음번 레슨 때 선생님께 친절한 모욕을 당하지 않으려면 연습을 해야 한다는 의지와 열정이 내 속에서 솟구쳤다. 지금까지 나를 가르쳤던 선생님 중에 최고의 선생님이었다. 카리스마가 넘치며 방탄복으로 무장한 채 비올라를 들고 서있는 것처럼 보였다. 그때서야 비로소 나는 음악이…… 꽤 괜찮은 것으로 느껴졌다.

10학년 때 선생님의 권유로 3주간 열린 뉴욕 대학 현악기 여름 캠프에 참석했다. 그 캠프에서 만난 모든 친구들은 음악과 사랑에 빠져 있었다. 음악과 그들의 영혼은 연결된 듯 보였다. 캠프에 참석하면서 나도 서서히 마음이 열렸고 음악의 심오한 아름다움이 보이기 시작했다. 하나님이 내 영혼 깊이까지 어루만져주셨고 내 안에 불어넣어주신 음악이라는 인생의 일부분을 마침내 발견하게 되었다.

나는 음악을 사랑하게 되었고, 내가 스스로 하고 싶어서, 음악의 목적을 찾기 위해, 지난 시절 나의 실패를 보상받기 위해 하루에 몇 시간씩 연습하기 시작했다. 정상이 될 때까지 멈추지 않았다. 9학년 때는 지역 오케스트라에도 입단하지 못했지만 10학년 때 텍사스 사립학교 연맹에서 최고의 비올리스트가 되었다. 12학년 때는 텍사스 주에서 6위의 자리까지 올라갔다.

더 잘할 수도 있었을 텐데……더 높이 올라갈 수도 있었을 텐데…… 모르겠다. 그러나 내게 은혜를 베푸신 하나님께 감사할 뿐이다. 내가 저질렀던 실패를 회복할 기회를 주신 하나님께 감사한다. 단지 연습에 관한 문제가 아니었다. 열정도 아니었고 그것은 음악에 대한 사랑이었다.

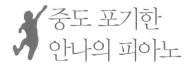

중도 포기한 안나의 피아노

, 피아노가 맞지 않는 아이

"안나, 연습이 끝났어. 말 듣지 않으면 계속할 거야."

"네, 나는 지금 계속 연습하고 싶어요"라고 안나가 울부짖었다.

"아니야, 연습은 이제 끝났다고."

안나는 울기 시작했고 난리를 피웠다. 조금 전에만 해도 연습하기 싫다며 울더니, 이제는 계속 연습을 하겠다며 소리를 질렀다.

"좋아, 한 번만 더하고 그러면 그만두자."

"아니오, 50번 더해야 돼요"라고 안나는 격렬하게 대답했다.

래리 막내는 유리한 점이 있다. 조숙하고, 손위 형제나 자매들의 삶을 통해 더 넓은 세상을 미리 경험하게 된다. 안나는 이런 관점에서 보면 이례적인 경우였다. 딸아이는 세상에 태어난 순간부터 오빠들이 바이올린과 피아노를 연주하는 모습을 지켜봐왔고 자기도 악기를 너무나 배우고 싶어했다. 하지만 막내들에게 불리한 점은 자신들이 그 활동들을 배울 준비가 되기도 전에 손위 형제들이 하는 모든 활동을 흉내내고 따라잡아야 한다는 부담을 느끼는 것이다. 아이들이 어렸을 때 악기 연주를 녹화한 비디오테이프를 보면 아이들의 아우성 가운데 긴장해서 소리 지르는 안나의 목소리에 마음이 무겁다. 당시에는 이런 안나의 모습을 보지 못했다.

안나가 서너 살 때쯤인 것 같다. 아이들을 데리고 아이스크림 가게에 갔는데 아들들이 파르페(parfait)를 먹고 싶어했다. 파르페는 세 스쿱(scoop)의 아이스크림을 긴 컵에 넣어서 세 가지 토핑(사탕, 스프링클, 너트, 혹은 뜨거운 퍼지)을 얹은 후 휘핑크림으로 장식한 아이스크림이다. 아들들도 양이 많아서 간신히 다 먹곤 했기에 안나에게 작은 아이스크림을 먹으라고 권했다. 안나는 아이스크림 가게에서 화를 내며 자신도 오빠들과 같은 파르페를 시켜달라고 졸랐다.

안나는 세 살 때부터 무척 피아노를 치고 싶어했다. 아침 일찍 일어나서 벤이 피아노에 앉기 전에 피아노 의자에 기어올랐다. 자신도 피아노를 가르쳐 달라고 졸랐다. 아들들이 부모의 소망에 순응하여 악기를 배웠다면 딸아이는 유일하게 자기 스스로 간절히 원해서 피아노를 배우기 시작했다. 드디어 네 살 때 피아노를 시작하면서 아이는 벤이 피아노 치는 것을 흉내내려 했다. 피아노를 치겠다는 결단과 열정과 강한 의지를 가지고 있었다. 우리는 딸아이의 이러한 열정을 기쁘게 바라봤다. 열정도 있고 무엇보다 어린 나이에 피아노를 배우기 시작했으니 완벽한 성공의 정석이라 생각했다.

스즈키 방법이 안나에게 적격이었다. 첫 번째 책을 빠르게 마쳤다. 열심히 연습했고 아이는 집요했다. 그러나 두 번째 책이 어려워지면서 안나가 가만히 앉아 있기 힘들어했다. 우리는 안나의 성향이 음악을 느끼며 장시간을 피아노 앞에 앉아 있는 벤과는 완전히 다르다는 것을 알고 있었다. 벤과는 반대로 안나는 활동적인 아이였고 틀을 좋아하지 않았다. 루스가 피아노를 치게 하려고 개발한 모든 게임이나 전략도 금세 바닥나버렸다. 세 명의 아이들에게 악기를 가르쳤던 경험과 더욱이 나단 같은 활동적인 아이에게 악기를 시킨 경험에도 불구하고 우리는 안나에게 악기 교육이 적합하지 않다는 것을 깨닫지 못했다. 아니면 1, 2년을 기다렸다가 안나가 여러모로 준비되었을 때 악기 교육을 다시 시켰더라면 좋았을 것이다. 그러나 공교롭게도 우리는 안나의 본능을 무시한 채 피아노 치기를 밀어붙였다. 안나는 피아노를 치기 위해 앉아 있는 것을 고통으로 받아들였다.

안나는 과거나 지금이나 여전히 활동적이며 운동을 좋아하는 아이이다. 지금은 피아노가 안나에게 적합하지 않다는 것을 안다. 안나가 춤을 배웠거나, 수영을 했거나, 아니면 에너지를 발산할 수 있는 드럼 같은 악기를 했다면 아이가 더 즐겼을 것 같다. 그러나 우리는 너무도 고지식한 부모로서 다른 활동을 감히 생각지도 못했다. 더욱이 안나가 이미 축구에 전념하고 있던 터라 한 가지 운동이면 족하다는 생각을 했다. 안나는 마치 축구공을 차는 것처럼 피아노를 연주했다. 안나는 큰 소리로 피아노 건반을 두드리는 것을 좋아했고, 부드럽고 섬세한 곡은 싫어했다. 곡들이 점점 어려워지면서 필요한 기술을 배우거나 프레이징을 익히기에 주의를 기울이기보다는 단지 진도를 나가기만 원했다. 안나는 피아노를 연주하는 것이 아니라 늘 고집을 부리며 건반을 행진곡처럼 두드렸기 때문에 우리 모두가 힘들었다.

♩ 뼈아픈 실패의 사례

안나가 일곱 살 때 두 가지 큰 변화가 있었다. 이를 통해 부모로서 나의 부족함을 많이 배우게 되었다. 하나는 안나가 스즈키 방법에서 전통적인 방법으로 전환하면서 벤의 선생님을 택한 것이다. 두 번째는 내가 안나를 토요일마다 레슨에 데리고 다니며 매일 저녁 연습까지 지도하기 시작한 것이다. 엄마와 딸이 피아노 연습을 하면서 날마다 부닥쳤기 때문에 둘 사이의 관계가 나빠지는 것을 막기 위해 내가 안나의 지도를 맡았다.

_____ **루스**　　나는 어른이고 안나는 어린아이라는 것을 잘 알고 있었지만 화를 참기 힘들었다. 시어머님은 어른인 내가 화를 내지 말아야 한다고 하시며 여러 가지 좋은 제안을 했지만 도저히 아이를 감당하기 힘들었다. 충돌과 전쟁은 계속됐다. 안나가 만일 첫째나 둘째 아이였다면 좀더 참았을지 모르겠다. 네 명의 아이를 키우는 것만으로도 힘들었기 때문에 막내인 안나에 대해 더 참지 못했던 것 같다. 내 생각에 안나와 래리가 비슷한 성격을 가졌기 때문에 나는 둘이 잘 맞을 거라 여겨서 안나의 악기 지도를 래리에게 맡겼다.

　　　　　　래리　　　　벤의 피아노 선생님은 워싱턴 DC와 버지니아 지역에서 최고의 선생님들 중의 한 분으로 꼽혔다. 매우 열심히 가르치며 학생들에게 많은 것을 요구했지만 그다지 재능을 개발시켜주는 선생님은 아니었다. 안나와 선생님은 서로 잘 맞지 않았다. 안나는 추진력이 있고 열심히 해서 선생님이 좋아했지만 참을성과 집중력이 부족했다. 전통적인 피아노 교수법은 음악을 연주하기보다는 리듬과 음악성을 숙련키 위해 음악 이론을 가르치고, 기술을 향상시키며, 음계를 연습시키고, 에튀드를 연습시키는 등의 다양한 형태의 훈련법을 사용한다. 안나의 피아노 가방은 대여섯 개의 다양한 훈련용 음악책이 들어 있어서 어린아이가 들기에는 꽤 무거웠다. 연습 시간에 이 모든 기술들을 익히려면 세심한 주의력이 필요했고, 각 곡을 완성키 위해서는 많은 반복과 연습밖에 없었다.

　　선생님과의 레슨 시간에 부모가 참석할 수 없었지만 나는 복도의 계단에 걸터앉아서 열심히 선생님의 가르침을 엿듣고 받아 적었다. 나중에 집에서 안나를 지도하려면 내가 잘 알고 있어야 했다. 선생님의 기대가 점점 커지면서 연습할 분량이 너무 많아 매일 해야 할 분량을 적어 넣은 계획표를 만들어 안나가 쉽게 보고 연습할 수 있도록 연습시간을 편성해야 할 필요를 느꼈다. 나는 상당히 조직적이며 일 중심적인 사람이기 때문에 다양한 일을 모두 기록하고 성취해내는 것을 좋아해서 이런 표를 만들었다. 이 계획표는 안나에게 시각적인 도움을 주었다.

　　피아노를 치는 것은 상당한 기술을 요하며 양손의 조화가 필요하다. 양손의 손가락은 각기 다른 음표를 연주한다. 오른손이 칠 음표는 높은음자리표에, 왼손이 칠 음표는 낮은음자리표에 각기 적혀 있다. 연습 시간 동안에는 가장 기본인 음계에 우선적으로 집중하게 된다. 먼저 오른손을 연습하고 어느 정도 완성되면 왼손을 따로 연습한 후 마지막에 양손을 함께 연습하게 된다. 적어도 각 손마다 다섯 번씩은 연습해야 한다. 이것을 마치면 에튀드 연습곡을 다시 오른손 먼저 연습하고 왼손을 연습하여 양손을 맞춘다. 각 손이 다른 리듬을 가지고 있기 때문에 양손을 합쳐서 연습하는 것이 쉽지 않다. 안나가 양손을 합쳐서 연주할 때 양손이 잘 조화되지 않아서 다시 처음으로 돌아가서 조화를 이룰 때까지 각 손 연습을 더 했어야 했다. 다소 긴 미니 소나타와 미니 콘체르토를 연주할 때는 더욱 복잡했다. 곡의 쉬운 부분과 합치기도 전에 가장 어려운 부분만 연습하는 데도 한 시간이 지나버리곤 했다. 때로는 메트로놈을 사용하여 여러 번 연습하며 연주 속도를 훈련해야 했다. 그 다음에는 음악의 강약법과 프레이징을 연습하고 음악 전체의 형태를 잡아서 단순히 수많은 음표를 누르는 것이 아닌, 서로가 아름답게 어우러지는 소리를 만드는 것이다.

돌이켜보면, 당시 안나의 경우 소근육이 피아노를 치기에 적합하게 발달하지 않았고 감정적으로도 모든 세부 항목을 소화시킬 만큼 성숙하지 않았다. 아무리 연습을 해도 양손을 조화롭게 연주할 수 없었다. 연습을 하면 할수록 실망은 점점 더해갔다. 내 성공 비결 중의 하나는 문제가 생겼을 때 완전히 그 문제에 집중하며 끝까지 인내하여 해결 방법을 찾는 것이다. 그래서 루스는 내가 얼굴은 부드럽게 생겼지만 속은 엄청 지독하다고 말하곤 한다. 나는 늘 내가 해온 방식대로 문제를 해결하기 위해 더 작은 부분으로 음악을 쪼개서 집중해서 반복적으로 연습시켰다. 하지만 안나에게 동기를 주어 잘 지도하기보다는 날카롭게 비난을 하여 서로 충돌이 심했다.

그러나 그럼에도 불구하고 내가 평생에 처음으로 나보다 고집 세고 지독한 사람을 대면하고 있다는 사실을 깨닫지 못했다. 이는 안나의 '리틀 타이거(신생아 중환자실에 있을 때 간호사가 붙여준 별명)' 기질을 보여준 시작에 불과했다. 안나가 더이상 연습을 하지 않겠다고 거부했을 때 나는 좌절했다. 이 부분을 완전히 소화하기 전까지는 잠을 잘 수 없다는 최후의 통첩을 선포함과 동시에 우리의 전쟁은 더 격해졌다. 그러나 안나는 더욱 격분해 자신의 방법을 고수하며 거듭거듭 피아노를 쳤다. 불이 쏟아지는 전쟁터를 방불케 하는 상황이었다. 눈물과 큰소리로 범벅된 한복판을 뚫고 루스가 중재해야 했다. 그날의 연습 분량은 끝낼 수 없었다.

마침내 안나의 열번째 생일 바로 직전 피아노 레슨을 그만두고 우리 모두의 삶을 개선하기로 결정했다(휴스턴으로 이사 오면서 피아노 선생님도 더이상 안나에게 피아노를 시키지 말라고 권했다). 특별히 내 인생에서 그때까지는 거의 실패를 경험하지 않았기 때문에 이것은 몹시 어려운 결정이었다. 아주 어린 나이부터 열정을 가지고 피아노를 시작한 안나의 출발을 잘 이끌어 좋은 결과를 얻지 못한 것에 깊이 책임을 느꼈다. 하지만 정사각형 못을 둥근 구멍에 꽂으려 했기에 실패할 수밖에 없었다는 결론을 내리게 되었다.

이를 통해 과외 활동은 아이들이 좋아하고 성격에 맞는 것을 선택해야 한다는 교훈을 얻게 되었다. 안나의 경우에는 아이의 열정과 강한 기질을 운동(축구)과 연결시켜 주는 것이 성공 비결이었다. 아이의 기질이 축구를 하기에 적합했다. 좀처럼 공을 포기하는 일이 없고 상대 선수에게 공을 빼앗기는 일도 거의 드물다. 각 아이들이 모두 독특하기에 한 가지 활동이 모든 아이들에게 적합할 수 없다는 교훈을 힘겹게 배웠다. 우리가 이 사실을 좀더 일찍 깨달았더라면 안나에게 그런 스트레스와 고통을 주지 않았을 것이고 우리도 힘들지 않았을 것이다.

안나가 피아노를 그만두면서 나단과 라이언이 우리를 괴롭혔다. 그들에게는 결코 중도 포기를 허락하지 않았기 때문이다. 하지만 이것이 정확한 사실은 아니다. 나단이 중학교 때 비올라로 바꾸기 전 일년 동안 악기 연주를 쉬었고, 라이언에게도 휴스턴으로 이사 오면서 그만둘 기회를 주었는데 라이언이 지속하겠다고 결정했다.

그러나 나는 긍정적인 면을 강조하고 싶다. 두 녀석들이 모두 비올라를 좋아하게 되었고 무엇보다도 중요한 것은 음악을 사랑할 줄 아는 사람들이 되었다는 것이다. 안나는 오랜 시간 축구 훈련을 받았다. 더욱이 고등학교 팀의 선수로 있으면서 평균 온도 37도를 넘는 텍사스의 더위에서 하루에 적어도 4~5킬로미터를 두 달 동안 뛰었다. 안나는 우리가 악기를 통해서 가르치고 싶었던 뭐든 열심히 하는 자세와 훈련을 축구를 통해서 배웠다.

★

안나의 소감
....

피아노를 배웠던 것이 10년 전 일이라 자세히 기억나지 않는다. 다만 계속 절망했고 화가 났던 기억이 남아있다. 부모님이 말씀하신 것처럼 나는 정말 활동적인 아이였고 지금도 그렇다. 가장 힘들었던 것은 모든 친구들이 밖에서 놀고 있는데, 나는 나갈 수 없고 앉아서 피아노를 쳐야 한다는 사실에 늘 화가 났다. 숨이 막히는 것처럼 답답했고 내가 어찌할 수 없는 상황처럼 느껴졌다.

혹독한 스케줄이 아니고 실제로 내가 원할 때 내 뜻대로 연습을 했다면 나에게 적합하지 않았을까 하는 생각도 든다. 다른 아이들 같으면 게을러서 그들 스스로 하기 어렵거나 동기부여가 되지 않아 이 방법이 적합하지 않을지도 모르겠다. 그러나 우리 부모님이 말씀하셨듯이 나는 피아노를 배우겠다는 마음이 확고했다. 나는 내 방식대로 하고 싶었다. 부모님의 관여 없이 내 식으로 하는 것이 나에게는 더 좋은 방법이다. 부모님이 적어도 이렇게 내가 알아서 하도록 놔두셨거나 아니면 내게 적합한 다른 길을 택하셨더라면 좋았을 텐데 하는 아쉬움이 있기도 하다. 그랬는데도 적합하지 않았다면 다른 방법도 시도해보셨더라면 좋았을 텐데, 라는 생각도 든다. 그러나 그렇게 하지 않으셨다. 그냥 정해진 일과대로 오빠들에게도 했던 같은 전략, 같은 방식으로 나를 밀어붙이셨다.

후에 고등학생이 되어서 피아노를 그만둔 것을 후회했다. 어렸을 때 내가 피아노를 배우는 데 어려움을 느꼈던 이유는 성숙도의 문제였던 것 같다. 고등학생이 되어서야 나는 음악의 가치를 알게 되었고 음악의 아름다움을 깨닫게 되었다. 이따금 나는 음악을 그만두지 않았더라면 좋았을지, 그리고 그때 그렇게 음악을 지속했더라면 얼마나 잘했을지 궁금하다. 그러나 분명한 것은 그 당시엔 더 나은 어떤 선택을 상상할 수 없었다. 아이들마다 다르다는 의견에 동의한다. 어떤 아이들은 서너 살에 악기를 배우는 것이 아니라 좀더 성장한 뒤까지 기다릴 필요도 있는 것 같다.

아이러니컬하게도 현재 나는 혼자서 기타를 배우고 있다. 기타를 치는 것이 재미있어 보였고 내가 스스로 연주하면서 노래를 부르고 싶었다. 여름 방학에 열린 기독교 캠프에 네 번 참석했는데 우리는 오두막에서 기도모임을 했고 언제나 리더가 기타를 치면 우리는 함께 찬양을 불렀다. 그때 이후로 항상 기타를 치고 싶었다. 기타를 치면서 노래 부르며 다른 사람들에게 손을 내밀 수 있고 다른 재능을 찾아볼 수도 있다고 여겼다. 라이언이 크리스마스 선물로 기타를 받았고 벤이 그 기타를 연주하기 시작하면서 나는 더욱 관심이 생겼다. 전에 한번 해봤지만 배우기 어려워서 그만두었다. 물론 혼자서 기타를 배우기가 쉽지는 않지만 배우고 나면 그에 따른 보답이 있을 것이다.

음악을 감상하며 즐길 수 있게 하기보다는 인생에서 성공키 위한 수단으로 악기 연주를 어린 시절부터 가르치는 자녀 양육법은 타당치 않은 것 같다. 악기 연주를 배우기에 감정적으로나 신체적으로 준비가 되지 않았을 때는 다른 활동들을 통해 자기 훈련, 집중력, 열심히 일하는 자세를 가르칠 수 있다.

우리 부부가 특별히 음악 교육을 시킨 이유

음악은 물론 집중력과 노력하는 습관을 배울 수 있다

언젠가 어떤 분이 아이들 음악에 많은 노력과 시간을 들이는 이유가 무엇이며, 아이들에게 끼칠 긍정적인 이점은 무엇인지 물었다. 특별히 이 음악 교육이라는 장을 글로 쓴 후 그 질문에 대해 생각해봤다. 음악은 음악 자체를 배우게 되는 이점뿐 아니라 훈련을 시키고, 열심히 노력하는 습관을 몸에 배게 하고, 집중력을 키우는 등의 가치 있는 기술들을 익힐 수 있다고 믿었기 때문에 그렇게도 많은 시간을 투자했다. 더욱이 음악을 배운 아이들과 그렇지 않은 아이들 사이의 뇌 발달의 차이에 대한 많은 과학적인 연구 결과들이 발표되지 않았는가. 거의 모든 부모들은 자신의 아이들이 음악이나 문화의 가치를 알게 되길 원해서 교육을 시킨다고 생각한다.

그러나 나와 래리가 아시안 부모들 사이에서 발견한 것은 부모들이 많은 시간 억지로 연습을 시키기 때문에 음악이 부모들과 아이들 사이의 충돌의 근원이 된다는 것이다. 아시안 부모들은 미국 부모들보다 훨씬 경쟁적이며 자녀들을 대단히 밀어붙인다. 그런 면에서, 즉 아이들 간에 경쟁을 유발시킬 가능성이 크기 때문에 스즈키 방법이 부정적이 될 여지가 있다는 생각이 든다. 가령 음악을 처음 시작하는 아이들은 동일하게 일곱 권의 책을 순서대로 배운다. 그래서 연주회를 하는 동안 세 살짜리 아이가 일곱 살짜리 아이와 동일한 음악을 연주하는 것을 부모들은 듣게 된다. 만일 세 살짜리 아이의 부모라면 상관이 없지만 일곱 살짜리 아이의 부모는 아무렇지 않겠는가.

음악을 가르치면서 아이들이 긍정적인 경험을 할 수 있도록 노력했지만 나와 래리도 역시 경쟁에 휘말렸다. 음악을 좋아해서 스스로 잘해나갔던 벤을 제외하고 우리는 나머지 세 아이들이 음악을 잘하길 원했기 때문에 밀어붙였다. 그러나 우리가 또한 알아둬야 하는 것은 아이들은 근본적으로 무엇이든 열심히 하기 싫어하고 반복적이며 지루한 일은 더욱 좋아하지 않는다는 것이다. 이런 성향들 때문에 충돌과 두통에 시달리게 된다. 그래서 일하며 공부하는 좋은 습관을 들이는 것과 아이들을 어느 정도 밀어붙이는 데 적절한 균형이 필요하다. 또한 부모들은 그들이 아이에게 시키는 것들의 진실된 동기가 어디에서 기인하는지 스스로의 생각을 살펴봐야 한다. 더 중요한 것은 아이들이 어디에 재능이 있는지 정직하게 판단해야 한다.

이 부분에서는 피아노 선생님이신 시어머님과 의견 차이가 있다. 많은 다른 스즈키 피아노 선생님들처럼 어머님은 모든 아이들이 음악 연주를 배울 수 있으며 심지어 잘할 수 있다고 생각한다. 그리고 부모와 자녀의 충돌을 아이의 문제가 아닌 어른들의 문제로 본다. 더욱이 어머님은 경쟁을 불러일으키는 것은 스즈키 방법이 아니라 부모 자신들이라고 말한다. 시어머님은 계속 지속하지 않는다고 하더라도 여러 가지 유익한 점을 얻을 수 있기 때문에 모든 아이들이 어린 나이에 음악에 노출되어야 한다고 강하게 믿고 있다. 나는 어머님의 관점을 이해하며 동의하지만 중학교나 고등학교에 다닐 때까지 충돌과 긴장을 유발시키면서 지속적으로 자녀를 밀어붙이는 것은 앞뒤가 맞지 않다는 생각이다. 안나가 음악을 계속했더라면 좋았을 것이라는 생각을 하지만, 그것은 순전히 음악을 배우고 즐기는 목적에서 나온 말이다.

자신감과 긍정적인 자아를 개발시킨다

우리가 그렇게도 집착을 했던 다른 측면은 일단 무엇이든 시작하면 끝을 봐야 한다는 한국 부모 특유의 개념 때문이었다. 미국 문화에서 흔히 볼 수 있는 문제들 중의 하나는 아이들이 이것저것을 다해보는 것이다. 많은 것과 다양한 활동을 시도하지만 결과적으로 어느 한 가지 잘하는 것이 없다. 우리는 이를 원치 않아서 많은 시간과 에너지가 필요했고 헌신을 해야 했었어도 음악을 고수했다. 벤을 제외한 나머지 세 아이들이 너무나 에너지가 넘치는 아이들이었기 때문에 이것이 더 힘들었다는 생각이 든다. 무제한의 에너지를 가진 아이가 부동의 자세로 음악을 배우는 것은 정말 힘든 일이었을 것이다. 이런 이유로 우리는 한 아이마다 운동 한 가지씩을 시켰고 아이들의 삶이 학업이나 음악에 치우치지 않고 더 균형 잡힐 수 있게 했다. 각 아이마다 운동 하나와 음악 하나를 시키니 총 8개의 활동을 래리와 내가 담당하느라 무척 바빴다.

그러나 그렇다 하더라도 악기를 배워서 얻게 되는 긍정적인 이점은 엄청나다. 다른 한편으로는 아이들이 태권도, 그림 그리기, 노래 부르기, 체스 등을 수준 높게 배움으로써 집중력, 자기 훈련, 인내를 배울 수 있을 것 같다. 중요한 것은 무엇을 하는가보다는 아이들이 무엇이든 탁월하게 하는 것을 배우는 것이 아닐까, 라는 믿음이다. 바꿔서 말하면 이것은 아이들에게 자신감을 주고 긍정적인 자아를 개발시켜준다. 벤은 많은 대회에서 1등을 했고 수년 동안 많은 사람들로부터 긍정적인 피드백을 얻었기 때문에 여러 해에 걸쳐 자신감을 개발했다. 오랜 시간 동안 무대에서 공연을 했기 때문에 사람들을 어떻게 다루는지 알며 자신 있게 한다. 다른 형제들은 그와 같은 무대 경험은 갖지 못했기 때문에 그들의 자신감은 벤이 가진 자신감과는 상당히 다르다. 세 아이들은 대중 앞에 나서는 자신감은 없다. 최악의 경우란 아이들이 무엇인가를 배우지만 잘하지 못하는 것이다. 그렇다면 아이는 자신을 부족한 사람으로 여긴다. 이 경우는 아이가 자신에게 잘 맞지 않는 것을 하고 있거나 부모가 너무나 밀어붙이는 경우에 발생한다. 이래서 자녀 양육이 어렵다!

❟ 몇 살 때부터 음악 교육을 시작할까?

음악 교육 시작의 최적기는 아이들마다 크게 다르다고 생각한다. 스즈키 방법으로는 어리면 어릴수록 좋다고 하여 만 서너 살(한국 나이로 5, 6세)을 적기로 본다. 아시안 부모들은 그것이 무엇이든지 일찍 시작하면 할수록 좋다고 믿는 것 같은데, 다시 말해 이는 그들이 아이들에게 가장 좋은 것이 무엇인지를 찾지 않는다는 의미를 담고 있다. 나는 아이들의 개성이 중요하다고 본다. 남자 아이들은 여자 아이들보다 발달 정도가 느리고 성숙도가 떨어지기 때문에 만 여섯 살에서 일곱 살이 악기를 시작할 적기라 생각한다. 그러나 활동적이지 않고 일찍 성숙하는 벤과 같은 아이들은 만 다섯 살에 시작하는 것이 이상적이란 생각이 든다. 만일 아이가 오랜 시간 동안 집중할 수 있으면 그런 아이는 그것이 악기를 배우는 것이든 아니면 다른 어떤 것이든 집중과 세밀함이 필요한 학습을 감당할 수 있는 아이라는 뜻이다. 부모로서 우리는 이웃집 아이들이 무엇을 하는지 아니면 하지 않는지에 관심을 갖지 말아야 한다. 우리는 내 자식의 약점과 강점이 무엇인지 알아내서 그들의 강점을 살려줘야 한다.

친구들과의 관계와
가족 간의 대화

결론적으로 우리는, 부모가 자녀들의 인생에 관여하는 것이 얼마나 중요한지를 아무리 강조해도 지나치지 않다는 신념이다. 아이들이 어릴 때는 훨씬 쉽다. 우리는 아이들이 무엇을 하는지 누구와 함께 있는지 항상 알 수 있다. 아이들이 자라면 훨씬 더 어렵고 힘든 일이다. 부모는 독립적이길 원하는 아이들과 부모로서의 책임을 해내는 것 사이에서 적절한 균형을 유지해야 한다.

친구들과의 관계

⁹ 어느 정도의 규칙을 주기

루스   미국에서는 운전을 하지 못하면 원하는 장소에 쉽게 갈 수 없기 때문에 열여섯 살이 되면 모든 청소년들이 운전면허를 취득한다. 면허를 딴다는 것은 어느 정도의 독립을 뜻하는 것이고 이 새로운 기동성 때문에 사회생활을 점점 많이 하게 되는 경향이 있다. 우리는 아이들이 운전을 하는 것이 특권이지 권리가 아니라는 사실을 이해시키기 위해 그들이 따라야 하는 몇 가지 규칙을 만들었다.

첫째 규칙은 면허를 딴 첫 해는 고속도로 운전을 하지 못하는 것이다. 그리고 이듬해에 프리웨이(freeway, 시내 순환 고속도로 옆에 붙은 국도)에서 운전을 시작하기 전에 먼저 래리의 '승인'을 받아야 하는데 이것은 아버지와 함께 프리웨이에서 많은 연습을 해야 한다는 것을 의미했다. 일단 래리가 아이들이 준비가 되었다고 느껴지면 프리웨이에서 운전을 할 수 있게 된다. 둘째 규칙은 만일 그들이 과속 운전을 해서 경찰에게 티켓을 받게 되면 추후 통지가 있을 때까지 그 즉시 운전을 할 수 있는 특권이 취소된다. 이것은 어디를 가든지 부모, 즉 내가 그들을 데려다주는 것을 뜻했는데 이는 미국에 사는 청소년들에겐 아주 창피한 일이다. 셋째는 소위 '누구와, 어디서, 언제'라는 규칙이다. 우리는 아이들이 누구를 만나러 나가는지, 어디로 가는지, 언제 귀가할지를 알 필요가 있다. 아이와 함께 귀가 시간(통금 시간)을 정했고 만일 그들이 늦게 귀가해야 하는 어떤 이유가 있을 때는 전화나 문자 메시지를 보내 알려왔을 때에만 허락했다.

나는 아이들이 들어올 때까지 깨어 있거나 아니면 소파에 누워 잠들곤 했다. 아이들은 내가 자신들이 집에 들어올 때까지 자지 않고 기다리는 것을 알고 있었기 때문에 늦게 들어오는 일은 드물었다. (안나의 한 친구는 내가 안나가 귀가할 때까지 자지 않고 기다리는 것을 믿을 수 없다고 말했다고 한다. 그러나 나는 그 아이가 아직 어린데 이런 말을 했다는 것에 놀랐다.) 만일 아이들이 통금 시간을 어기고 우리에게 연락을 하지도 않았다면 다음번에 친구들과 만나러 나갔을 때는 지금 몇 시간이 늦었는가에 따라 그 늦은 시간만큼 더 일찍 집에 들어와야 했다. 물론 안나는 늦게 귀가하는 것이 허락되지 않았다. 안나는 자신이 딸이라서 기준이 더 엄하다는 것을 불평한다. "네 말이 맞아. 너는 우리의 하나밖에 없는 딸이기 때문에 기준이 더 엄하단다"라고 답했다. 일단 아들들이 대학에 들어가면 통금 시간을 더 늦췄지만 우리는 여전히 통금 시간을 의무화하고 있다. 벤은 우리가 대학에 다니는 자녀들에게 통금 시간을 정해놓은 유일한 부모라고 불평한다. 나는 우리처럼 하는 다른 두 가정을 더 알고 있다고 벤에게 대답했지만 설사 우리가 통금을 정해놓은 유일한 부모라고 해도 상관없다.

❝ 또래 친구들로부터의 압력

나단과 라이언은 또래 친구들로부터 가해지는 압력(peer pressure) 때문에 바르지 못한 행동이나 선택을 할 아이들은 아니었다. 두 아이는 고등학생 때 이런저런 일들을 겪으면서 다듬어졌고 커다란 말썽거리나 문제를 일으키지 않았다. 안나도 아이가 현명한 판단을 내릴 수 있다고 생각했고, 또한 안나의 친한 친구들이 학교에서 성적이 상위권에 속한 아이들이었기 때문에 별 걱정을 하지 않았다.

그러나 몇 달쯤 전에 나는 안나가 잘 모르는 친구들을 만나기 시작하는 것을 알게 되었다. 그래서 안나에게 그 친구들에 대해 물어보았다. 안나는 자신의 친한 친구 몇 명이 그 새로운 친구들과 친하게 지내고 있고 그들이 술과 파티를 즐긴다는 이야기를 했다. 더 많은 이야기를 나누면서 친한 친구들이 자신이 원하지 않는 길로 들어서고 있는 것에 안나가 가슴 아파하고 있는 것을 알게 되었고, 또한 자신이 그들로부터 따돌림을 당할까 봐 염려하고 있는 것도 알게 되었다. 안나는 최근에 있었던 일을 털어놓았다.

"친구들과 저녁식사를 한 뒤에 우리는 주말 동안 부모님이 안 계시는 친구 집에 놀러 갔어요. 그 친구들이 술을 꺼내오더니 주스와 섞었어요. 나는 사실 마시고 싶지 않았는데 그 순간에 어떻게 해야 될지 몰랐어요. 그래서 나는 술은 아주 조금만 넣고 주스를 아주 많이 섞어서 조금씩 마셨지만 밤이 깊어지면서 친구들 몰래 버렸어요."

"만일 친구들이 그 사실을 알았더라면 너는 어떻게 했을 것 같니? 아니면, 다음번에 친구 중 하나가 네가 술을 버리는 것을 알아차리면 어떨 것 같아?"

"잘 모르겠어요."

"친구들이 네가 술 마시기 싫어한다는 것을 알게 되면 그렇게 안 좋을까?"라고 다시 내가 물었다. 안나는 "그럼요"라고 답했다. "최악의 경우에 무슨 일이 생길 것 같아?"라고 물었다. "아마도 나를 다시 초대하지 않거나 아니면 다시는 나와 같이 놀지 않으려고 할 것 같아요"라고 대답했다. "친구들이 네게 등을 돌리지는 않을 거야. 만일 그렇다고 해도 너는 그런 친구들을 사귀고 싶니? 네가 어떤 것을 했을 때만 너와 친구가 될 수 있다면, 아니면 특별히 네가 싫어하는 것을 했을 때만 친구가 될 수 있다면 너는 그런 친구들과 사귀어야 될까?"라고 물었다. 안나는 아무런 대꾸 없이 조용했다. "알아요. 그렇지만 여전히 힘들어요. 어떻게 해야 할지 모르겠어요"라고 다시 입을 열었다.

"그래, 나도 이런 일이 결코 쉽지 않다는 것을 알아. 이런 상황들이 드물게 있단다. 그러나 너도 알다시피 대학에 갔을 때는 네가 원하지 않거나 옳지 않다고 생각되는 어떤 것을 해야 하는 더 심한 압력을 느끼게 될지도 몰라. 그렇기 때문에 너와 비슷한 친구들을 만나는 것이 중요하단다."

그 순간 안나가 더이상 대화를 하고 싶어하지 않았다. 이것이 내가 잠들지 않고 깨어서 아이들을 기다리는 이유 중의 하나이다. 이것은 내가 아이들을 믿지 못해서가 아니라 첫째는 아이들이 안전하게 귀가했는지를, 둘째는 아무 이상이 없는지를 확인하고 싶기 때문이다.

하루는 벤이 귀가했을 때 내가 소파에서 자고 있었다. 아이가 들어왔는데 밖에서 무슨 안 좋은 일이 있었는지 몹시 기분이 상해 있음을 나는 알아차렸다. 그러나 벤은 문제를 이야기하고 싶어하지 않았다. "내일 아침에 말할게요"라고 대답했다. 다음날 아침 우리는 전날 밤 있었던 일에 대해 함께 대화할 수 있었다. 만일 내가 그날 밤에 방에 들어가 일찍 잠들었다면 벤이 들어오는 것을 보지 못했을 것이고 그랬다면 벤의 상태를 알지 못했을 것이기에 그 다음날 함께 대화를 나눌 수도 없었을 것이다.

⸒ 벤이 탐닉한 새로운 인생

래리가 가장 잘한 일 중의 하나는 아이들의 자동차에 위치파악 시스템(GPS)을 설치한 것이다. 이것은 언제고 컴퓨터를 통해서 아이들의 자동차 위치를 파악할 수 있다. 또 우리 집의 컴퓨터나 전화로 멀리 떨어져 있는 자동차 문을 열 수 있어서 안나와 라이언이 혹시 열쇠를 차 안에 두고 문을 잠가도 우리가 열어줄 수 있어서 편리하다. 이 장치는 또한 우리가 맞춰놓기만 하면 아이들이 과속을 하고 있는지 아니면 통금 시간을 지나서 귀가하는지 아닌지를 우리에게 알려준다. 도통 전화를 받지 않아 악명 높은 벤이 걱정돼서 이 장치를 구입했다. 가령 벤은 우리에게 알리지 않고 운동을 하러 체육관에 가곤 한다. 그럴 경우 우리는 벤이 어디에 있는지 전혀 알 수 없는데 이 장치를 통해 그 아이가 어디에 있는지 위치를 알 수 있다. 이 장치는 많은 순간 내게 평안을 준다.

전화를 받지 않는 것을 제외하면 벤은 피아노를 치느라 너무 바빠서 친구와 거의 밖에 나갈 시간이 없었기 때문에 별다른 문제를 일으키지 않았다. 그는 고등학교를 다니는 3년 반 동안 텍사스뿐만 아니라 미국 전역에서 열렸던 피아노 경연대회에 참석하면서 어려운 학과 공부를 해내느라 무척이나 바빴다. 그래서 일찍이 자신이 원했던 학교로부터 입학통지서를 받은 후에는 고등학교의 나머지 몇 개월을 즐기기로 스스로 결정했다. 갑자기 많은 친구들을 사귀기 시작했고 쉴새없이 친구들을 만나러 나가거나 사회생활을 즐겼다. 우리도 벤이 열심히 수고한 것을 알았기에 친구들을 만나는 것을 허락했고 대학 입학 전에 어느 정도 여유를 가지는 것이 좋겠다고 느꼈다. 또한 벤이 언제나 착한 아들이었기에 우리는 별다른 걱정을 하지 않았다.

그런데 우리는 이 새로운 친구들이 대단히 파티를 즐기는 아이들이었음을 모르고 있었다. 벤이 여기에 발을 들여놓은 후 그 아이는 자신이 한 번도 경험해보지 못한 새로운 세상이 있었다는 사실을 알게 되었다. 최근에 나는 벤에게 그 당시의 상황에 대해 질문하면서 혹시 고등학교 시절 피아노와 공부에 파묻혀 보냈던 것과 이 파티를 즐겼던 것이 어떤 관련이 있는지를 물었다. 벤이 다음과 같이 대답했다.

"아니오, 나는 내가 공부와 피아노에 전념했다고 해서 다른 기회를 놓쳤다고 생각하진 않았어요. 그 삶이 내가 아는 전부였기 때문에 단지 그렇게 살았을 뿐이에요. 어떤 의문도 갖지 않았어요. 그런데 내가 다른 세상을 경험해본 후에 그 새로운 삶이 정말 좋아서 그렇게 계속 살고 싶었어요."

이런 사실을 알고 나는 벤이 친구들에게 받는 또래 친구 간의 압력을 잘 다루지 못하고 있음을 알게 되었다. 아니면 벤이 친구들로부터 받는 이런 압력을 잘 대처하고 싶지 않을지도 모르겠다. 벤은 파티와 술을 좋아하는 친구들에게 노출되었을 때 이것을 반드시 부정적인 것으로 보지는 않았다. 나중에 벤은 우리가 자신을 너무 과잉보호했으며 세상으로부터 너무 단절시켰고 다른 것들에 노출시키지 않았다고 자신의 생각을 나눴다.

"그럼 내가 네게 술을 줬어야 하니? 네가 파티에 꼭 참석했는지 확인했어야 하니? 나는 네 말의 의도를 이해하기 힘들구나. 어떻게 우리가 너를 위해서 다르게 했어야 하니?"

벤은 내게 어떤 결론을 가지고 대답하지는 않았다. 래리와 나는 벤이 함께 자란 다른 형제들이 가지고 있는 가치관과는 다른 가치관을 품고 있는 것에 당혹스럽다. 벤을 가장 잘 이해하고 있는 것 같은 친정 어머니는 이렇게 말씀하셨다.

"나는 왜 벤이 그렇게 변했는지 이해가 된단다. 그 아이는 자유분방한 아이인데 집을 나서자 자신의 자유와 독립을 사랑하게 된 것이지. 아직 정신적으로 성숙하지 못해서 자유에는 책임이 따른다는 사실을 깨닫지 못하고 있는 거야. 그래서 안됐지만 그 아이가 자유라는 부분 밖에 알지 못하는 것이지. 그러나 그 아이는 영리하고 능력을 갖춘 아이여서 옳고 그름을 알고 있고, 너희 둘이 기초를 잘 쌓아두었다고 생각한다. 때가 되면 성숙해질 것이고 모든 게 괜찮아질 것이라고 믿는다. 생각해봐라. 그 아이는 모든 것이 늦었잖니? 뒤집기나 기는 것도 늦었고 걷기도 늦었고 세 살이 될 때까지 말을 하지도 못했잖니? 그래서 우리가 얼마나 걱정을 했는지 기억나지? 하지만 벤이 학교 생활과 피아노를 시작하면서 그 아이가 얼마나 똑똑한지를 알고는 우리가 얼마나 놀랐니? 열심히 하지 않았어도 그 아이가 학교 공부나 피아노에 남들보다 뛰어나서 우리 중 누구도 걱정하지 않았잖니? 벤이 지금 자신의 실수를 인정하고 있으니 그 아이에게 시간을 주는 게 좋을 것 같아. 나는 벤을 믿는다."

나는 친정어머니의 말씀이 맞다고 생각한다. 나 또한 마음속 깊이 벤이 옳고 그름을 알고 있다고 확신한다. 벤이 고등학교 시절을 음악에 집중하느라 거의 사회생활을 할 수 없었기 때문에 이 점이 고등학교 마지막 학년 때 그 아이에게 이런 변화를 가져온 것은 아닌지 하는 의문이 든다. 나단과 안나는 고등학교 시절을 보내는 모습이 비슷했다. 둘 다 학교팀의 운동선수였고, 주장으로서 리더십을 발휘해야 하는 위치에 있었다. (안나는 클럽팀의 주장도 맡았다.) 둘 다 활동적이고 넘치는 사회생활을 했고 많은 친구들이 있었다. 비록 라이언은 고등학교에 입학하여 처음 2년간은 친구가 없었지만 3학년에 들어서면서 세 명의 친한 친구를 사귀었고 음악과 하나님을 향한 열정을 발견했다. 그리고 라이언은 언제나 규칙을 잘 지켰고 일탈하지 않았다. 아마도 한 가지 답은 없는 것 같다. 그러나 우리가 벤에게 사회생활을 할 기회들을 줬어야 했는지 모르겠다.

지난해 우리는 벤이 학교 공부도 하지만 더불어 재미있게 대학 생활을 즐기고 싶어하는 태도를 가지고 있는 것을 보게 되었다. 부모로부터의 독립과 스스로 원하는 것을 할 수 있다는 점을 너무도 사랑한다고 말했다. 또한 사회성을 계발하는 것이 학문을 하는 것만큼 중요하다는 결정을 내렸다. 벤은 자신이 머리는 똑똑하지만 사회생활이 서투른 아시아인으로 비치는 것을 싫어했다. 영리하거나 좋은 학생이 되는 것만으로는 충분하지 않다고 느꼈다. 그 아이는 사회적으로도 탁월해지기를 원했다. 그래서 벤은 대학에 가서 친구들과 좋은 시간을 보내는 것과 친구를 사귀는 데 중점을 두었다. 처음 두 해는 놀라울 정도로 학교 공부를 해냈지만 벤이 의학에서 공학으로 전공을 바꾸어야 되겠다고 결정하면서 파티를 다시 즐기기 시작했다. 쉽고 자연스럽게 배웠던 과학과는 다르게 공학 수업은 벤에게 쉽지 않았다. 그리고 높은 수준의 공학 과목은 시험 보기 바로 직전 몇 분만 공부해서는 완전히 익히기 어렵다.

대학 3학년 때 벤의 학교 성적이 떨어지면서 그 아이는 자신이 취한 행동의 결과를 통해 현실을 직시하게 되었다. 우리는 하나님께서 이러한 깨달음의 기회를 사용하셔서 그 아이의 눈을 열어 자신이 걷고 있는 길에서 돌이킬 수 있도록 인도하고 계심을 믿었다. 우리는 벤이 어떤 아이인지를 잘 알고 있기 때문에 간단한 전화 통화를 한 후 자세한 내용까진 몰라도 그 아이의 삶에 무슨 일이 일어나고 있음을 직감했다. 우리는 지속적으로 기도해야겠다는 생각이 들어 매일 밤마다 무릎을 꿇고 우리의 둘째 아들을 위해 기도했다.

그 해 말에 벤이 학교 공부를 힘들어하고 있음을 발견하고는 우리 또한 충격을 받았다. 벤은 영재였고 한 번도 학교 공부에 어려움을 겪은 적이 없었다. 어떤 과목이건 벤은 언제나 쉽게 이해했다. 벤이 지금까지 살아오면서 처음으로 어려움에 직면하고 있고, 그 아이는 우리가 가르쳤던 '열심히 노력하는 것이 성공의 길'이라는 진실을 이제 와서 깨닫는 것 같다. 당연히 벤이 말했던 것처럼 인생의 성공의 길은 여러 갈래이다. 그리고 모든 사람에게 똑같을 필요도 없다. 그러나 열심히 하지 않으면 지능이나 재능이 결과를 내지는 않을 것이다. 대학 4학년인 지금 벤은 전에는 없었던 새로운 투지와 함께 새로운 태도를 보이고 있다. 우리는 벤이 이 세상에서 살면서 꼭 필요한 중요한 교훈을 배우기 위해 인내할 수 있도록 계속해서 기도하며 소망하고 있다. 이 거친 세상을 항해하기 위해 필요한 지혜와 성숙함을 얻을 수 있도록 기도하고 있다. 우리는 잠언 3장 5~6절 "너희는 마음을 다하여 여호와를 의뢰하고 네 명철을 의지하지 말라. 범사에 그를 인정하라. 그리하면 네 길을 지도하시리라"는 말씀을 붙잡고 기도하고 있다.

래리　벤에게 "네가 지식은 많이 가졌지만 삶의 지혜가 부족하다"고 말했을 때 벤은 듣기 싫어했다. 지혜는 지식과 짝지어졌을 때 경험하게 된다고 벤에게 지혜와 지식의 차이점을 설명했다. 이제는 벤이 여러 가지 경험들을 쌓아가면서 자신의 선택에는 결과가 따른다는 점을 배우고 있으며, 현명한 선택을 해나가고 있다. 이것이 감사한 점이다.

; 부모의 관여는 중요하다

결론적으로 우리는, 부모가 자녀들의 인생에 관여하는 것이 얼마나 중요한지를 아무리 강조해도 지나치지 않다는 신념이다. 아이들이 어릴 때는 훨씬 쉽다. 우리는 아이들이 무엇을 하는지 누구와 함께 있는지 항상 알 수 있다. 아이들이 자라면 훨씬 더 어렵고 힘든 일이다. 부모는 독립적이길 원하는 아이들과 부모로서의 책임을 해내는 것 사이에서 적절한 균형을 유지해야 한다. 부모들은 먼저 필요한 제한을 설정하고 그 규칙의 효과를 최대로 증진시키기 위해 흔들리지 않도록 힘써야 하며, 자녀들과의 활동에 관여하여 열린 대화를 해야 하며, 자녀의 사회적 활동이나 자녀들이 많은 시간을 함께 보내는 친구들을 주의 깊게 살펴야 한다.

사춘기 시절 동안 또래 친구들에게 받는 압력을 잘 소화하도록 돕는 것이 중요하다. 자녀들이 겪는 사회적 압력에 무관심하지 말고, 그들을 지도하며 뒷받침해주어야 한다. 부모가 경계를 설정해주고 강화하는 것이 중요하다. 활동에 관여하고, 열린 대화를 지속하며, 가장 많은 시간을 보내는 친구들을 살펴야 한다.

대화의 중요성

; 유치원생 나단과의 대화

"나단, 오늘 좋은 하루를 보냈니?"

나단에게 물었지만 대답이 없다.

"무슨 일 있었어?"

대답이 없다.

"별로 좋지 않은 하루를 보냈구나?"

나단은 어깨를 으쓱했다.

"내 생각에는 오늘 나단을 슬프게 한 일이 있었던 것 같은데?"

나단의 입술이 떨리기 시작했다.

"선생님이 나단을 슬프게 만들었어?" (나단이 평소 장난치기를 좋아했기 때문에 이런 질문을 했다.)

나단은 머리를 흔들었다.

214

"다른 친구가 너를 슬프게 했어?"라고 묻자 갑자기 나단이 큰 소리로 울기 시작했다.

"다시는 유치원에 안 갈 거예요."

<u>루스</u>　　　나단이 다섯 살 때였다. 당시 우리는 메릴랜드 주의 새집으로 이사를 왔다. 나단은 새로운 유치원에 다니고 있었고 유치원이 끝나자 내가 아이를 데리러 갔다. 나는 임신 6개월이었고 라이언이 뱃속에 있었다. 새집에 이사 와서 정리하느라고 경황이 없던 중이었다. 몸은 피곤했고 벤 또한 데리러 가야 했던 차였다. 그리고 그 순간 나는 행복하지 않은 나단과 무엇이 문제인지를 해결해야 했다. 나는 나단이 평상시에는 수다스럽고, 이야기하기 좋아하며 행복한 아이라는 것을 알고 있었다. 나단은 지난 며칠간 새 유치원에 다니기를 좋아하던 차였기에 나는 크게 한숨을 쉬었다. 바로 그 문제를 다루고 싶었지만 나는 본능적으로 나단이 그의 생각과 느낌을 조리 있게 말하도록 도와야 한다는 것을 알았다. 더 설득하고 캐물어서 마침내 무슨 일이 있었는지를 짜맞추어 알아냈다.

　우리는 아시아인들이 많이 사는 북 캘리포니아에서 이사 왔다. 새로 이사 온 이 지역은 지방 도시여서 소수민족이 거의 없었다. 겉보기에는 아이들이 나단을 작은 눈을 가진 중국 아이라며 놀린 것 같아 보였다. 이런 경험은 나단에게 처음이었기에 충격을 받았고 상처가 되었다. 어떤 부모들은 "이것이 뭐 신경 쓸 일이냐? 인생의 한 부분이다"고 생각할지 모르지만 나는 다르게 느껴졌다. 첫째, 우리가 이 도시에서 오랜

기간을 살 것이라는 것을 알았기 때문에 나단이 시작부터 부정적인 경험을 하기보다는 긍정적인 경험을 하길 원했다. 둘째, 백인들이 주를 이루는 동네에서 자라면서 나는 나단이 열등감을 느끼게 되길 원하지 않았다. 셋째, 나 또한 비슷한 경험을 했고 상처를 받은 적이 있기에 이것이 나단에게 나쁜 기억으로 남겨지지 않길 원했다. 다행히도 나단과 함께 이것을 이야기할 수 있었고 이것은 나단의 문제가 아니라 상대방 아이에게 문제가 있음을 나단이 깨닫게 했다. 그러나 나단은 여전히 화가 나 있었고 마음에 상처가 남아있었다.

다음날 선생님과 상담을 하여 무슨 일이 일어났었음을 알렸다. 그러나 과연 선생님이 그 상황에 공감하는지는 확신할 수 없었다. 그 다음날 나는 나단에게 여러 가지 질문을 했다. 나단은 선생님이 세상에 사는 다양한 종류의 물고기에 관련된 책을 읽어주었고, 그것과 관련해 다른 사람들의 차이점을 인정해야 한다는 것을 배웠다고 이야기했다. 그런 후에도 나단이 유치원에 가기를 크게 즐기지 않았기에, 나는 심각하게 유치원을 옮겨야 하는 것은 아닌지를 고민했다.

그러다 다행히도 내가 보내고 싶어했던 유치원에 자리가 생겨서 한 주 후에 나단을 그리로 옮길 수 있었다. 나단은 새 유치원을 좋아했고 더이상 그런 사건은 생기지 않았다. 엄마로서 어떤 사건이 아이에게 벌어질 때 때로는 마음에 무엇이 걸린 것 같다. 만일 그것이 아이의 행복과 관련이 있다면 우리는 그런 무거운 마음을 무시하지 않아야 한다. 자녀 양육에 관련된 그밖의 다른 모든 주제들처럼 아이들과의 대화 또한 매우 중요하며 우리에게 늘 부족하지만 어떤 문제를 해결하기 위해서는 많은 시간을 들여야 할 것이다. 어린아이들과의 대화는 더욱 힘들다. 어린아이들은 보통 왜 그들이 그런 느낌을 가지는지 그리고 왜 그렇게 행동을 했는지 스스로 이해할 수 없기 때문이다. 끝이 없는 "왜"라는 질문보다는 구체적인 질문이 더 좋은 것을 나는 나의 아이들을 통해 발견했다. 아이들의 심리 상태에 따라 그들이 슬픈지 아니면 화가 나 있는지를 그들에게 물어보면서 그들로 하여금 자신의 감정을 분명하게 표현하도록 하는 것이 도움을 준다.

❥ 대화하는 습관

아이들이 어릴 때 그들은 무조건 부모를 사랑하고 존경한다. 언제나 부모와 관계를 가지고 싶어하며 함께 시간을 보내길 원한다. 청소년기와 청년기가 되면 아이들은 부모보다는 친구와 더 많은 시간을 보내고 싶어한다. 특별히 청소년기 동안 열린 대화를 유지하기 위해서는 아주 어린아이였을 때부터 반복적으로 대화를 하는 습관이 되어 있어야 한다. 아이가 말하기를 좋아하고 열린 마음을 가진 아이라면 대화하기 쉽지만, 궁극적으로는 아이의 성격이라기보다는 부모와 아이 사이에 대화하는 습관이 형성되어 있느냐에 달렸다. 만일 아이가 부모와 격의 없이 대화를 주고받는다면 그리고 이것이 마음에서 우러나온 것이라면 아이가 자라서도 쉽게 대화를 할 수 있을 것이다.

라이언을 제외하고 다른 세 아이들은 청소년기에 대부분의 것에 마음을 터놓고 나와 많은 이야기를 나누었다. 한 예를 들자면, 나단이 고등학교 3학년 때 근처 친구 집의 파티에 참석했다. 나단과 나는 아마도 그 집 부모가 당연히 사춘기 아이들의 모임을 감독할 것이라고 생각했다. 나단이 좀 늦을 것 같다는 전화를 걸었고 걱정하거나 기다리지 말라고 했다. 내일 아침에 설명하겠다고 했다.

다음날 아침 나단은 도저히 통제가 되지 않았던 난잡한 파티였음을 털어놨다. 아이들이 파티에 도착해서는 집에 어른이 없다는 사실을 알고 난 뒤 다른 친구들에게 전화를 걸기 시작했는데, 얼마 되지 않아서 수많은 아이들이 집 안에 가득 찼고 그중의 많은 아이들이 낯선 얼굴이었다. 그들은 술을 사들고 오기 시작했다. 다른 차들이 나단의 차를 에워싸고 있어서 일찍 빠져나올 수 없었고 나단과 그의 친한 친구들은 파티가 끝날 때까지 기다리기로 결정했다. 파티를 주최했던 소녀는 나단의 좋은 친구들 중 하나였다.

파티가 끝난 후 나단과 친구 몇 명이 어질러진 집 청소를 도와주었다고 했다. 나단은 이웃집 사람들이 너무 시끄럽고 큰 음악 소리 때문에 경찰에게 전화를 하지는 않을까 걱정되어 정말 긴장했다고 했다. 경찰이 들이닥치지는 않았지만 친구 집은 엉망이 되었다고 했다. 만일 경찰이 들이닥쳤더라면 무슨 일이 벌어졌을지에 대해 이야기할 수 있는 좋은 기회였다. 또한 엄마에게 데려가 달라고 전화했더라면 어땠을지 같은 다른 대처법을 서로 이야기했다. 그 파티에 참석한 한 여자 아이의 엄마를 그 다음 주에 우연히 만나게 되어 나는 당연히 그 엄마도 모든 것을 알고 있을 것으로 생각하고 파티에서 벌어졌던 모든 일에 대해 이야기를 시작했다. 그 엄마는 내가 무슨 이야기를 하고 있는지 전혀 모르고 있었다. 나는 속으로 '아차' 싶었다.

나단은 내게 모든 것을 털어놓고 이야기하기 때문에 딸 같다고 나단에게 말하곤 한다. 나단은 예나 지금이나 섬세한 성격이고, 상대방에게 마음을 쉽게 열어서 서로 의사소통이 잘 되는 것 같다. 또한 나단이 자랄 때 아빠와 아이의 사이에서 내가 많은 완충 작용을 했던 것도 주된 이유라고 생각한다. 나는 래리와 나단이 서로 이해할 수 있도록 중간 역할을 많이 했다. 좌절한 나단의 마음을 달래느라 많은 시간을 보내기도 했고 마음속의 분을 가라앉힐 수 있게 도우면서 나단과 나는 어린아이였을 때부터 친밀한 관계를 가졌다. 아이가 내게 늘 솔직했고 숨김이 없었기 때문에 나는 전적으로 그를 믿는다. 대학에 다닐 때도 한 치도 염려하지 않았고 어리석거나 터무니없는 일을 할 거라는 생각을 하지 않았다. 약속한 대로 매주 일요일에 전화를 했고 짧게는 잘 있다는 안부 전화부터 길게는 어떤 상황에 관한 대화나 어떤 결정을 내릴 때 조언을 구하는 대화까지 함께 나눴다.

❜ 벤의 마음 읽기

벤은 한 달에 한번이라도 전화를 걸어오면 운 좋은 날이다. 전화 거는 것을 잊어버리거나 아니면 앞서도 말했듯이 전화기나 충전기를 아무데나 두고 찾지 못해서 전화를 걸지 못하는 경우일 것이다. 우리가 벤과 좀처럼 연락을 취할 수 없기 때문에 요즘 들어 내가 하는 농담이 있다.

"내가 죽어서 땅에 묻혀도 벤에게 연락할 길이 없어서 벤은 아마 내 장례식에 참석할 수 없을 거야."

벤은 천성적으로 말을 잘 하지 않고 내성적인 아이이다. 그의 형제들과 다르게 세 살이 될 때까지 거의 말을 하지 않았다. 심지어 명확한 표현이 거의 드물었기 때문에 그 아이를 이해하는 데 어려움을 겪기도 했다. 벤은 또 발달이 늦어 의사소통이 원활하지 못했다. 때로는 머리를 벽에 박는 이상 행동을 해서 우리를 겁먹게도 했다. 그러나 소아과 의사는 벤이 정상이라고 우리를 안심시켰고 나이가 들면서 서서히 그런 이상 행동이 없어질 거라고 했다.

세 살 때 우리는 아이가 성장이 지연되고 있고 언어 장애를 가졌다고 생각해서 언어치료사를 찾아갔다. 그러나 벤의 지능이 아주 높다고 밝혀짐에 따라 아무 문제 없음이 확인됐다. 그러나 언제나 조용한 편이었고 침묵했고 깊게 생각했다. 어렸을 때 아이와 대화를 해도 별다른 정보를 얻기가 힘들었다. 그러나 수년에 걸쳐 레슨이나 장거리 경연대회를 가기 위해 차 안에서 함께 많은 시간을 보냈기 때문에, 그리고 나는 무엇이든지 이야기를 좋아하는 성향이었기 때문에 열린 관계와 다양한 것들에 대해 이야기하는 습관을 발전시킬 수 있었다. 나단과는 달리 벤은 모든 것을 털어놓지 않고 골라서 말한다. 벤은 내가 모든 것을 걱정하기 때문에 걱정을 끼치지 않고 싶다고 한다. 벤이 비록 사회적인 인물로 거듭나서 사람들 주변에 있기를 좋아한다 할지라도 나단과는 다르게 그 아이의 감정을 읽기가 어렵다. 요즘은 나는 벤의 기분을 잘 살펴가며, 벤이 입을 열어 말을 할 때까지 계속해서 캐묻는다. 내가 보기엔 무슨 일이 있는데도 벤이 "별일 없어요. 다 잘되어가고 있어요"라는 습관적인 반응을 보이면 벤에게 질문을 하기 시작한다.

"벤, 어제 무슨 일이 있었는지 네가 화가 났었잖니? 별일 없다고 말하지 마?"

"잘 해결되었어요, 엄마는 걱정하지 않으셔도 돼요."

"어떻게 해결했니?"

"어떻게 해결한 것이 중요한가요?"

"그럼 중요하지. 네가 내 아들이기 때문에 너에 대한 모든 것이 내 마음에 걸린단다."

"엄마도 아시겠지만, 대학생들은 모든 것을 다 부모와 상의하지는 않아요."

"나도 알아. 나도 네가 모든 것을 내게 알리기를 원하지 않는다는 것을 알아. 그렇지만 네가 어떤 염려나 문젯거리가 있을 때는 우리와 상의를 해야 해. 우리는 너를 사랑하고 정말로 돕고 싶단다."

나는 벤의 마음을 '읽는' 법을 배우고 있다. 이제는 언제 살짝 밀어붙이고 언제 멈춰야 하는지 정도는 알게 됐다. 이렇게 하면 대개는 벤이 마음을 열고 이야기한다. 그러나 내 쪽에서 많은 노력을 해야 한다. 벤이 대학에 다니는 동안 아이가 잘 지내는지 그렇지 않은지를 알지 못하는 일은 늘 나의 마음을 무겁게 했다. 그래서 아이가 봄 방학, 휴일, 여름 동안 집으로 돌아오면 가능한 많은 시간을 함께 보내려고 노력했고, 그 아이가 어떻게 지내고 있는지를 알아보기 위해 애를 썼다. 모든 아이들 중 유독 벤은 가장 마음을 열지 않는 아이여서, 우리가 함께 시간을 보낼 때면 래리나 나는 아이에게 집중했고 의도적인 대화를 이끌어가곤 한다.

요즘까지도 라이언은 자신이 중간에 끼인 아이라서 많은 것을 누리지 못했고, 다른 형제들에 비해 관심을 덜 받았다고 말한다. 이 말이 사실인지도 모르겠다. 안나는 많은 것을 요구하는 아이였고 자신이 주목받고 있는지를 확인하는 아이였지만, 라이언은 순했고 순종적이어서 쉽게 지나치곤 했다. 언제나 행복해 보였기 때문에 그 아이에 대해 걱정을 많이 하지 않았다. 더욱이 내가 벤이나 나단과 대화하는 데 특별한 어려움이 없었기 때문에 라이언과 대화하는 것도 문제가 없을 거라 생각했다. 라이언은 속마음을 터놓고 이야기하지 않았다. 그러나 내가 너무 정신이 없었기 때문에 라이언과의 대화가 심각한 문제가 될 때까지도 이 사실을 알지 못했다. 후에 라이언은 "안나가 늘 저를 괴롭혔어요. 내 방에 예고도 없이 들어와서 방해했고, 언제나 안나 때문에 어려움을 겪었어요. 그렇지만 한 번도 때리지도 못하고 복수하지도 못했다고요. 제가 얼마나 속이 상하고 자주 화가 났는지 모르실 거예요"라며 속마음을 털어놨다. 라이언은 우리가 자신을 항상 말썽을 일으키는 아이로 생각한 반면 안나에게는 늘 부드럽게 대했다고 느끼고 있었다. 라이언은 자주 자신이 관심 밖에 있다고 느꼈는데 네 아이 중에 가장 예민했고 지금도 예민하여 작은 무시나 공격을 민감하게 느낀다.

라이언이 중학교 때에 우리가 휴스턴으로 이사 온 지 얼마 되지 않아서야 나는 라이언이 속마음을 터놓고 이야기하지 않으며 반응이 없는 행동을 보임을 알게 되었다. 그 아이의 이같은 행동을 전에도 느껴왔지만 나는 단지 자라는 과정이라 생각하여 대수롭지 않게 여겼었다.

이사 때문에 아이들이 새로운 환경에 잘 적응을 하고 있는지 신경이 쓰여서 아이들에게 마음을 더 쏟았다. 다른 세 아이들은 본래 모습 그대로 변함 없이 잘 지냈는데 라이언은 아니었다. 라이언은 친한 친구들과 한꺼번에 모두 헤어지게 돼서 힘들어하고 있었다. 그러나 중학교를 다니면서 점차로 새로운 도시 휴스턴과 새로운 아시안 친구들을 좋아하게 되었다. 고등학교에서는 말수가 적고 반응에 둔감했지만 세 명의 친한 친구를 사귀었고 휴스턴 지역을 아주 좋아하게 되었다.

라이언이 말을 잘 하지 않는 점은 내가 지금까지 자녀를 키우면서 겪었던 가장 낙담한 일 중의 하나였다. 라이언과 대화를 할 때 내가 들을 수 있었던 말은 "잘 모르겠어요" "아마도" "네" "아니오" "왜 그것이 알고 싶죠?"가 전부였다. 한번은 라이언에게 왜 말하기 싫은지를 물어봤다. "대답하는 데 노력을 기울여야 하고, 게다가 엄마는 늘 이상한 질문만 해요"라고 말했다. 라이언은 계속 캐묻거나 강요하지 않는 아빠와 더 공감하고 있다는 생각이 들어서 라이언과의 대화를 래리에게 맡겼다. 나는 실패감을 느꼈고 내가 실수하여 라이언이 대화하지 않는 습관이 형성된 것 같아 마음이 안 좋았다. 만일 내가 라이언이 어렸을 때부터 더 관심을 가졌더라면 이렇게 손쓸 수 없게 되지는 않았을 것이고 이렇게 대화가 결여된 채로 끝나지는 않았을 것이란 생각이 들었다. 나 자신과 라이언에게 화가 났고 수년 동안 이 문제를 놓고 기도했다. 라이언은 아빠나 다른 형제들에게도 비슷하게 반응했기 때문에 나에게만 이렇게 하는 것이 아니라는 사실로 그나마 위로를 받았다.

❦ 변화된 라이언

대학에 입학하면서 라이언의 성격이 달라지기 시작했다. 우리와의 대화에 반응을 보이기 시작했고 행복해 보였고 더이상 주눅들지도 않았다. 아마도 집, 안나, 그리고 과잉보호하는 부모를 떠난 것과 관련이 있었던 것 같다. 내가 기억하는 어린 시절 라이언의 모습이 보였다. 이 것은 무엇보다 대학에 가서 예수님에 대한 믿음을 다시 발견하고 영적인 성장을 하면서 생긴 일로 내가 진정 감사하는 부분이다.

몇 주 전 겨울 방학 때 저녁식사를 끝낸 후 나단, 라이언, 안나와 함께 소파에 앉았다. 벤은 대학 친구들과 킬리만자로에 등반하기 위해 케냐에 있었다. 벤에 대한 나의 염려와 벤이 직면할 모든 어려움들, 전에 한번도 벤이 등산해본 적이 없다는 사실들을 늘어놨다. (벤의 장점이자 단점은 대단히 낙천적이어서 분명히 이루어질 것처럼 보이지 않아도 잘될 것이라 단정하는 점이다.) 비록 벤이 체력이 된다고 해도 산을 등반할 수 있는 훈련이나 준비가 되어 있지 않았다. 더구나 떠나는 당일 아침에 목록을 들여다보며 등산을 위한 짐을 꾸렸던 아이였다. (비록 그 목록에는 별것이 없었지만.) 그래서 우리는 가족으로서 벤의 안전과 건강, 그리고 안녕을 위해 그 순간 함께 기도를 하기로 했다.

그런 다음 특히 라이언이 나를 위해서 기도하고 싶어했고 내 건강을 위해 기도하더니 아이들이 한 명씩 나를 위해 돌아가면서 기도를 해주었다. 그 시간은 내가 오랫동안 기억할 소중한 순간이었다. 그로부터 며칠 후 벤이 안전하게 귀가했고 해발 5,895미터의 산 정상까지 성공적으로 등반했다고 했다. 케냐의 수도인 나이로비에서 장비를 빌리고 필수품을 사느라 이리저리 뛰어다녔다는 이야기도 들려주었다.

✎ 안나와의 데이트

안나는 나처럼 수다스럽고 활기차다. 최근 들어 우리 가족을 찍은 옛날 비디오를 보면서 래리는 안나가 소리를 지르며 말하고 있다고 했다. 안나가 시끄럽고 활동적인 오빠들 사이에서 자기 목소리를 내려면 주장이 강했어야 했겠구나 하는 생각이 들었다. 심지어 지금도 소녀치고는 목소리가 크고 천성적인 수다쟁이이다. 안나는 나처럼 자신의 감정에 솔직해서 언제 안나가 행복한지, 화가 났는지, 아니면 슬픈지를 금방 다른 사람이 알 수 있다. 안나가 화가 났을 때 자기 방으로 들어가면 모든 사람이 안나에게 접근하지 않고 혼자 내버려두는데 안나의 화난 모습은 가관이다. 다행히 안나는 화가 나건 슬프건 오래가지 않는다. 얼마 되지 않아서 방에서 나와 한 사람씩 돌아가며 안아준다.

안나가 어렸을 때, 나이든 딸을 둔 한 엄마가 여자 아이들은 중학교를 가면 많이 변해서 완전히 다른 피조물이 된다는 이야기를 들려준 적이 있다. 그 엄마가 말하기를 자기 딸과 자신의 관계가 별로 좋지 않고 자주 말다툼을 하게 된다고 했다. 그때 나는 속으로 '내게 그런 일은 결코 벌어지지 않을 거야. 아마 저 엄마에게 무슨 문제가 있겠지'라고 생각했다.

그러나 안나가 열두 살쯤 되었을 때 나는 우리 사이의 관계가 달라졌음을 알았다. 안나와 내가 서로 머리를 들이받고 있음을 알게 되었고, 때로는 우리 둘이서 한편의 드라마를 찍고 있음을 믿기 어려웠다.

래리는 머리를 흔들면서 물었다.

"둘 중에 누가 어른이야?"

내 딸과 내가 충돌한다는 사실을 실감하기가 어려웠고 우리의 관계가 앞으로도 계속 이렇게 되길 원하지 않았다. 내가 우리 엄마와 잘 지내듯이 안나가 나이가 들어도 서로 의견을 나누고 무엇이든 함께하면서 그렇게 친하게 지내고 싶었다. 십대가 되면서 친구들이 더 중요해짐을 알고 있지만 가족의 자리를 친구가 대신하길 원하지는 않는다. 그래서 안나가 중학교 때 나는 우리 둘이서 할 수 있는 활동에 중점을 두어야겠다는 결정을 내렸다. 안나와 친한 친구 네 명의 엄마들에게 연락해서 매달 엄마와 딸들만의 독서 클럽을 만들자고 제안했다. 안나와 내가 둘 다 책을 좋아해 이 방법이 건강한 대화를 이끌어갈 좋은 방법일 것 같다고 생각했기 때문이다.

처음 시작은 좋았다. 우리는 음식을 한 접시씩 준비해 와서 저녁을 먹었고 디저트를 먹으면서 책에 대한 의견을 나눴다. 문제는 나와 안나는 늘 책을 읽는데 다른 사람들은 그렇지 않았다. 참석자의 반만 책을 읽어 왔을 때 책에 대해 이야기를 나누는 것은 쉽지 않았다. 그래서 대부분 사교 모임으로 변해버렸다. 6개월 후에 이 모임을 해산했다. 실망했지만 다른 활동을 생각하기로 결정했다. 그러다가 안나와 내 생일이 이틀 차이가 나는 데다 8월 중에 있어서 우리가 특별한 방법으로 함께 축하할 수 있을 거란 생각이 들었다. 8학년 때부터 안나와 나는 우리의 생일을 맞이하여 집 근처에 있는 갤러리아 백화점 내의 호텔에서 하루를 묵는 가풍을 만들었다. 호텔에 체크인을 한 후 백화점으로 쇼핑을 가고, 근사한 식당에 들어가 맛있는 음식을 주문한다. 호텔로 와서는 함께 영화를 보고, 다음날 아침 여유롭게 아침식사를 한 후 쇼핑을 마저 끝낸다. 우리는 매년 이렇게 해왔고, 이 날을 많이 기다린다.

어느 해는 우리의 생일을 맞이하여 친정부모님이 사시는 시카고로 비행기를 타고 갔다. 안나가 점점 커가면서 우리는 뉴욕, 캘리포니아, 다른 나라로 여행을 가게 되기를 고대하고 있다. 안나와 나는 소위 말하는 '여자들 영화'를 시청하기 좋아한다. 물론 우리가 가장 좋아하는 것 중의 하나는 주말에 한국 드라마를 보는 것이다. 우리는 또 함께 차를 마시러 찻집에 가는 것을 좋아한다. 휴스턴 지역에는 영국처럼 오후에 차를 파는 찻집이 많지 않다. 여행을 할 때마다 우리는 영국 스타일의 차를 마실 수 있는 찻집을 찾는다. 우리는 빵을 굽는 것도 좋아하는데 특별히 쿠키와 컵케이크를 만들어서 한 잔의 차와 함께 먹으면 정말 맛있고 행복하다.

⟠ 대화법이 다른 우리 부부

예상대로 래리와 나는 대화 방식이 다르다. 래리는 직접적이고 핵심을 찌르는 서구적인 방식으로, 나는 간접적으로 돌려 말하며 완곡한 표현을 좋아하는 한국적인 방식으로 대화한다. 래리는 좌뇌가 극도로 발달되어 지나치게 논리적이고 생각이 간결하다. 나는 우뇌가 발달하였고 나의 감정과 직관이 나의 생각과 결론에 영향을 준다. 다른 많은 남자들처럼 래리는 감정을 표현하거나 느낌을 표현하는 일이 편하지 않다. 더욱이 자신의 말과 행동이 다른 사람들에게 어떤 영향을 주는지에 많은 관심을 기울이지도 않는다. 남편은 아이들에게도 이렇게 똑같이 대해서 내가 래리와 아이들 사이의 조정자가 되어야겠다는 생각을 하게 되었다.

래리가 참으로 많은 시간을 아이들에게 쏟아부었기 때문에 아이들과 좋은 관계를 유지하고 있다고 생각한다. 그러나 아이들이 아버지와 의무에 관련된 대화나 실수들에 대한 말만 나눈다면 과연 이것이 좋을지를 생각해봤다. 그리고 어떤 문제의 요점만 나누기보다는 아이들이 얼마나 아버지와 단순히 대화를 나누고 싶어할지를 생각해봤다. 래리가 단지 그들에게 문제의 해답을 제시하거나 문제를 해결하는 것만 전념하고 아이들과 대화하면서 문제를 풀어가기를 별로 원하지 않기 때문에 아이들의 입장에서는 때론 아버지와 대화하는 것이 힘들다고 말한다. 그래서 아이들에게 실질적인 대화가 필요할 때는 내가 먼저 아이들과 대화를 나누는 것이 좋겠다고 생각했다.

그 후 내가 래리에게 일이 어떻게 진행되는지를 설명하고 단지 본인의 생각이 아닌 다른 각도에서 문제나 상황을 보도록 래리를 돕는다. 때로는 래리와 내가 서로 의견 충돌이 있지만 아이들과 함께 앉기 전에 적어도 폭발 가능한 지뢰는 먼저 손을 쓸 수 있다. 래리의 의견이 옳을 때에도 나는 항상 옳은 것을 택하는 것만이 전부는 아님을 상기시켰다. 물론 아이가 실수한 것을 깨닫게 해야 하지만 부정적이거나 상처를 주는 대화를 하는 것이 아니라 좋은 결정을 내리는 법을 알려주고 그런 실수로부터 무엇을 배울 것인가에 중점을 두어 아이를 도와줄 수 있다.

⁌ 나단에게 생긴 일

나단이 여기저기 대학에 입학하려고 지원할 때의 일이다. 나단이 12학년 때 몇 과목에서 좋은 학점을 받지 못했고 대학 입학시험에 시간을 들여 따로 공부를 하지 않아서 결국은 원했던 대학에 입학하지 못했다. (우리는 나단이 학교 공부에 힘쓰지 않고 새로 산 휴대용 컴퓨터로 게임을 하는 데 많은 시간을 들인 것을 알지 못했다. 뒤의 〈컴퓨터와 전자 제품에 관한 생각〉 참조) 물론 다른 누구보다도 나단 자신이 충격을 받아서 많이 힘들어하며 가슴 아파했다. 자신을 실패자처럼 느꼈고 장래에 대해 걱정했다. 래리 또한 나단에게 화가 났고 실망했다. "봐라, 이것이 내가 수년 동안 네게 말하려고 했던 거야. 인생에서 공짜는 없어. 성공하려면 열심히 해야 돼. 다른 길은 없어"라고 래리가 자주 말해왔기에 이번에도 이런 말이 나올까 봐 걱정되었다. 나단과 이야기를 나누면서 본인도 얼마나 화가 났는지 알 수 있었다. 이번에는 아버지에게 그런 말을 들을 필요가 없었다. 나단은 격려가 필요했고, 이번 기회에 교훈을 배우게 된다면 이것이 끝이 아니라 밝은 미래가 있다는 희망의 메시지를 필요로 했다.

우리 모두에게 감정적으로 힘든 시기였지만 래리가 이 일을 잘 해결해서, 이미 힘들어하고 있는 나단의 영혼에 상처를 주지 말아야 한다고 생각했다. 나단의 잘못을 비난하지 않고 래리가 이것을 옳게 해결할 것이라 믿었다. 래리는 나단과 대화하며 이 시점부터 열심히 공부하는 것이 지금부터 해야 하는 가장 중요한 일이라고 했다. 지금 배운 교훈을 장래에 적용하라고 나단에게 말했다. 나단은 대학 시절 동안 바로 그렇게 해냈다.

_____ **루스**　　이것이 나단의 모든 태도를 변화시킨 전환점이었다. 래리가 수년에 걸쳐 아이에게 심어주려고 노력했던 공부하는 습관을 보이기 시작하면서 신중하고 열심히 노력하는 학생으로 변했다. 의대를 가려는 목표에는 전혀 흔들림이 없었고 나단은 오스틴에 있는 텍사스 주립대학의 메인 캠퍼스 경영학과에서 과 수석으로 졸업했다. 나단은 지금 의대 3년차 학생이고, 의대 훈련을 마치는 대로 경영 MBA학위를 얻을 계획과 열망을 가지고 있다.

_____ **래리**　　나단을 향한 나의 실망은 한쪽으로 밀어두어야 했다. 미리 대처할 수 있었는데도 불구하고 차질을 경험하는 것만큼 내게 짜증을 불러일으키는 일은 없다. 나의 관점에서는 내가 가르친 대로 나단이 열심히 했더라면 분명히 그 아이가 그러한 결과를 막을 수 있었으리라 생각한다. 그러나 아내 루스는 입장을 바꿔서 나단의 편에서 생각해보라고 권했다.

　나단을 잘 지도하기 위해 내가 어린이 축구 코치를 했을 때 겪었던 경험을 떠올렸다. 이따금씩 상대 팀이 너무 빨랐거나, 기술이 좋았거나, 더 강한 동기가 부여되어, 우리 팀이 전반전 내내 부진하여 득점을 하지 못하곤 했다. 아이들은 기운이 빠지고, 득점 차는 점점 커졌다. 지고 있는 팀에게는 중간 휴식 시간이 상당히 중요한데, 신체적, 감정적으로 휴식을 얻어 분위기를 전환할 수 있기 때문이다. 이 짧은 휴식 시간에 전반전 동안 비록 득점을 하지는 못했다고 하더라도, 그들이 경기를 얼마나 잘해주었는지에 중점을 두어 아이들을 격려하며 필요한 기본적인 전략과 기술을 상기시킬 수 있다. 사실상 선수들은 전반전 게임을 잊어버리는 것이 중요하다. 그래서 비록 우리 팀이 전반전에 졌을지라도 후반전이 있으며, 우리의 목표는 후반전 게임에 이기는 것임을 주지시켜야 한다. 아이들이 이 개념을 받아들이면 단지 분위기만 개선되는 것이 아니라 후반전에 충분한 득점을 올려 경기를 이길 수도 있게 된다.

나는 이 예를 설명해가며 나단을 격려했다. 나단이 고등학교 때 세운 기대치에 도달하지 못하여 겪게 된 지금의 실망을 뒤로 한 채, 대학에서의 새로운 시작에 집중하도록 격려했다. 앞으로 나단의 앞에 펼쳐질 그 아이의 인생이 있음을 지적하며, 재정비하기에 늦지 않았고 나단이 더 탁월하게 공부할 수 있음을 알려주었다. 여전히 그 아이가 꿈꾸고 있는 일을 해나갈 수 있으며 시간은 다소 지연될 수 있지만 동일한 목표를 향해 갈 수 있음을 알려주었다.

❜ 벤, 의학을 포기하다

벤이 MD-PhD의 과정을 그만두기로 결정했을 때 비슷한 상황이 벌어졌다. 어린 시절부터 벤은 학구적이고 체계적이었으며, 모든 것에 지적인 호기심이 많은 아이였다. 이것이 과학과 수학을 좋아하는 아이의 성향과 어우러져 우리 모두는 벤이 아버지가 간 길을 따를 운명이라고 결론지었다. 고등학교 내내 의학에 관심이 많이 있었고 브라운 대학을 선택한 이유 중의 하나도 학부생에게 연구를 할 수 있는 기회를 제공했기 때문이다.

그러나 고등학교와 대학에서 연구 분야를 접해본 후 벤은 연구가 자신의 분야가 아님을 깨달았다. 대학에서 2년을 공부한 후 의학도 자신의 분야가 아니라고 결론을 내렸다. 래리는 부정했지만 나는 이미 오래전부터 이런 날이 올 것이라 느끼고 있었다. 벤은 그동안 우리 집처럼 아주 체계화된 환경에서, 래리처럼 통제하는 아버지가 있었기 때문에 잘 지냈다.

그러나 벤이 집을 떠나는 그 순간 아이의 개성이 거침없이 표출되었다. 대단히 똑똑했지만 산만했고 건망증이 심했고 태평하여 염려 없이 세상을 사는 아이였다. 벤은 "염려한다고 변화될 것이 없는데 왜 염려해야 돼요?"라는 철학을 가진 아이였다. 그래서 나는 벤의 성격이 변하지 않는 한 의학을 전공으로 하기는 쉽지 않을 것이라고 생각하고 있었다. 벤은 예전이나 지금이나 예술적인 기질을 가졌고 생각이 대단히 창의적이고 자연스럽고 융통성 있는 성격이다. 래리는 벤이 자신이 좋아하는 것이 무엇인지 모른다며 정신을 차려야 할 것이라고 말하곤 했다.

마침내 벤이 의학이 자신에게 적합하지 않다는 결정을 내리고 그의 전공을 바꾼 후, 내게 먼저 다가와 말했다. 아버지가 자신의 결정을 어떻게 받아들일지를 걱정하고 있었다. 나는 변화를 위해 벤을 준비시켜야 한다고 래리에게 말하기 시작했다. (벤은 자신이 열정을 느끼게 될 전공 분야를 찾기 위해 이미 15개의 다른 학과에서 다양한 수업을 들었다. 이것은 래리처럼 목표 중심적이며 극도로 집중하는 사람에게는 참으로 이해하기 어려운 일이다.) 래리와 내가 대화를 나누었다고 벤에게 말했을 때, 벤은 "와우, 아빠가 잘 이해해주셨네"라고 반응했다. 벤의 말을 들으면서 나는 래리를 이해시키기 위해 그와 나누었던 열띤 대화를 떠올리지 않을 수 없었다.

"여보, 당신한테는 안 보이는지 몰라도, 나한테는 보이는 것이 있어요. 그래서 말인데 벤의 성격은 의학이나 연구에 적합하지 않아요."

"벤은 지금 자신이 원하는 것이 무엇인지 알지 못할 뿐이오. 다시 정신을 차리게 될 거요. 녀석이 아직까지 철이 없어서 말이야."

"당신이 현실을 보았으면 좋겠어요. 벤은 병원을 싫어해요. 아픈 사람에게 관심도 없어요. 그래서 그 아이가 의사가 된다는 것을 믿기 힘들고, 그 아이는 더욱이 체계적이지도 않아요. 작고 세밀한 것에 신경을 쓰지도 않을 뿐더러, 재미있는 일이나 사람들과 어울리는 것을 즐기는 데다, 무대가 아니라면 스트레스를 잘 이겨내지 못해요. 무엇보다도 벤이 의과 대학을 가기 싫어한다고요."

"그렇지만 벤은 언제나 과학을 좋아했고 여러 해 동안 사람의 신체에 관심이 대단히 많았지 않소?"

"맞아요. 하지만 신체에 관심이 많다고 자동으로 의사가 될 수는 없어요. 벤은 의학 공부에 흥미가 없어요. 게다가 아이들은 본인들이 좋아하고, 열정을 느끼는 전공을 선택해야 한다고 말했던 사람은 바로 당신이었어요."

"바로 그거야. 벤이 만일 진실로 자신이 원하는 것을 안다면, 그리고 그것이 공학이라면, 나는 문제 삼을 이유가 없소. 그렇지만 벤은 지금 자신이 무엇을 원하는지 모르면서 계속 전공을 바꾸고 있지 않소?"

"벤이 그 문제를 스스로 해결할 거예요. 모든 사람이 처음부터 자신이 평생 할 수 있는 것이 무엇인지 알 수 있는 것은 아니라고요. 벤은 여전히 발전하고 있고 자라고 있어요."

"그럼 벤이 자신의 인생을 찾아가는 동안 내가 무한정 아이를 보조해줘야 된다는 거요?"

"여보, 제가 분명히 말하고 싶은 것은 당신보다도 더 벤이 경제적으로 우리에게서 독립하기를 원한다구요."

"정말? 와우! 거, 듣던 중 반가운 말이네. 그렇지만 가까운 장래에 내가 그런 일을 볼 수는 없을 것 같소."

"그래서 벤이 자신의 분야가 아니더라도 몇 년 동안 일을 하려고 계획을 세운 거예요. 기계 공학이 자신의 장래에 전공이 될지를 결정하는 동안 직장에 다니면서 약간의 돈을 벌 수 있으니까요. 지금 벤에게 필요한 것은 비난이나 원론적인 인생 강의가 아니라, 용기를 줄 수 있는 도움의 말이나 벤에게 장래성이 있다는 격려예요."

루스　　나도 물론 래리가 처음에는 자신이 걸은 길을 따르지 않은 벤에게 실망했다는 것을 깨닫는 데 시간이 걸렸다. 그렇지만 벤이 래리가 가르친 중요한 가치를 따르는 이상 래리 또한 괜찮을 것이다.
(래리는 이 책의 9장〈전공과 대학 선택에 대한 숙고〉에서 벤에 관련된 어려움을 썼다.)

🎗 아버지의 노력이 필요하다

래리　　우리 가정이 솔직하고 열린 대화를 나눌 수 있도록 특별한 분위기를 만들어온 아내에게 진심으로 고마운 마음이다. 덕분에 그 안에서 우리 아이들이 그들의 감정과 생각들을 거리낌없이 서로 나누고 자연스럽게 생기 넘치는 대화를 할 수 있었다. 이것이 다름 아 닌 우리 가정의 특징이다. 자연스럽게 관계를 연결하는 루스의 능력과 따뜻하게 보살피는 그녀의 성격이 가정 안에 특별한 분위기를 만들어 갈 수 있게 했다.

그러나 아내의 입장에서는 의도적인 노력들이 많았다. 일례를 들자 면, 지난 겨울 방학에 모든 아이들이 집에 있었는데, 루스는 토요일 아 침 일찍부터 중요한 일을 마치려고 열심히 서둘렀지만 시간 부족으로 그 할 일을 마치지 못하고 있었다. 하지만 아이들이 갑자기 쇼핑을 가 기로 결정했을 때 루스는 자신의 일을 접고 아이들과 시간을 보내기 위해 기꺼이 함께 나가기로 결정했다. 나는 일 중심적인 사람이라서 비 록 정원 일이나 깨진 유리를 갈아 끼우는 집안일이라고 할지라도 방해 받는 것을 싫어한다. 하지만 루스는 언제나 다른 사람의 일에 주의를 기울이며 자신의 스케줄이 바뀌는 것을 꺼리지 않는다.

아버지로서 아이들과 열린 대화를 하는 데 어려움을 겪고 있지만 나 를 돕는 아내가 있음을 행운으로 여긴다. 루스는 아이들과 어떻게 열 린 관계를 형성해야 하는지를 내게 알려준다. 아마도 많은 한국 아버 지들이 그렇겠지만 자녀를 양육하는 부분에 내가 많이 부족하다는 생 각이 든다. 한편으론 나의 내성적인 성향 때문이라는 생각도 들고, 다 른 한편으론 나의 부모님에게서 보고 배우지 못한 것이라는 생각이 들 기도 한다. 나의 부모님은 부모와 자녀 사이의 대화를 장려하지 않는 문화 속에서 성장했고 우리와는 다른 세대에서 사셨기 때문에 나는 그 것을 이해한다. 전형적인 한국 문화에서 부모는 권위의 상징이었고, 자녀와 함께 이야기를 나누기보다는 자녀에게 이야기를 하는 존재였다. 그들 자신이 열린 대화가 장려되거나 환영받는 분위기에서 성장하지 않았기 때문에 자녀들과 마음을 나누는 대화가 힘드셨던 것 같다. 이런 부모님처럼 나도 대학생인 아이들과 대화를 나눌 때 어떤 제한된 범주 안에서 그들과 대화 나누기를 선호하고 있는 것 같다.

내가 아들들과 사춘기를 겪는 청소년기와 그에 따른 변화에 대해 한 번도 이야기를 나누지 못했던 것은 나의 실수였다는 생각이 든다. 내가 자랄 때와 똑같이 나는 아이들과 삶에 관한 대화를 충분히 나누지 못하고 있다. 오히려 이런 부분의 필요를 잘 채우는 루스에게 모든 짐을 떠맡겼다. 그래서 천천히 나도 아이들과 어떻게 대화를 열어가야 할지를 배우고 있지만 승리를 향한 첫 발은 먼저 내 스스로 자각을 하는 것과 고치고 싶은 소망을 가져야 뗄 수 있다는 생각이 든다.

♪ 사춘기에 관한 대화

_____ **루스**　　아이들과 사춘기 전 단계와 사춘기에 대해 대화를

> 부모와 자녀들 간의 건강하고 열린 대화는 아이들이 어렸을 때부터 형성해 나가야 한다. 공동의 관심사나 취미활동을 통해 부모와 자식 간의 따뜻하고도 다양한 대화를 해나가다 보면, 특별히 친구 관계를 중시하게 되는 사춘기에도 스스럼없이 대화할 수 있다. 아빠와 엄마의 서로 다른 성향이나 대화의 접근 방식은 상호 보완되어 도리어 아이들과 열린 대화를 잘 유지해나갈 수 있게 한다.

하는 것은 부모가 하기 힘든 일 중의 하나이지만 또한 부모가 해야 하는 매우 중요한 일이다. 하지만 나도 어린 시절에 가정에서 이런 대화를 해보지 못했기 때문에 나 역시 우리 아이들에게 썩 잘해냈다는 생각이 드는 것은 아니다. 그러나 아이들은 그런 정보를 어떻게든 얻게 될 것이다.

그렇다면 우리 아이들이 다른 친구들로부터 그런 개념이나 관점을 배우기를 원하는가? 아니면 더 심각하게 대중 매체를 통해서 그러한 정보를 얻게 되기를 원하는가? 미국에서는 학교에서 이 부분의 책임을 맡고 있다. 자세한 것은 아닐지라도 일반적인 개념과 지식을 학교에서 배운다. 나는 사실 아이들이 이러한 중요한 개념을 학교에서 배우게 되는 것을 원치 않았다. 앞에서도 래리가 언급했듯이 래리는 아이들과 그런 주제의 대화를 나누는 것을 불편해했고 나도 이해하지만 세 명의 아들을 키우면서 래리가 이 부분을 맡아주었으면 하고 바랐다. 아무래도 아들들과 대화를 나누는 것은 딸과 나누는 대화와 또 다르기 때문이다.

아들들이 다른 친구들에게서 들은 내용을 내게 말하기 시작했을 때 드디어 올 것이 왔구나 하는 생각이 들었다. 나는 십대들을 위한 주제인 신체의 변화와 사춘기에 있을 변화들을 담고 있는 책들을 구입했다. 우리와 생각이 같은, 즉 성(性)을 하나님이 주신 큰 선물 중의 하나로 바라보는 가치관이 담긴 기독교인 저자가 쓴 책들이었다. 심지어 각 아이들과 함께 책을 읽어나가는 것만으로도 상당히 불편했는데 그것이 평상시 우리가 함께 나누는 내용이 아니었기 때문이다.

나는 내심 깊은 대화를 해보고 싶었지만 또 한편으로는 사실 두렵기도 했다. 그러나 한 아이도 더 깊이 이야기를 나누고 싶어하지 않아서 많은 대화가 오고 가지는 않았다. 사춘기가 되면서 나는 더 많은 이야기를 아이들과 나누기 시작했고 아이들이 신체가 부끄러움을 느껴야 되는 어떤 것이 아니라 경이로운 창조물임을 알기를 원했다. 나는 또한 대중 매체에서 소개하는 성에 대한 왜곡된 관점과는 달리 성 행위를 절대 가볍게 생각해서는 안 되며 그에 따른 책임과 결과들을 아이들이 깨닫기를 원했다.

다 자란 아이들을 둔 부모들이 알아야 할 것은 일단 아이들이 집을 떠나면 그것이 선이건 악이건 간에 매사를 그들이 선택해야 한다는 사실이다. 우리는 아이들이 왜 하나님께서 결혼이라는 틀 안에서 성을 창조하셨는지를 분명히 알기를 원했다. 하지만 우리가 이 부분도 그밖의 다른 것들처럼 지식을 가르치기는 하지만 일단 아이들이 집을 떠나면 선택은 그들 자신들에게 달려 있으니 어쩌겠는가, 기도할밖에. 단지 기도하며 아이들에게 장래에 해가 되지 않고 덕이 되는 현명한 선택을 하라고 지속적으로 권하는 쪽으로 부모의 역할도 바뀌는 것을 느낀다.

> 성에 관련된 지식을 아이들에게 가르치는 것은 가장 중요한 일 중의 하나이지만, 또한 가르치기 힘든 영역 중의 하나이기도 하다. 요즘은 이와 관련된 자세하고도 사려 깊은 책들을 손쉽게 구할 수 있어 책의 도움을 빌어 가르칠 수 있다.

우리는 매일 아이들을 위해서 다음과 같이 기도한다.

"여호와의 말씀이니라. 너희를 향한 나의 생각을 내가 아나니 평안이요 재앙이 아니니라. 너희에게 미래와 희망을 주는 것이니라."(예레미아 29:11)

,　부모와의 대화에 대한 아이들의 반응

_____ 나단　　 일반적으로 나는 엄마와는 더 열린 대화를 하고 아버지와는 선택적인 주제를 놓고 이야기한다. 가령 엄마와는 여자 친구에 관한 이야기나 친구 관계의 어려움들을 쉽게 이야기할 수 있다. 사실 엄마는 이런 대화를 나누는 것을 언제나 환영하며 정말로 잘 들어주신다. 엄마는 항상 당신의 생각이나 의견을 나눠주기는 하지만 결론적으로 내 결정이 크게 잘못되지 않다면 지지해주신다. 엄마와 대화할수 없는 특정 주제들이 있는데 그런 부분은 아버지가 담당해주신다. 가령 스포츠, 의학, 그리고 전자 제품들에 관련된 것들이다. 아버지와나는 엄마와 벤의 건망증이 얼마나 심한지를 함께 이야기하며 낄낄거리곤 한다. (엄마는 벤이 극한 엄마의 성향을 닮았다고 말씀하시곤 한다. 또한 벤이 엄마의 스타일을 구긴다고 말씀하신다.)

자라면서 나는 아버지와 함께 스포츠를 즐겨 보곤 했다. 경기장에 가서 보기도 하고 텔레비전을 통해서 보기도 했다. 가장 기억에 남는 것은 아버지와 내가 제일 좋아하는 미식축구 팀인 '캔자스시티 채프(Kansas City Chiefs)'가 2010년에 휴스턴에서 경기를 했을 때이다. 메릴랜드의 프레더릭에 살았을 때 여름이면 우리가 가장 좋아했던 야구팀의 경기를 보러 차로 한 시간 걸리는 볼티모어 시까지 가서 경기를 관람했고 휴스턴에 이사 와서도 경기장에 자주 갔다. 겨울과 이른 봄 시즌에는 우리가 가장 좋아하는 캔자스 주립대학 야구팀인 제이호크의 경기를 텔레비전을 통해 일주일에 적어도 두 번 정도는 본다. 우리가 함께 경기를 관람할 때 아버지는 학교에서 내가 어떻게 공부하고 있는지를 물으시거나, 내가 의학 관련 질문을 하면 열린 마음으로 관심을 보이며 내 질문에 대답해주신다. 내가 엄마와 나누는 대화만큼 깊은 대화를 아버지와도 자주 나누지는 않지만, 아버지가 엄마와 동일하게 나를 사랑하며 염려하신다는 것을 안다.

우리에게 애정을 표현하는 아버지의 방법은 우리를 볼 때마다 "사랑한다"라는 말을 표현하기보다는, 우리와 함께 시간을 보내주면서 우리의 활동들에 참여해주시는 것이다. 지난 몇 년간 나는 아버지와 골프를 치면서 더 많은 시간을 함께 보낼 수 있었다. 골프는 아버지가 삶에서 크게 즐기시는 것이기 때문에 전혀 주저 없이 나의 스윙을 도와주고 퍼팅에 관련된 조언을 주신다. 나는 적어도 한 달에 한두 번은 아버지와 함께 18홀 플레이를 하려고 한다.

_____벤   나는 부모님과 대화를 나누는 데 별 어려움이 없다. 레슨, 연주회, 경연대회들을 참석하기 위해 차를 타고 다니면서 많은 시간을 부모님과 보냈고 일반적인 것에 관한 한 어떠한 대화도 부모님과 편안하게 나눴다. 하지만 나는 매우 개인적인 것들이나 감정적으로 민감한 주제를 나누는 것은 싫어했고 여전히 싫어한다. 그렇지만 지나

고 나서 생각해보니 내가 말하고 싶지 않다고 했을 때나 혹은 그 상황을 회피하려고 했을 때 부모님이 내게 더 캐물었거나 강요해서라도 내가 말을 하게 했더라면 더 좋았을 것 같다. 나는 이따금씩 있었던 엄한 훈련과 벌이 두려워서 잘못된 대화 습관을 형성하게 된 것 같다. 문제를 일으키지 않을 것 같은 것들만 부모님께 말할 수 있다는 생각을 했었다. 그래서 나는 종종 야단맞을 일들은 말하기를 피했고, 지금까지도 여전히 내가 저지른 실수를 부모님께 터놓고 말하는 데 어려움을 겪고 있다. (추측하건대 여전히 내가 말썽 피우는 것을 두려워하는 것 같다.)

_____ **루스**　우리가 벤에게 했던 실수 중 한 가지는 어렸을 때 몇 차례 벌을 준 것이다. 물론 우리는 다른 아이들과 똑같이 엄하게 야단을 쳤다. 그러나 벤은 매우 순종적인 아이였고, 무던하고, 거의 소란을 피우지 않으며, 문제를 일으키지 않는 아이였는데 우리는 벤의 그런 특성을 감안해서 아이를 대하지 못했다. 이따금 흥분과 감정이 복받쳐 화가 나고 마음이 상한 상태에서 반사작용으로 벤을 엄하게 대했다. 몇 번 벤의 거짓말이 들통났을 때 우리는 아이를 가르치려다가 실수를 했다는 것을 깨달았다.

　내가 그와 마주했을 때 벤은 벌받기 싫다고 대답했다. 이 대답이 나를 화나게 만들었고, 우리는 어떤 상황에서도 벤으로부터 진실을 듣기 원한다는 말을 하면서 벤을 이해시키려 했지만 벤의 마음속에서는 진실대로 말하는 것을 문제에 빠지는 것과 동일시했던 것 같다. 그랬기 때문에, 벤이 말한 것처럼, 이것이 우리에게 자신의 정보를 제공하지 않는 습관으로 이어졌다. 수년이 지났는데도 여전히 벤 안에 자리잡힌 습관이 깨지기 힘든 것 같다. 나는 벤에게 아무 이상이 없을 것이라고 쉽게 마음을 놓지 않는다. 다시 말해 모든 것에 너무 순종적이고 착한 아이이기 때문에 다른 아이들과는 달리 무엇이 잘못되고 있을 때 알아차리기가 힘들다. 그래서 아이가 아무런 이상이 없다고 했을 때 단지 아이를 믿었고 더이상 캐묻지 않았는데 바로 그것이 실수였다. 우리는 '말 없는 사람을 조심해야 한다'는 격언이 사실임을 확인했다.

_____ **라이언**   나는 대화에 대해 아무런 쓸 말이 없다.

_____ **루스**   라이언에게 대화에 대한 의견을 써달라고 부탁했는데 이같은 메시지를 보내와서 웃음이 났다.

_____ **안나**   비록 때론 부모님께 화가 나서 내가 마치 부모님을 싫어하는 것처럼 행동했지만, 나는 좋은 부모님을 두었을 뿐 아니라 좋은 가족을 두었다는 점에서 참으로 축복받은 사람이다. 내 친구들 중 몇 명이 그들의 부모와 거의 대화하지 않는다는 것을 생각해보면 내가 얼마나 행운아인지를 깨닫게 된다. 엄마가 이미 쓰신 것처럼 우리는 매년 생일 때 여행과 쇼핑을 한다. 이 여행은 내게 너무도 특별하다. 엄마와만 단 둘이서 시간을 보내는 것이 즐겁기 때문에 언제나 기다려진다. 쇼핑도 하고 대화도 나누고 같이 영화도 보고 즐거운 시간을 보낸다. 함께 한국 드라마를 볼 때도 즐겁다. 아빠와 오빠들은 여자들 영

화를 좋아하지 않기 때문에 엄마와 나만의 즐거운 시간을 보낸다. 현재는 엄마와 함께 〈꽃보다 남자〉를 시청하고 있는데 보통 하루에 한 편을 보거나 주말에 한 편을 본다. 나는 엄마에게 다가가 그것이 내가 한 잘못이건, 친구에 대한 것이건, 혹은 남자 아이들에 대한 것이건 뭐든 편하게 말한다.

아빠에게는 이렇게까지 깊고 진지한 대화를 하지는 않는다. 아빠이기 때문에 그런 대화를 나누는 것이 이상하다. 하지만 그렇다고 아빠와 나의 관계가 좋지 않다는 뜻은 아니다. 내가 12학년까지 클럽에서 축구를 했을 때 거의 매주말마다 45분씩 차를 타고 다니면서 그 45분을 모두 대화하는 데 보내지는 않았지만, 우리의 침묵이 이상하다거나 결코 불편하지 않았다. 아빠는 말을 많이 하시는 분은 아니지만 우리는 여전히 서로를 이해한다.

컴퓨터와 전자 제품에 관한 생각

우리는 현재 전자 시대에 살고 있기 때문에 어느 때보다도 부모의 지혜가 필요하다. 요즘 부모라면 모두 자녀들이 많은 시간을 텔레비전, 컴퓨터, 휴대용 컴퓨터, 그리고 핸드폰 사용에 보내는 것을 극도로 염려하고 있다. 사실상 매일 새로 나오는 비디오 게임들까지 덧붙인다면 아이들이 사회성이 부족하고, 우울증에 걸리고, 불행하게 되는 것은 당연하다.

_____ 루스   6개월쯤 전에 백화점에 갔다가 만화영화가 켜져 있는 작은 화면이 달린 유모차가 눈에 들어왔고 그 안에 세 살쯤 돼보이는 아이를 태우고 다니는 젊은 부부를 보고 충격을 받았다. 부모의 편의를 위해 세 살짜리 아이에게 이러한 자극을 제공하는 것이 과연 바람직할까? 또한 요즘은 많은 차들이 DVD 플레이어를 달고 있다. 그래서

실내뿐 아니라 실외에서도 아이들은 지속적으로 전자 제품에 의해서 즐거움을 누린다. 아이들 스스로 즐거움을 창출하거나 친구들과 즐거움을 찾아내는 기회가 점점 줄어들고 있다. 식당에 가면 식전이나 식후에 아이들이 전자 기기를 가지고 놀고 있는 것을 쉽게 볼 수 있다. 아이들은 자신들만의 게임을 즐기고 부모는 다른 것을 한다면 무슨 이유로 가족이 함께 나가서 식사를 하는지 모르겠다.

어느 정도 나이가 들면 아이들은 어른들과 어떻게 의사소통을 하는지, 공공장소에서 어떻게 행동을 해야 하는지를 알 필요가 있는데 만일 아이들이 스크린에만 몰두하고 있다면 어떻게 이런 것들을 배울 수 있겠는가? 우리 아이들은 초등학교에 다닐 때 내 앞에서 심심하다거나할 게 없다는 말을 결코 할 수 없었다. 아이들이 그런 말을 하면 나는 세가지 선택권을 주었다. (1) 가서 논다. (2) 다른 집안일을 돕는다. (3) 더많은 연습문제를 푼다. 물론 아이들은 당연히 (1)번을 선택했고 언제나창의력 있고 재미있는 놀이를 만들어내곤 했다. 그들의 창의력의 결과중 하나로 우리의 지하실 방이 그들만의 독특한 놀이터로 변했었다. 그들은 빈 상자, 이불, 그리고 다양한 장난감으로 한번은 미로를 만들고,

> 아이들에게 놀이는 상당히 중요한데 그들에게는 놀이 자체가 많은 에너지를 소비하는 일이다. 그런 과정에서 아이들은 다른 아이들과 상호 작용을 통해 사회성을 기르고, 창의력, 상상력을 키울 수 있다. 이렇게 형성된 학습은 아이들의 평생을 좌우하게 된다.

다음번에는 요새를 만들었다. 어느 날 몇몇 친구들이 놀러 와서는 녹음기에 무서운 소리를 녹음해 지하실 방을 흉가로 꾸며놓고 놀았다. 아이들은 우리의 상상을 뛰어넘는 창의력을 가졌다. 잘 격려하고 거들어준다면 그들은 더 놀라운 것을 이끌어낼 것이다.

전자 기기가 좋지 않은 이유

지난 크리스마스 휴가 때 우리는 이런 문화에 대해 조카들과 이야기를 나누었다. 그들이 물었다.

"컴퓨터는 교육적이지 않나요?"

"왜 아이들이 컴퓨터를 사용하면서 시간을 보내는 것을 원하지 않으세요?"

래리가 답했다.

"컴퓨터나 텔레비전 같은 전자 기기를 사용하는 것은 수동적인 활동이야. 다시 말해 특별히 교육 목적으로 만들어진 소프트웨어를 제외하고는 아이들이 혼자서 창조하거나 왕성하게 생각할 수 있는 기회를 주기보다는 무엇을 생각할지, 무엇을 해야 할지, 무슨 말을 해야 할지를 일방적으로 듣고 있는 수동적인 수령인들로 만들어버리지. 다양한 친구들과 함께 놀 수 있고 상호작용을 할 수 있는 닌텐도 위(Wii) 같은 게임을 제외하고는 어린이용 전자 기기의 목적은 아무런 생각 없이 앉아서 몇 시간이고 즐길 수 있게 하는 것이 대부분이야. 물론 절제가 중요하지만 거의 모든 전자 기기들이 중독성이 있어."

부모로서 특별히 어린아이들에 대해 우리가 염려하는 또 다른 부분은 게임의 내용이다. 대부분의 부모들이 많은 컴퓨터나 비디오 게임 안에 담긴 심각한 폭력성에 대해 의식하지 못하고 있다.

_____ 루스   몇 년 전에 유행한 만화영화 주인공 닌자 거북이들이 생각난다. 그 거북이들은 착한 캐릭터였고 언제나 악당들과 전투하고 싸웠다. 나단이 이 만화영화를 너무나 좋아했고 토요일마다 이 만화영화 보기를 즐겼다. 우리는 닌자 거북이 영화 몇 편을 구입했고 나단은 거듭해서 그 영화를 시청했다. 얼마 되지 않아서 우리는 나단이 비슷한 종류의 움직임과 발차기를 사용하여 동생들을 향해 폭력을 휘두르는 것을 보았다. 나단이 소리를 질렀다. "나는 닌자다." 그리고는 공중으로 뛰어올랐다. 아이가 생각했던 것은 공중으로 날아가는 것이었지만, 불가피하게 라이언이 밀렸거나 발에 차여서 울게 된다. 안나 또한 나단을 흉내냈기 때문에 집 안에는 꼬마 닌자들이 뛰어다녔다. 이것은 귀여운 이야기이지만 한편으론 반복적인 노출로 쉽게 아이들이 영향을 받게 됨을 볼 수 있다. 아이들은 믿기 어려울 정도로 연약하며 쉽게 영향을 받는다. 부모들은 아이들이 무엇을 보며 무슨 놀이를 하는지에 대해 조금도 방심하지 않아야 된다.

한번은 나로서도 말하기는 좀 불편했지만, 나단이 친구 집에 놀러 갔을 때 그 부모에게 폭력적인 게임은 허락하지 말라고 부탁했다. 그 집의 아이들이 매우 폭력적인 게임을 하고 있음을 나단에게 들어 알고 있었기 때문이다. 다행히도 그 엄마는 나의 제안을 기꺼이 받아주었고 나의 부탁을 존중해주었다. 아이들이 어렸을 때는 이런 일이 가능하지만 더 나이가 들면 불가능하다. 그래서 아이들을 훈련시키는 것이 중요하다. '왜'에 대한 이해가 중요하다. 단지 "이 게임을 하지 마"라고 말하는 것만으로는 충분하지 않다. 아이들은 자신의 나이에 적절한 방식으로 왜 이런 게임이 적절하지 않으며 좋지 않은지를 이해해야 한다. 아이들이 나이에 적합한 게임을 하는 것이 중요하다는 것을 깨달을 수 있도록 나는 아이들과 다음과 같은 대화들을 나눈 적이 있었다.

"나단, 네가 닌자 거북이를 좋아했던 때를 기억하니? 그 영화를 시청한 후 너는 마치 닌자가 된 것처럼 행동했고 상당히 공격적이며 거칠게 변했었어. 너는 만화영화를 본 것뿐인데 말이지. 지금 비디오 게임을 하는 것은 영화를 시청하는 것과는 완전히 다른데, 그 이유는 네가 그 게임에 직접 참여하기 때문이란다. 너는 더이상 소극적인 관찰자가 아닌 적극적인 참여자가 된 거야."

"엄마, 게임은 단지 게임일 뿐이에요."

"나도 단지 게임이라는 것을 알고 있어. 하지만 그 게임의 포인트는 가능한 많은 사람을 죽이는 것이야. 네가 좋은 팀이건 상관없이 너는 여전히 사람을 죽이고 있단다."

"하지만 제가 현실에서도 그런 식으로 폭력적이 될 거라는 것을 뜻하지는 않아요."

"물론 아니지. 그렇지만 네가 닌자 거북이 영화를 본 후 영향을 받았다는 사실은 네가 무엇이든 쉽게 영향을 받게 된다는 것을 의미하는 거야. 그래서 알지 못하는 사이에 내면화되어가는 것이지. 규칙적으로 폭력에 노출되는 것은 내가 너에게나 네 동생들에게 원하는 바가 아니란다. 왜 『성경』에서는 우리의 눈이 우리 몸의 등불이라고 말했겠니? 왜 우리가 추하고, 폭력적이며, 악한 것으로 우리 눈을 배불려야 하니?"

또 다른 때에 나는 다음과 같은 말을 하기도 했다.

"우리가 먹는 음식은 현재 우리의 존재를 규정한다는 것을 명심해라. 만일 우리가 기름에 튀긴 음식과 탄산음료만 매일 섭취한다면 어떻게 되겠니? 결국 우리 몸은 건강을 잃게 될 거야. 우리가 보거나 하는 행동도 이와 마찬가지란다. 만일 우리가 많은 나쁜 영화나 폭력적인 게임을 오랫동안 정기적으로 한다면 종국에는 그런 것들이 괜찮다고 생각하게 될지도 몰라. 너희들은 왜 내가 공포영화를 보지 못하게 하는지 알고 있니? 일단 그 내용이 너희들 마음에 들어가면 우리는 그것을 지울 수 없단다. 쉽게 닦을 수 있는 더러운 그릇과는 다르단다. 일단 우리가 허락한 것들이 우리 마음이나 생각 속에 들어오면, 쉽게 지울 수가 없단다."

이것은 매우 어려운 일이며 현재를 사는 부모들이 직면한 도전이다. 심지어 내가 아이들을 키우던 때보다 요즘은 더 심한 것 같은데, 그것은 너무나 어린아이들이 나이에 적합하지 않은 비디오 게임을 하고 있기 때문이다.

⸰ 아이들의 컴퓨터

나단이 고등학교 11학년이었을 때 처음으로 휴대용 컴퓨터를 사주었는데, 그것이 아이의 방에 있었기 때문에 나단이 그것을 통해 게임을 하고 있는지를 몰랐다. 그것의 결과는 이미 언급한 대로 학교 공부에 지장을 주었기 때문에 나단의 삶에 지대한 영향을 끼쳤다. 그래서 벤에게는 눈에 보이는 장소에 있는 가족 컴퓨터를 사용하라고 했다. 가족 컴퓨터를 사용했기 때문에 벤이 컴퓨터를 단지 숙제를 위해서만 사용하고 있음을 확신할 수 있었다.

그러나 이 방법을 지속하기는 힘들었다. 아이 세 명이 학교 과제와 연구를 위해 한 대의 컴퓨터를 사용하다 보니 집 안에서 경쟁이 심했기 때문이다. 마침내 벤에게 휴대용 컴퓨터를 사준 후로는 아이들 간에 컴퓨터로 인해 생겼던 긴장과 스트레스를 줄일 수 있었다. 게다가 휴대용 컴퓨터는 벤의 학교 수업과 숙제를 위해서도 필요했다.

그러나 얼마 되지 않아서 벤에게도 비슷한 문제가 발생했다. 벤이 그 컴퓨터로 인해 주의가 산만해지면서 반복적으로 인터넷 서핑을 하거나 음악을 듣거나 메신저 등을 통해 친구들과 메시지를 주고받았다. (그때만 해도 아직 페이스북이 유행하지 않았다.) 이것저것을 조사해보다가 우리는 부모가 특정한 웹사이트나 인스턴트 메시지의 사용을 제한할 수 있는 기능의 다른 여러 가지 유용한 특성을 지닌 컴퓨터 프로그램을 발견할 수 있게 되었다. 그 프로그램은 심지어 우리가 조절하여 얼마간의 기간이 지나면 인터넷에 접속을 불가능하게 만들 수도 있었다. 또한 어떤 웹사이트에 얼마나 자주 방문했는지를 볼 수 있었다. 이 프로그램을 사용하여 아이들이 어떻게 자신들의 컴퓨터를 사용하고 있는지 감독할 수 있었다. 아이들도 부모가 점검하고 있음을 알게 된 후 책임감 있게 컴퓨터를 사용했다.

그러나 그마저도 대학에 입학하면서 우리가 그들의 어깨 너머에서 감독을 하지 않게 되니, 아이들 스스로 컴퓨터 사용에 절제를 할 수 있어야 했다. 아이들이 스스로를 감독하기 위해 절제와 훈련을 할 것인지가 궁금했다. 나단은 대학에 입학 후 스스로 성공해야겠다는 강한 의지가 있었기 때문에 컴퓨터가 그다지 문제시되지 않았다. 벤의 경우는 일단 집을 떠나서 어떻게 자신을 절제할지 다소 염려되었다. 어느 날 벤에게 컴퓨터에 매달려서 시간을 낭비할까 봐 걱정하고 있다고 심각하게 말했더니 자신이 직접 해결책을 제시했다. 벤은 컴퓨터 사용에 대한 모든 제한을 없애는 대신 우리가 집에서 자신의 컴퓨터를 감독할 수 있는 부분을 남겨놓겠다고 했다. 이것이 벤을 스스로 책임지게 만들었고 절제를 연습할 수 있게 동기를 부여했다. 이 시스템 덕분에 오랜 시간을 컴퓨터 앞에서 보내는 벤에 대한 우리의 우려를 조금은 덜게 되었다. 이 시스템은 우리를 벤과 연결시켜주었고 그 아이가 무엇을 하고 있는지 알 수 있도록 했다. 이것은 특별히 아이에게 아무런 연락이 없을 때 도움이 된다. 우리가 벤의 컴퓨터 사용기록을 보면 적어도 아이가 살아 있는지를 알 수 있으니 말이다.

라이언의 컴퓨터 사용을 점검해보면 대부분이 스포츠, 특별히 야구에 관련된 사이트에 접속한다. 그 아이는 야구를 좋아하며 선수들, 팀, 그리고 경기의 통계들을 어김없이 찾아본다. 주로 ESPN(스포츠 사이트) 웹 사이트에 들어가는데 어떻게 공부할 시간을 내는지 궁금할 정도다. 그러나 라이언이 학교 공부를 잘해내고 있는 것으로 봐서 균형 잡힌 삶을 살고 있는 것 같다. 좀처럼 잠을 자지 않는데 여태껏 아프지 않았기에 우리는 간섭하지 않는다.

안나는 그다지 걱정하지 않는다. 집에서도 자신에게 절제와 제한을 두고 있다. 극도로 집중하는 아이를 둔 장점은 자신 스스로가 목표에서의 일탈을 허락하지 않는다는 것이다. 자신의 페이스북 암호를 부모에게 바꾸라고 요구하며 부모가 암호를 가지고 있다가 본인이 원할 때만 페이스북을 열어주어서 공부하는 데 지장이 없게 해달라고 요구하는 아이에게 컴퓨터 때문에 발생할 문제는 없을 것이다.

좋든 나쁘든 우리는 지금 전자 제품이 주도적인 사회에 살고 있다. 아이들은 자신의 컴퓨터에서 숙제를 하거나 시간을 보내고, 부모 역시 그들의 컴퓨터에서 일을 하는 등 다분히 고립주의자가 될 만한 행동들이 조장되는 분위기이다. 가족에게 영향을 끼치는 그밖의 다른 문제들처럼 부모는 전자 기기 사용이 가족에게 긍정적인 영향을 끼치는지 아니면 부정적인 영향을 끼치는지를 결정할 수 있는 능력과 조절력을 가져야 한다. 의도적으로라도 함께할 만한 가족 활동이나 영화를 보는 것과 같은 이벤트를 계획해야 한다. 아이들이 어릴 때는 컴퓨터 사용을 제한해야 한다. 어린 시절에 익힌 좋은 습관은 어른이 되어서도 유효할 것이다.

전공과 대학 선택에
대한 숙고

열정과 흥미를 주면서 동시에 취업과 보수의 양면에 안
정적인 직업을 찾기란 쉽지 않다. 이상적으로 우리는 아
이들이 인생의 편안함을 누릴 수 있는 직장 생활을 하기
원한다. 그러나 돈을 너무 사랑하게 되거나 아니면 지나
친 편안함이 그들을 사로잡게 될 만큼 부유하게 되지는
않기를 바란다.

❥ 먼저 살펴야 할 것들

장래 직업과 대학 전공을 선택하기 위해 의견을 나눌 때 부모는 여러 가지 제안을 해줄 수 있다. 나는 진심으로 좋아하는 분야에서 일을 하고 있기 때문에 앞으로 25년 후에도 매일 아침 일하러 갈 것을 기대하고 있다. 우리 아이들도 이렇게 되기를 간절히 바라며 그들이 열정을 느끼는 분야의 일을 하기 바란다. 이것은 직업이라고 부르는 것 그 이상이다.

그러나 열정과 흥미를 주면서 동시에 취업과 보수의 양면에 안정적인 직업을 찾기란 쉽지 않다. 이상적으로 우리는 아이들이 인생의 편안함을 누릴 수 있는 직장 생활을 하기 원한다. 그러나 돈을 너무 사랑하게 되거나 아니면 지나친 편안함이 그들을 사로잡게 될 만큼 부유하게 되지는 않기를 바란다. 우리는 아이들의 약점과 강점을 살펴봤고 그들이 자연스럽게 받아들이거나 그렇지 않은 것을 살펴봤다. 또한 그들이 어디에 흥미를 가지고 있는지를 살펴봤다.

♥ 나단이 읽은 한 권의 책

첫 아들인 나단은 매우 재미있기 때문에 우리는 자주 장래에 코미디언이 되어야 한다고 농담을 하곤 했다. 한번은 어린이 박물관에서 일기 예보관처럼 카메라 앞에 설 기회가 있었다. 다른 형제들은 자원하고 싶어하지 않았지만 그는 해보고 싶어했다. 흉내를 매우 잘 내서 우리는 일주일 내내 나단이 장래에 일기 예보관이 되어야 한다고 농담했다. 그러나 나단은 아버지와 의학을 쉽게 접할 수 있는 환경의 영향으로 내과 의사가 되어야겠다고 스스로 생각하기 시작했다. 나단이 열 살 때 우리는 정형외과 의사인 대학 친구 집에 놀러 갔다. 그 친구가 나단을 자신의 직장에 데리고 가서 수술하는 과정을 시작부터 끝까지 보여줬다. 나단은 큰 감동을 받았고 장래에 외과 의사가 되어야겠다는 꿈을 품은 것 같다.

_____ **루스**　나단은 유명한 기독교인 신경외과 의사의 자서전 『재능 있는 손(Gifted Hand)』을 읽었는데, 글을 몰랐던 홀어머니 밑에서 자랐지만 어려움을 극복하고 의사가 된 사람이었다. 그 어머니는 자신의 두 아들이 더 나은 삶을 살기를 원했기 때문에 그들이 성공할 수 있도록 밀어붙여가며 키웠다. 소년은 여러 어려움을 극복했고, 훗날 머리가 붙어 태어난 샴쌍둥이를 분리시키는 등 많은 어려운 수술에 성공하

여 저명한 외과 의사가 되었다. 그는 또한 존스홉킨스 의과 대학의 소아 신경외과에서 가장 젊은 최초의 아프리카계 미국인 원장이 되었다. 나단은 이 자서전을 중학교 때 읽고 의학을 해야겠다는 소망을 더 확고히 했다.

래리와 나는 기쁨을 감출 수 없었지만 사실 장난치기 좋아하고 산만해지기 쉬운 성향과 성격을 가진 나단에게 최선의 길인지 아닌지 확실치 않았다. 좋은 학생이었지만 그렇다고 과학이나 수학에 열광하는 아이도 아니었다. 아이의 선택을 격려해주어야 했지만 또한 현실을 나단이 알게 되길 원했다. 외과 의사가 되기 위해서는 의대의 다른 과보다 몇 해를 더 훈련받아야 하고, 더욱이 레지던트 과정도 마쳐야 하는 장기적인 헌신을 나단이 알고 있길 원했다. 고등학교 12학년 때 나단은 3주 인턴십 과정으로 심혈관 외과 의사를 수술실 안팎에서 관찰하면서 수술 과정을 볼 수 있었고 이 경험 또한 다시 한번 영향을 주었다. 앞서 이야기한 대로 나단은 대학에 들어가서 집중하여 열심히 공부하기 시작했고 의과 대학에 입학하기가 얼마나 어려운지를 알고 있었다.

처음에는 과학을 전공하고 있었는데 어느 내과 의사의 강연에서 개업의가 되기 위해서는 MBA과정이 많은 도움을 줄 것이라는 말을 듣고 경영학과로 전공을 바꿨다. 의학부 예과 과정에서 필수 과학 과목을 이수하였고 MD와 MBA학위를 모두 얻으려는 목표로 경영학을 전공했다. 원한다면 병원의 행정 관련 직업을 얻을 수도 있기에 상당히 유익한 선택이었다. 나단은 농담 삼아 장래에 본인이 아버지의 상사가 될 수도 있나고 말하곤 한다. 경영학 전공 중 필수 과목인 회계학에 나단은 상당한 재능을 보였다. 회계학 교수님이 나단에게 회계학을 전공해보면 어떻겠느냐고 물었다고 했다. 래리는 의학 공부를 끝내려면 오랜 시간이 걸리기 때문에 이것도 고려해볼 만하다고 했다.

그러나 나단과 나는 그가 책상 앞에 앉아서 일할 사람이 아니라는 것을 잘 알고 있었다. 또한 그 아이는 회계사가 되는 것에는 별 관심이 없었다. 나단이 우리에게 말했다. "어떤 것을 잘한다고 절대적으로 그것을 해야만 하는 것은 아니지요." 나단은 의학 공부에 집중하여 2009년 휴스턴에 있는 텍사스 의대에 입학했다.

❥ 벤의 방황

우리는 벤이 초등학교 2학년 때 그린, 환자가 침대에 누워 있고 심장외과 의사인 자신이 수술을 하는 그림을 아직도 가지고 있다. 또 심장을 그린 그림도 있는데 해부학적으로 부분을 나눈 뒤 명칭을 적어 났다. 벤은 언제나 사람의 신체에 매혹되었고 특히 심장에 관심이 많았다. 벤은 과학과 수학을 좋아했고 이 모든 개념을 쉽게 이해했다. 이런 아이의 관심과 성격으로 인해 우리는 모두 벤이 의학과 연구를 동시에 하게 될 것이라 생각했었다. 항상 "왜?"라는 질문을 했고 이것은 왜 그렇고 저것은 왜 그런지 궁금해했다. 초등학교 때 가장 많이 했던 질문은 "어떻게 우리가 하나님이 존재하는지를 알 수 있어?"였다.

벤은 말을 하는 사람이라기보다는 아버지처럼 생각하는 사람이었다. 어떤 것에 대해 생각을 하다가 갑자기 질문이나 말을 내뱉곤 했다. 벤이 4학년이었을 때 자동차 안에서 갑자기 친구에게 "너는 의족을 어떻게 생각하니?"라고 물었고 친구는 "뭐라고? 나는 잘 모르겠는데? 그런데 갑자기 그건 왜 물어보는 건데?"라고 대답하며 황당한 표정으로 벤을 쳐다보았다. 벤은 모든 것 즉 피아노, 학교 공부, 언어 등을 쉽게 배웠다. 우리는 이것이 벤이 훗날 나쁜 습관을 가지게 된 이유 중의 하나라고 생각한다.

뭐든지 쉽게 배웠기 때문에 벤은 시간이나 노력을 기울이지 않았다. 시험 직전에 공부했고, 대회가 가까워지면 집중해서 연습했는데도 여전히 좋은 결과들을 얻었기 때문에 이런 습관을 대학교까지 가져간 것 같다. 우리는 벤이 늘 잘해왔기 때문에 별 걱정을 하지 않았다. 모두 벤의 진로는 이미 정해졌다고 생각했기 때문에 벤 자신도 그의 직업에 대해 많이 생각해보지 않았다.

대학을 방문했을 때 벤은 브라운 대학의 '열린 교과 과정'에 마음을 빼앗겼다. 다른 대학과는 다르게 브라운 대학은 특정 과목을 듣도록 요구하지 않으며 학생들이 직접 선택하도록 남겨둔다. 필수 과목을 제외하고는 일단 전공을 선택하면 나머지는 무엇이든 들을 수 있다. '자유로운 사고방식을 가진' 벤은 이 점에 끌렸고 만일 자신이 선택하면 모든 학과에서 다양한 종류의 과목을 들어볼 수 있다는 개념을 좋아했다. 다양하게 연구할 기회가 학부 학생에게 열려 있다는 점과 그래서 대학원생보다도 학부 학생들에게 더 중점을 두는 대학이라는 사실에 깊은 인상을 받았다.

비록 벤이 기계 공학을 선택했고 이것이 자신에게 가장 적합하다고 느끼고 있지만 우리는 확실치 않다. 최근에 다시 한번 이 점에 대해 물어 보았지만 벤은 "만일 공학이 아니라면 나는 그 밖의 다른 무엇을 선택할지 확실히 모르겠어요"라고 답했다. 벤은 음악은 이미 늦었고 게다가 만일 자신이 독주자로 성공하지 못하면 가르치는 직업을 택해야 하는데 그것은 싫다고 했다. 지금 벤의 생각은 졸업 후 1~2년 동안은 자신이 전공한 분야의 직장을 얻어 일해 보다가 대학원 과정을 지원하는 것이다. 비록 벤이 자신의 분야에서 직업을 얻지 못해도 도리어 벤에게 무척 도움이 될 것이란 생각을 한다. 몇 년간 성장하고 성숙해지면서 공학 분야의 수업을 더 들은 다음(미국 대학에서는 졸업 후 원하는 수업을 더 들을 수 있다), 그래도 대학원에 진학하고 싶으면 입학해도 된다. (벤은 지금 대학 4학년이다.)

루스　　나는 벤이 음악을 전공으로 하면 안 되는지 궁금하다. 지난 여름 나는 벤의 음악 교수와 한 시간 넘게 대화를 나눴다. 우리가 벤을 지도하는 데 실수가 있었던 것은 아닌지, 만일 지금이라도 벤이 전공을 피아노로 바꾸면 너무 늦은 것은 아닌지 궁금했다. 벤의 교수님은 "만일 다른 아이가 지금 전공을 바꾼다고 한다면 분명히 너무 늦었으니 바꾸지 말라고 말할 것입니다. 그러나 벤의 경우는 아닙니다. 벤은 지금까지 내가 본 학생들 중에 가장 피아노에 재능이 있는 학생입니다. 직관적으로 음악을 알며 이해합니다. 이건 매우 드문 자질입니다. 벤은 단지 음악을 사랑할 뿐 아니라 공연도 사랑합니다. 벤은 무대 공연을 위해 태어난 학생입니다"라고 단언해주었다.

대화를 마치고 나는 죄책감을 크게 느꼈다. 특히 음악 교수님이 벤이 나와 래리를 너무 염려하고 있고 우리를 실망시키기지 않기를 원한다는 이야기를 들었을 때 힘들었다. 나중에 나는 벤과 이런 대화를 이어가면서 혹시 음악 대학원에 진학하고 싶지 않은지 물었다. 벤은 이렇게 대답했다.

"내가 독주자가 되지 않으면 뭐가 될 수 있나요? 너무 불확실해요. 보증할 수가 없어요. 내가 음악을 좋아하기는 하지만 하루 종일 수많은 시간을 연습하면서 전공으로 음악을 해나가는 것을 잘할 수 있을지 확신이 없어요. 음악을 전공하리라고 생각해본 적이 없어요."

"대학 교수가 되는 것을 원치 않는 것이 확실하니? 네가 만일에 독주자가 되고 싶지 않다면 대학 교수의 길로 가면 되지. 이 길은 자유분방한 네 성향에 확실히 잘 맞는 것 같아. 네가 공학도가 되는 것에 나는 확신이 서지 않는다. 공학도를 만나본 적 있니?"

"알아요. 나도 그 부분이 궁금해요. 그러나 대학 교수나 가르치는 일은 하고 싶지 않아요."

엄마로서 나는 걱정된다. 어떻게 벤을 지도해야 할지 확실치 않다. 이 시점에서 벤이 스스로 이것을 해결해야 한다. 나는 지속적으로 벤을 위해 기도해야 하고 옆에 있어줘야 한다. 나의 둘째 아들이 천직을 찾게 되길 진심으로 희망하고 있다.

❵ 벤을 향한 래리의 마음

나의 전 세대인 부모님이 그러셨던 것처럼 나도 언제나 자녀들에게 많은 기대를 하고 있다. 얼마 진에 한 친구는 성공한 아버지를 둔 자녀들이 말로 표현을 하지는 않지만 성공해야 된다는 압박감을 느끼기 때문에 아버지가 자녀들을 너무 힘들게 하지 말아야 된다는 말을 해주었다. 그 친구는 또한 지금 자녀들이 우리가 마련해준 비전을 벗어난 것처럼 보일지라도 루스와 내가 중요한 가치와 학업 윤리를 그들에게 심어놓았기 때문에 궁극적으로 그 가치를 돌이켜 자신들만의 성공의 길을 발견하게 될 것이라고 말했다.

어릴 때부터 과학과 수학에 탁월했던 둘째 아들 벤이 나의 뒤를 이어 의학 연구 분야에서 전도유망한 의사가 될 것이라 여겼었다. 사실 벤이 브라운 대학에 입학하기 위해 짐을 싸서 집을 나섰을 때, 나는 그 아이와 함께 장기적인 목표와 계획에 대한 이런저런 이야기를 하면서 의예과 과정을 열심히 공부하여 경쟁이 심한 MD-PhD 과정에 입학할 목표를 세워놓았다. 벤은 대학과 의과 대학을 같은 학교에서 공부하고 싶어하지 않았고, 스탠퍼드 대학과 같은 유명한 의과 대학에서 공부를 마친 뒤 펜실베이니아 대학 같은 매우 뛰어난 대학 병원에서 의과 훈련을 받고 싶다고 말했다. 벤이 고등학교 때 대입 지원을 생각해서 함께 방문했던 학교들 중에 벤이 좋아했던 학교들이었다.

하지만 벤은 대학 시절 동안에 열다섯 개 학과에서 과목들을 선택, 물리학에서 시작하여 국제정보학, 최근에는 공학에 이르기까지 다양한 과목들의 전공 수업을 받으며 자신의 많은 관심 분야를 탐구해왔다. 여름 방학 기간 동안 벤은 실험실에서 연구할 수 있었는데, 처음에는 생물학 실험실, 다음에는 물리 연구소 연구에 참여했다. 그렇지만 이런 경험들은 벤을 격려하기보다는, 흥미를 발견하지 못해서 비생산

적이었으며, 더이상 자신이 연구에 흥미가 없음을 깨닫는 계기가 되었다. 그 아이가 집중을 하지 못한 결과 지금은 지난해에 선택한 기계 공학과의 어려운 과정을 마치기 위해 고군분투하고 있다.

벤은 자신의 과학적인 사고력과 창의력이 그 전공과 잘 결합된다고 생각하지만 그 아이의 길고 복잡하며 불투명한 길은 나를 너무 힘들게 한다. 나는 벤에게 배신감까지 느꼈다. 참으로 오랜 기간 동안 내가 신체적·감정적으로 그 아이에게 많은 것을 투자했고(물론 다른 아이들에게도 마찬가지였다), 최대의 효율을 얻기 위해 모든 계획을 짰고, 그 아이에게 가능한 한 많은 이점과 유리한 출발선을 주었기 때문이다. 그 아이에게 우리가 주었던 모든 특권들 즉 탄탄한 기본교육, 음악, 열심히 공부하고 일하는 습관들을 아이가 모두 저버린 것 같았다.

루스는 그 아이의 장래에 대해 심하게 간섭하면 사이가 서먹해질 수도 있기 때문에 내가 벤을 지켜보며 아이가 자신의 길을 성공적으로 찾을 때까지 기다려야 한다고 말한다. 벤은 일을 자꾸 미루는 나쁜 습관이나 결점을 지적하는 내게 잘 반응하지 않는다. 처음에는 그 아이가 우리를 거부한다고 생각해서 고통스러웠다. 그러나 벤은 개인적으로 우리를 거부하는 것이 아니라 부모가 가르친 가치, 즉 노는 것보다는 공부에 우선순위를 두거나, 모든 것을 탁월하게 해야 한다는 가치들을 거부하고 있다는 생각이 점점 들었다.

대학에 입학했을 당시 아이는 열일곱 살이었고 같은 또래의 친구들에 비해 한 살 어렸다. 벤은 최근에 자신이 너무 성숙하지 못했다는 것을 인정한다. 벤은 자신이 독립에 대한 권리만을 주장했지, 책임은 다하지 않았다는 것을 깨달았다. 벤의 이러한 생각에 나는 위로받았는데 변화를 위한 첫 번째 단계가 자신이 한 행동의 결과를 단순히 인정하는 것이기 때문이다. 나 또한 벤의 성공을 위해 내가 세운 계획이 그 아이의 예술적이며 창의적인 성격에 적합하지 않았다는 것을 깨달았다. 둥근 못을 사각형 구멍에 끼워 넣으려고 한 것과 흡사하다. 비록 눈에 분명하게 보이지 않는 목표를 향해 빙 돌아가는 그 아이의 인생행로를 지켜보는 것이 매우 힘들지만(나는 점검 대조표를 좋아하며, 성취에 대한 명확한 잣대를 좋아한다), 궁극적으로 우리의 관계가 나빠질 수도 있기 때문에 벤이 자신의 길을 독립적으로 찾도록 놔두어야 함을 알고 있다. 마지막으로 어린아이였을 때 우리가 심어놓은 씨앗이 뿌리를 내려 그의 인생 여정에 도움을 줄 것이라는 믿음을 가지고 있다.

❵ 장래의 CEO, 라이언

어린아이였을 때부터 라이언은 자신의 회사를 세워서 돈을 많이 벌 것이라고 했다. 다른 아이는 이런 말, 즉 돈에 관련된 말을 하지 않았기에 라이언의 발언은 흥미로웠다. 나단은 우리의 돈이나 자신의 돈을 절약하고, 벤은 자기 돈이든 우리의 돈이든 소비하기를 좋아하고, 라이언은 우리의 돈만 쓰려고 한다. 안나는 균형을 잘 유지한다.

라이언은 빈틈이 없고 부모에게서 최대한 돈을 많이 얻으려고 머리를 쓴다. 좋은 예가 대학 지출이다. 우리가 학비, 기숙사비, 그리고 여행 경비를 대주기 때문에 용돈은 아이들이 직접 벌게 한다. 나단과 벤은 이에 불평하지 않지만, 라이언은 다소 수를 써서 자신이 하루에 대여섯 번 식사를 하기 때문에 너무 지출이 많다며 자신의 음식 값의 얼마를 우리에게 지불하라고 한다. 두 달에 한 번 가량 라이언은 자신이 먹은 음식 값과 다른 경비가 적혀 있는 표를 만들어 우리에게 보내고 상환해달라고 한다. 논리적이고 설득력 있는 라이언을 보며 우리는 간혹 아이가 변호사가 되어야 하지 않나 하는 생각을 하지만 말하기에는 별로 관심이 없어 보여 말을 잘해야 하는 변호사와는 어울리지 않는다고 생각한다.

라이언은 과학과 수학을 잘하고 자신의 회사를 원했기 때문에 우리는 공학과 MBA를 전공하면 어떻겠냐고 조언했다. 라이언도 긍정적으로 받아들여서 공학을 전공하기로 했다. 라이언과 래리가 대학들을 방문했을 때 그 아이의 학교 선택 기준은 특별히 대학이 큰 도시에 있는지와 공학 프로그램이 어떤지에 집중되어 있었다. 그러나 라이언은 코넬 대학을 방문했을 때 오리엔테이션에서 광대한 공학 교과 과정을 듣고는 비록 학교는 뉴욕에서 차로 달려서 네 시간이 걸리는 '이타카'라는 작은 대학 타운에 위치했지만 매우 흥분하며 지원하고 싶어했다.

라이언은 2010년 가을 운용 과학 전공으로 코넬 대학의 공학부에 입학했다. 운용 과학은 사업에 흥미를 가진 학생들을 위해 마련된 공학 전공 분야다. 그 후 라이언은 운용 과학은 부전공으로 하고 토목 공학으로 전공을 바꿨다. 라이언의 목표는 졸업을 하자마자 일을 시작하며 MBA를 따는 것이다.

안나가 대학에서 무엇을 전공하게 될지 확실하지 않았다. 안나는 12 학년 때 전공을 선택하는 데 중압감을 느꼈다. 그러나 우리는 대학 생활 2년 동안 무엇이 적합할지를 생각해보고 전공을 선택해도 늦지 않다고 말했다. 장시간 안나의 강점과 약점들을 함께 이야기했다. 안나의 강점은 맡은 일을 능숙하게 해내며, 타고난 리더십과 질서 정연함, 성실함, 무엇이든지 쉽게 포기하지 않는 기질이다. 약점은 감정적으로 쉽게 좌절하여 안정감을 갖기 어려울 때가 있고, 어려운 일을 직면하기 싫어하고, 다른 사람에게 상처주기를 싫어한다. 지나치게 착한 심성은 안나의 장점이자 단점이다. 안나는 영어건 과학이건 두루두루 열심히 하며 잘한다. 안나는 아이들을 좋아하지만 그들을 가르치기는 어려워하며 하루 종일 의자에 앉아 있는 것을 싫어하고 심심한 것을 견디지 못한다.

_____ **루스**　　이것에 기초해서 나는 안나에게 다른 대학들도 살피면서 노스웨스튼 대학을 고려해보라고 격려해주었다. 내가 그 대학을 졸업했기 때문에 잘 알고 있고 안나에게 적합한 대학이라고 느꼈다. 리버럴 아트 칼리지일 뿐 아니라, 공과 대학, 정보 통신 대학(유명한 극장과 정보 통신 프로그램이 있다), 10위권 안에 드는 언론 대학, 교육 대학, 그리고 음악 대학이 있다. 안나는 이런 다양한 단과 대학에서 수업을 들을 수 있고 다양한 흥미를 가진 학생들과 교류할 수 있다. 수업 스케줄이 쿼터제이기 때문에 여덟 과목을 수강할 수 있는 전통적 학기제보다 많

은 열두 과목을 학생들이 일년간 수강할 수 있고, 그래서 안나의 경우 더 많은 과목을 접해보면서 자신의 흥미를 발견할 수 있을 것 같다. 많은 학생들이 전공과 부전공을 함께 쉽게 이수하며 그중에 몇 명은 부전공과 함께 두 가지 전공을 공부하기도 한다.

단지 유명하기 때문에 대학을 선택하는 것이 아니라 과연 '내게 적합한 대학'은 어떤 대학일까에 대해 장시간 동안 이야기했다. 안나는 딸이기 때문에 우리가 더 보호해야 한다고 느꼈고, 아이가 대학 4년을 또한 멋지게 보내길 원했다. 우리의 조카 딸아이가 동부에 있는 아주 유명한 대학에 다니고 있다. 학문적으로 잘하고 있으나 그 대학을 좋아하고 실제로 편해지기까지 3년이 걸렸다고 말했다. 나와 래리가 노스웨스튼 대학에 다닐 때 그곳은 내게 정말 좋은 장소였다. 반면에 래리는 그 대학이 자신에게 적합하지 않다고 느꼈었다.

＿＿＿＿＿ **래리**　나는 6년 만에 의과 대학을 졸업할 수 있다는 것 때문에 노스웨스튼 대학을 선택했었다. 또한 그 프로그램이 의학과 연구를 동시에 하고 싶었던 나의 목표에 적합했다. 그러나 좀더 집중된 과학 기술 연구 대학을 다녔더라면 더 즐거웠을 것 같다. 노스웨스튼 대학은 마치 스모가스보드(smorgasbord, 뷔페식 식사)처럼 다양한 분야에서 우수한 배움의 기회를 제공한다. 그러나 확실한 목표가 설정된 나 같은 사람에게는 시간 낭비다. 이런 점에서 노스웨스튼 대학은 안나에게 확실히 적합한 학교라고 생각한다. 안나는 엄마를 닮아서 사교를 중요시하고 다양한 흥미를 가졌기 때문에 의심할 여지없이 학문적으로든

사회적으로든 많은 것을 배우게 될 것 같다.

      루스   이 대학이 안나에게 더 좋은 점은 친정부모님이 대학 캠퍼스에서 20분 떨어진 거리에 살고 계시다는 것이다. 또한 새언니가 그 대학에서 일하고 계신다. 더욱이 휴스턴에서 시카고까지는 세 시간 만에 한 번에 가는 비행기가 있다. 어떤 부모들은 내가 비행시간까지 고려하는 것을 놓고 웃기도 한다. 그러나 두 아들들이 대학에서 집에 한번 오려면 하루 종일 걸리고 겨울에 날씨가 좋지 않으면 연착되거나 취소되는 경우가 허다하다 보니 비행거리는 꼭 고려해야 될 조건임을 강하게 느꼈다. 다행히도 안나가 노스웨스튼 대학을 좋아했고 최근에 입학 통지서를 받았다.

부모로서 자녀들의 대학 전공 선택을 지도하는 것은 가장 중요한 책임 중의 하나다. 각 자녀들의 강점과 약점에 기초하여 그들의 최종 전공 선택을 해야 한다. 인류를 섬길 수 있는 직업을 선택하기 위해 크게 생각하라는 조언을 해준다. 일로써 느껴지는 것이 아니라 열정과 흥미를 느낄 수 있는 영역의 전공을 선택하는 것이 각 아이들에게 가장 중요할 것이다.

배우자 선택의
중요성

우리는 전혀 다른 성격, 기질, 관점으로 인해 마찰이 있었음에도 불구하고 서로 잘 보완해나갔다. 타협하는 법을 배우게 되었고 더욱 중요한 것은 우리 둘 다 가족을 위한 최선을 원했기 때문에 한 팀으로 일하는 법을 배워나갔다. 서로에게 영향을 끼쳤다는 것이 가장 두드러진 부분이다. 나는 좀더 집중하며 질서정연해졌고 나 자신에 대해 수준과 질을 높이기 위해 힘쓰게 되었다. 래리는 인생을 즐기는 법을 배웠고 세상에 색을 더할 수 있는 자연스러움을 깨닫게 되었다.

다행히도 우리 아이들은 이성 친구 문제로 감정적 어려움을 겪지 않았다. 우리는 좋은 결혼 생활이 인생의 가장 중요한 목적들 중의 하나라고 생각한다.

___**루스**___   래리는 아이들의 결혼을 아직 먼 일이라고 여긴다. 그는 아이들이 연인과 결혼을 전제로 사귀기 전까지는 이런 것들을 진지하게 생각하지도 않을 것이다. 형식을 갖추거나 깊이 있는 대화는 아니었지만 우리는 아이들과 장래의 배우자에 대해서 이야기를 나누었다. 나는 직장 일과 육아를 동시에 잘 해낼 능력이 없었고 나의 한계를 알았기 때문에 둘째 벤을 임신했을 때 직장을 그만뒀다. 불행히도 사회에서는 아이를 기르기 위해 휴직을 결정하는 여성들을 그다지 호의적으로 보지 않으며 특별히 경쟁이 치열한 전문직에 종사하는 사람들 사

이에서는 더욱 그렇다.

래리가 스탠퍼드 대학에서 연구원으로 있었을 때 한두 번 어떤 상황에 직면한 적이 있다. 사람들을 만나면 언제나 "무슨 일을 하세요?"라고 물어본다. 내가 전업주부라고 하면 그 후엔 언제나 그렇듯이 냉담하게 "와, 좋네요"라는 대답이 전부였다. 그리고는 피상적인 몇 마디를 나눈 후 그들은 다른 데로 가든지 아니면 나를 무시했다. 나는 이런 업신여기는 듯한 반응, 특히 그 상대방이 여성일 땐 더욱 이해하기 힘들었다. 전업주부나 직장 여성 모두 큰일에 맞서 도전하고 자신의 삶을 희생해야 한다.

가정마다 어떠한 길을 선택할 것인지 그 가정에 맞게 결정해야 한다. 나는 아들들에게 나중에 여자 친구가 생겼을 경우 관계가 깊어지기 전에 그 문제를 논의해야 된다고 말했다. 만일 두 사람의 의견이 다르다면 그 때문에 충돌하고 감정이 상할 수 있다. 나는 안나가 어떤 직업을 선택하게 되든지 그 아이에게 능력과 승부욕이 있기 때문에 성공할 것이라고 말해주었고, 이른 감이 있긴 하지만 전업주부와 직장 여성의 득과 실에 대해 대화를 나누었다. 안나는 아마도 엄마인 내가 전업주부였기 때문인지 아이가 생기면 파트타임 일을 하거나 아이가 어릴 때는 전혀 일을 하고 싶지 않다고 말해 흥미로웠다. 이기적이게도 엄마로서 나는 안나가 육아와 직장 생활을 병행하는 스트레스를 겪지 않기를 바란다. 나는 베이비시터를 고용하거나 유아원에 아이를 맡기는 엄마들을 안다. 편안하게 아이를 맡길 유아원을 찾거나 베이비시터를 고용하는 일 모두 비용도 많이 들고 벅찬 일이다. 그러나 만일 안나가 사회생활을 하길 원하면 나는 그것이 안나와 사위의 선택이므로 손자를 돌봐줄 생각이다.

❞ 배우자의 조건

아이들에게 강조하는 다른 한 가지는 우리의 한국적 배경을 반영하라는 것이다. 한국에서는 누군가와 결혼을 할 때 그것을 단지 개인의 일로 보는 것이 아니라 가족 전체를 고려해야 하는 대사(大事)로 생각한다. 이와는 달리 미국 사회에서는 만일 두 사람이 사랑하면 그것만으로 충분하다고 믿는다. 집안 환경은 전혀 상관없다. 나는 우리 아이들이 이 중요한 개념을 이해할지 확신할 수 없다. 그러나 아이들이 나이가 들면서 가족 배경, 종교적 믿음, 자라면서 배운 가치들을 포함해서 배우자와 많은 공통점을 가지게 되면 될수록 결혼 생활이 더욱 쉽다는 사실을 깨닫게 되길 바란다.

나단은 첫째이고 결혼할 나이가 되어서인지 결혼 문제에 더욱 관심을 보였다. 나는 나단과 결혼에 대한 그 아이의 기대와 좋아하는 여성상에 관하여 유익한 대화를 나눴다. 우리는 아이들이 고등학생 신분으로 이성 친구와의 교제를 금했다. 늘 현실적인 래리는 이유가 단순하다. 학교 공부와 대학 입학 준비를 위해 시간을 집중해야 하기 때문이다. 나도 래리에게 동의하는 반면, 나는 내 아이들이 누군가와 헤어져서 겪을 마음의 고통을 경험하지 않기를 원하기 때문이다. 나단은 좋은 청년들이 함께 모이는 그룹에서 여자 친구를 사귀었다. 데이트를 즐기기도 했지만 장래 배우자에 대해 기대하는 바가 있었기 때문에 심각한 관계로 발전하지는 않았다. 그 아이는 단지 데이트가 좋아서 누군가를 만나거나 아니면 즐거운 시간을 보내고 싶어서 데이트를 하지는 않는다. 나는 그러한 성숙한 태도를 자랑스럽게 여긴다. 나는 나단이 적당한 때에 적합한 사람을 만나게 될 날이 오기를 기다리고 있다.

아이들을, 특히 안나를 키우면서 한 가지 마음에 걸리는 점은 한국 사람과 결혼하는 문제이다. 시부모님과 친정부모님 모두 아이들에게 같은 민족끼리 하는 결혼의 중요성을 강조하셨다. 몇 년 전에 안나가 심각하게 내게 물었다.

"엄마, 만일 내가 좋아하는 한국 사람을 찾을 수 없게 되면 어떻게 하지요?"

우스운 질문이었지만 중요한 문제였다. 우리는 아이들이 비슷한 배경을 가진 한국계 미국인과 결혼한다면 어려움 없이 공동의 유대를 형성할 수 있기에 더할 나위 없이 좋다고 생각한다.

그러나 이보다 그들의 배우자가 기독교를 믿는 것이 더 중요하다. 단지 사람을 영적으로 규정짓는, 즉 교회에 다니느냐는 것만이 아닌 참된 믿음이 있느냐를 말하는 것이다. 한국인이라는 것보다는 그 사람 됨이 우리에겐 더 중요하다. 이 생각에 1세대 이민자들이 동의하기 어려움을 알고 있고 그들을 이해할 수 있다. 그러나 한국계 미국인의 인구가 많지 않기 때문에 현실적이 된다. 말하자면 만일 나단이나 라이언이 다른 아시아 여성과 결혼을 하게 된다면 나는 그렇게 크게 놀라지는 않을 텐데 그들의 친구들이 주로 아시아계 미국인들이기 때문이다. 대학에 다니면서 그들은 다른 아시아인들을 향해 자연스럽게 마음이

끌렸고 아시안 친구들과 있는 것이 더 편안하다고 말했다.

확실히 나단은 한국 여자와 결혼하고 싶어한다. 그 아이는 한국의 문화 유산(遺産)에 자부심이 대단하고 한국 것은 무엇이든 사랑한다. 대한민국 축구 국가 대표팀의 정보를 꿰고 있으며, 시차 때문에 비록 새벽에 일찍 일어나야 하지만 인터넷을 통해 시합을 본다. 나단은 한국 코미디 프로그램과 쇼를 즐겨 보며 한국의 가수들도 많이 알고 있다. 또한 기회가 되는 대로 한국을 방문하고 싶어하고 자신의 아이들에게는 한국어를 가르칠 것이라고 말한다.

❥ 자녀들의 배우자를 위한 기도

어머니로서 내가 할 수 있는 가장 중요한 일은 그들을 위해 매일 기도하는 것이다. 몇 년 전부터 내 일기장에 아이들의 강점과 약점을 정리하고 그들의 배우자가 갖추었으면 좋을 기질과 특성들을 적어가며 지속적으로 기도해오고 있다. 내가 기도함에 따라 특별히 하나님께서 그들을 준비시키실 것이라 믿는다. 나는 한 번도 이 기도 제목을 아이들에게 말하지 않았다. 그러나 언젠가 때가 되면 이야기할 생각이다. 장래 사위에 대한 기도 내용을 말하자면 나는 사위가 가격을 매길 수 없는 보석을 다루듯 안나를 대하기를 기도하고 있다. 나는 내 딸이 단지 사랑을 받는다고 느낄 뿐 아니라 남편이 자신을 소중히 여기고 있음을 느끼길 원한다.

일반적으로 서로의 관점과 가치의 차이로 인해 시어머니와 며느리가 좋은 관계를 유지하기가 쉽지 않다. 그러나 현재 나는 시어머니와 좋은 관계를 유지하고 있고 장래의 며느리들과도 사이 좋은 관계가 되길 기도하고 있다. 사실 어머님과 나의 성격이 완전히 반대였기 때문에 언제나 관계가 좋았던 것은 아니었다. 래리와 어머님은 비슷한 성격을 가졌다. 성격이 강하고 세상을 흑 아니면 백으로 바라보며, 의지가 굳고 타협할 수 없는 깊은 확신을 가지고 있다. 하지만 강한 성격의 남편과 결혼한 것은 강한 시어머님을 둔 것과는 완전히 별개의 문제였다. 나는 시어머니를 매우 존중하며 많은 것을 배웠다. 시행착오를 거치고 기도를 통해 시어머니와 관계를 개선할 수 있었다.

벤이 태어난 지 3개월 후 크리스마스 연휴에 시부모님이 오셨는데 그 기간이 어머님과 내 관계의 결정적인 순간이었다. 어머님은 여러 면에서 내게 실망을 하셨다고 확신한다. 결혼 초기에 나는 독립적으로 살아보지 않아서 철이 없었다. 요리하는 법도 몰랐고 집안일을 좋아하지도 즐기지도 않았다. 내 삶은 질서가 없었고 쉽게 산만해졌다. 해야 할 일은 점점 쌓여갔다.

처음에 어머님은 완벽한 시어머니가 되기 위해 많이 노력하셨다. 『좋은 시어머니가 되는 법』이라는 책을 사서 읽기도 하셨다. 그러나 몇 년이 지나면서 어머님은 한계에 다다르신 것 같았다. 정확한 도화선이 무엇이었는지 기억은 나지 않지만 저녁식사 후 모두 거실에 둘러앉았을 때 어머님이 갑자기 그간 쌓였던 실망을 내게 쏟아내기 시작했다.

래리와 나는 놀랐고, 어머님이 왜 화가 나셨는지 알 길이 없었다. 어머님 자신도 계획했던 일이 아니라서 놀라셨던 것 같고 아버님도 또한 놀란 표정이셨다. 지금까지 내가 경험해보지 못했던 가장 대처하기 힘든 상황이었다. 집 안은 조용했고 눈물이 솟아나왔다.

래리는 어머님에게 확고하지만 존경하는 어조로 어머님의 실망감을 이해하며 언제나 어머님의 제안을 환영한다고 했다. 그러나 내가 자신의 아내이므로 어머님이 존중하는 마음으로 대해주셨으면 좋겠다고 이야기했다. 어머님이 도움되는 제안을 하시면 언제나 그것을 받을 준비가 되어 있지만 부정적이거나 비판적인 방법이 아닌 적절하고 도움이 될 만한 방법으로 해달라고 말했다.

이번에는 어머님이 충격을 받아 급하게 방으로 들어가셨다. 아버님도 무척 난감한 얼굴로 자리를 뜨셨다. 다음날 아침은 집 안 가득 긴장감이 돌았다. 어머님의 눈이 충혈되어 있었다. 나는 다시 울기 시작했다. 당시 네 살이었던 나단이 나를 위로하려고 노력했다. 나단은 할머니에게 "집으로 돌아가세요. 할머니가 엄마를 슬프게 했잖아요"라고 말했다. 비록 웃기지는 않았지만 나를 웃게 만들었고, 나는 웃는 동시에 울면서 나단을 꼭 안아주었다.

고통스러웠지만 결말은 좋게 끝났다. 네 명이 함께 앉아서 솔직한 대화를 나누었다. 시작은 재앙이었지만 결국에는 우리 모두의 관계에 유익했다. 그때 이후로 어머님은 도움이 되며 건설적인 제안을 해주셨고, 나는 자녀를 양육하는 면에서나 집안을 꾸려가는 면에서 그런 어머님의 제안을 잘 받아들일 수 있다. 한참이 지난 뒤 어머님은 당시 아들과 며느리를 잃고 싶지 않았고 그래서 그 순간부터 관계를 잘 유지하기로 결심했다고 말씀하셨다. 내가 어머님을 존경하는 부분은 일단 결단을 내리면 전혀 흔들림이 없다는 것이다.

요즘 어머님과 나는 가까운 사이이다. 이것은 너무도 감사한 일이다. 하지만 한 번도 직접 표현하지는 않았다. 그러나 어머님께 특별히 감사하는 것은 이기적이거나 불성실한 어른이 되지 않도록 어린 시절부터 래리를 잘 양육하신 점이다. 어머님은 아들을 친절하고, 사려 깊고, 배려 깊은 사람으로 키우셨다. 나는 남편이 나와 시어머니의 문제에 대해 잘 대처해준 것에 감사한다.

_____ **래리**   당시 나는 진퇴양난에 빠졌다고 느꼈다. 어머니와 아내 사이에서 선택을 해야 하는 것보다 더 불편한 일은 없을 것이다. 내가 어머님을 믿고 따르지만 어머님의 말로 인해 상처를 받고 있는 아내를 볼 수 있었다. 나는 "남자가 부모를 떠나 그의 아내와 합하여 둘이 한 몸을 이룰지어다"라는 『성경』 구절이 의미하듯이 이것이 하나님께서 가정을 이루시는 방법임을 알고 있었다. 나는 여전히 부모님을 사랑하고 존경한다. 그러나 아내를 보호하기 위해 내가 간섭해야 한다는 것도 알고 있었다. 돌이켜보면 어머님과 선을 그은 것은 잘한 일인 것 같다. 궁극적으로 그 시점이 어머님과 아내가 좋은 관계를 형성할 수 있는 전환점이었던 것 같다.

_____ **루스**   래리가 분명히 힘든 위치에 놓여 있다는 것을 알았기

에 그 순간 그가 그렇게 하지 않았더라면 오히려 좋았을 것이라는 생각도 했다. 그가 내 편에 섰을 때 나는 믿을 수 없었다. 그날 나는 그때까지 느껴보지 못했던 래리를 향한 믿음이 생겼고 남편이 고마웠다. 나는 그날 내가 확실히 그의 아내이며 서로 한 몸이고 아이들의 엄마임을 깨닫게 되었다. 물론 머릿속으로는 내가 그의 아내임을 알고 있었지만 마음으로 비로소 느낀 날이었다. 말로나 선물로 표현할 수 있는 그 이상으로 래리가 나를 소중히 생각하며 사랑하고 있음을 알았다.

❢ 래리와 루스

아이들과 그들의 배우자를 위해 기도해야겠다고 생각하게 된 것은 친정어머니가 내가 고등학교에 들어갔을 때부터 나의 장래 배우자를 위해 기도하기 시작했다는 말을 들었기 때문이다. 그 당시엔 결혼이 아주 먼 일로 여겨졌기 때문에 이상하다고 생각했고 그 후론 완전히 잊어버렸다. 대학에 들어가고 헌신적인 그리스도인이 된 후 장래의 배우자를 놓고 심각하게 기도하기 시작했다. 나의 약점들을 적어놓고 이런 약점이 장래 남편의 강점이 되길 기도했다. 과연 이러한 기도에 응답이 있을지 몰랐지만 래리와 데이트를 시작하면서 하나님께서 바로 그러한 사람을 내 앞에 두셨음을 깨달았다. 래리의 모든 강점이 바로 나의 약한 부분이었었고 반대로 나의 강점이 바로 래리의 약점이었기 때문이었다.

우리는 전혀 다른 성격, 기질, 관점으로 인해 마찰이 있었음에도 불구하고 서로 잘 보완해나갔다. 타협하는 법을 배우게 되었고 더욱 중요한 것은 우리 둘 다 가족을 위한 최선을 원했기 때문에 한 팀으로 일하는 법을 배워나갔다. 서로에게 영향을 끼쳤다는 것이 가장 두드러진 부분이다. 나는 좀더 집중하며 질서정연해졌고 나 자신에 대해 수준과 질을 높이기 위해 힘쓰게 되었다. 래리는 인생을 즐기는 법을 배웠고 세상에 색을 더할 수 있는 자연스러움을 깨닫게 되었다. 요즘도 래리는 자주 이런 말을 한다.

"당신이 옆에 있으면 전혀 따분하지 않아."

함께 데이트를 할 때 래리는 줄곧 "너와 같이 있으면 롤러코스터를 타고 있는 기분이야"라고 말했다. 그것이 늘 칭찬의 말은 아니었던 것 같지만 나는 확실히 칭찬으로 받아들였다. 래리는 힘들겠지만 인생이 흑과 백으로만 이루어진 것이 아니라는 사실을 서서히 받아들이고 있는 중이다. 우리 아이들과 그들의 배우자들이 개인이 아닌 강한 한 팀이 되어 상대방이 성장하도록 영향을 끼치며 최악이 아닌 최선을 이끌어낼 수 있는 삶을 함께 살게 되도록 기도하며 소망하고 있다.

어린아이들에게도 민족과 문화적 배경, 믿음, 흥미와 같은 많은 공통점을 가진 배우자를 선택하는 것이 결혼 생활을 성공적으로 이끌기 쉽다는 이야기를 해줄 수 있다. 그들이 점점 나이를 먹어감에 따라, 결혼이란 단지 한 개인에 국한된 것이 아닌 가족 전체가 고려해야 할 대사(大事)임을 가르쳐야 한다.

반석 위에 세우고픈
영적 토대

우리가 믿는 바를 아이들에게 가르치기보다는 우리가 믿고 있는 것을 실천함으로써 아이들에게 좋은 본을 보여주려고 노력했다. 우리는 하나님께서 특별한 목적을 위해 우리 아이들을 부르신다고 믿었다. 그 목적은 다른 사람들, 특히 어려움에 처한 사람들을 도우며 하나님의 시각으로 세상을 보며 사는 것이라 믿었다.

𝄞 아이들과 함께한 봉사

영적인 기반을 가지고 아이들을 양육하는 것은 기독교 가정의 부모가 해야 하는 중요한 일들 중의 하나였다. 아마도 이 책을 읽는 분이 다른 종교를 가지고 있거나 종교를 갖고 있지 않은 분일지도 모른다. 부디 열린 마음으로 우리 가정의 기초로 세워놓은 우리의 믿음과 그 속에서 화목한 우리 가족을 봐주시길 바란다.

_____**루스**　　우리가 믿는 바를 아이들에게 가르치기보다는 우리가 믿고 있는 것을 실천함으로써 아이들에게 좋은 본을 보여주려고 노력했다. 우리는 하나님께서 특별한 목적을 위해 우리 아이들을 부르신다고 믿었다. 그 목적은 다른 사람들, 특히 어려움에 처한 사람들을 도우며 하나님의 시각으로 세상을 보며 사는 것이라 믿었다. 래리는 아이들이 초등학생일 때 일년 중 몇 차례씩 휴일을 맞이하여 〈수프 키친

(Soup Kitchen)〉이라는 봉사 단체에 그들을 데리고 갔다. 이 〈수프 키친〉은 노숙자들에게 따뜻한 음식을 제공해주는 단체인데 추수감사절과 성탄절 음식은 상당히 알려져서 수많은 노숙자들이 점심식사 때에 모인다. 자원 봉사자들은 재료 준비, 음식 조리, 음식 대접, 설거지까지 모든 것을 직접 한다. 어른과 어린이가 함께 봉사할 수 있는 몇 안 되는 봉사 중의 하나이다. 부모와 같이 봉사할 때 아이들 또한 남을 돕는 즐거움을 자연스럽게 배우며 자긍심 또한 생기는 것을 보았다. 이런 과정 가운데 자연스럽게 남을 도우면서 살아야겠다고 다짐을 하게 되는 것 같다. 이는 말로 설명하여 가르칠 수 없는 소중한 교훈이다. 결국 아이들이 남을 도우며 가장 많이 배운다.

성탄절에는 교회나 여러 단체를 통해 어려운 가정에 도움을 줄 수 있는 프로그램이 있다. 경제적으로 어려움을 겪는 가정들은 자녀들에게 마음껏 성탄절 선물을 나눠줄 수 없다. 몇 년 전에 지역 기독교 방송을 통해서 네 명의 어린아이를 둔 홀어머니의 사정을 알게 되었다. 우리 아이들과 비슷한 연령대의 아이들이었기에 마음이 끌려 방송국으로 전화를 했다. 그 가정을 위해 선물을 살 뿐만 아니라 직접 배달까지 해야 했다. 토요일 오후에 우리 여섯 식구 모두 그 가정에 필요한 물건 목록을 손에 들고 쇼핑을 시작했다. 래리와 아들들은 남자 아이들을 위한 물건을 사기 위해 남자아이 장난감이 있는 곳으로 갔고, 나와 안나는 여자아이 장난감을 사기 위해 흩어졌다. 그 후 다시 만나 함께 옷을 파는 상점으로 갔다. 아이들의 의견이 무엇보다도 중요했기에 나보다는 아이들이 고른 물건을 사고 쇼핑을 마쳤다.

차에 물건을 가득 싣고 그 가정이 사는 동네로 향했다. 그들의 작은 집은 가난한 동네에 있었고 우리 아이들은 모두 긴장한 얼굴로 별로 많은 말을 하고 싶어하지 않는 듯했다. 초인종을 눌렀을 때 우리를 몹시 기다리고 있던 엄마가 아이들과 문을 열고 나왔다. 그 엄마는 매우 고마워하며 우리 식구를 모두 안아주었다. 살짝 어색해지기 시작한 순간 나단이 "선물을 나눠주자!"고 소리쳤다. 모든 아이들이 차로 뛰어 들어갔고 선물을 건네주며 큰 즐거움을 나눴다.

그 가정과 지속적으로 연락하지 못하고 단지 한 번의 일로 그친 것이 안타깝다. 나는 다른 사람들을 돕는 일이 일시적인 호의가 아닌 평생 지속해야 하는 일이 되어야 함을 아이들이 깨닫기를 원했다. 하지만 당시 우리 가족 자체의 많은 요구들, 즉 스포츠, 음악, 학교와 가족 안의 활동들 때문에 장기적 봉사 활동을 하기에는 어려움이 있었다. 아이들이 교회 주일 학교를 통해 다른 곳에서 봉사 활동을 이어갔지만 나와 래리는 가족 단위로 함께하는 봉사가 훨씬 효과적이라고 느끼고 있었다.

❜ 삶의 가치를 생각해보기

휴스턴으로 이사 왔을 때 가족이 함께 자원 봉사할 수 있는 곳을 찾던 중 지역 신문에서 노인들에게 음식을 배달해줄 가족을 찾는 광고를 보게 되었다. 가난하고 문제가 많이 있는 것으로 알려진 휴스턴 지역에 살고 있던 열두 명의 노인들을 맡았다. 세 번째 일요일에 〈휴스턴 푸드뱅크(Houston Food Bank)〉로 가서 각 노인이 한 달 동안 먹을 수 있는 음식이 담겨 있는 상자 열두 개를 받아왔다.

첫 봉사하는 날 아이들의 감겨 있던 눈이 확실히 뜨였다. 실제적인 가난을 전혀 알지 못하고 그러한 조건에서 사는 사람들이 있다는 것을 믿을 수조차 없던 아이들이었다. 우리는 제일 처음 침대에 누워 거동할 수 없는 할머니를 방문했다. 그 집에 들어섰을 때 굉장히 고약한 냄새가 났다. 우리는 아이들이 이 사실을 드러내놓고 말하지 않기를 절실히 바랐고 감사하게도 아이들은 별다른 반응을 하지 않았다.

그러나 그 집에서 나오자마자 아이들은 큰 숨을 들이마시며 질문을 쏟아붓기 시작했다. "바퀴벌레 봤어?" "왜 저 할머니는 저렇게 살아?" "할머니가 평생 한 번이라도 목욕을 했을까?" "다른 가족들은 어디에 있지?" "다음에 여기에 또 와야 돼?" "우리가 안전할까?" "엄마, 음식을 나르는 동안 우리 차가 도난당하지 않고 괜찮을까?" "이 일을 꼭 해야 돼?"

그날 음식을 배달하면서 나눴던 대화는 우리 식구 모두에게 유익했고 많은 것을 깨닫게 했다. 특별히 가난에 대해 이야기를 나눴다. 아이들은 그 노인들이 학교에 다니면서 열심히 공부를 하지 않았거나 아니면 게으름으로 인해 가난하게 살게 되었다고 생각하는 것 같았다. 어떤 부분에서 맞는 말이기도 하지만 나는 가난의 대물림에 대해 아이들에게 설명해야만 했다. 만일 부모가 아이들을 키우면서 교육에 가치를 두지 않으면 혹은 아이들이 평생 일을 하지 않는 부모 밑에서 자라게 되면 이런 아이들은 인생에 대해 다른 전망을 가질 것이다. 그들은 학교에서 열심히 공부해서 얻을 수 있는 가치를 모를 것이고 성공하기 위해 노력해야 한다는 개념도 모를 것이다. 이런 가정의 아이들은 이미 불리한 입장에 놓인 것이고 그들의 갇힌 사고방식에서 벗어나기가 훨씬 힘들 것이다. 이런 것들을 아이들이 생각해보고 다른 사람들이 살고 있는 삶을 정확히 이해하지 못하면서 그들을 함부로 판단하기는 쉽다는 사실을 이해하길 원했다.

아이들이 자라면서 바빠졌기에 순서대로 교대하면서 음식을 배달했다. 일을 마치고 나면 때로는 맛있는 점심을 먹으러 갔다. 우리 가족은 이 프로그램이 종료되기 전까지 매달 한 번씩 6년 반 동안 봉사활동을 했다.

_____ 루스　　라이언이 고등학교 1학년 때 지역 신문에 실린 '그리스도인 공동체 봉사센터'에 관한 기사를 읽었다. 어려움에 처한 사람들이 음식, 옷가지, 경제적인 보조를 받는 곳으로 가족이 함께 봉사를 할 수 있었다. 라이언의 고등학교는 한 가지 봉사를 총 45시간 동안 해야만 졸업할 수 있었다. 라이언도 이 기사에 관심을 가졌고 우리는 함께 인터뷰를 했다. 내가 사회복지사로 일했던 경험 덕분에 쉽게 자원봉사를 할 수 있었다. 어차피 내가 운전해서 아이를 데려다주어야 했고, 언제나 아이들과 함께 봉사할 기회를 찾고 있었기 때문에 좋았다. 봉사를 시작한 지 얼마 되지 않아 센터에서 부지배인 파트타임 자리가 났다. 나는 20년 동안 직장 생활을 하지 않았지만 지원하여 입사했다. 아이들 모두 내 직장에서 봉사를 했고 우리가 사는 도시에서 어려운 처지에 있는 사람들과 매우 친밀하게 일할 수 있었다.

❝ 노숙자에게 한 끼 식사권을 건네다

휴스턴에서 운전을 하면서 어려운 점 한 가지는 신호에 걸려 차가 멈췄을 때 길거리 구석구석에서 나타난 노숙자들이 돈을 구걸하는 것이다. 휴스턴은 겨울이 비교적 짧은 더운 지역이라서 노숙자들이 많이 산다. 직접 돈을 주었을 때 어떻게 사용할지 알 수 없었기에 마음이 편하지 않았다. 그래서 우리는 한 끼 정도 상당의 맥도날드 선물권을 준비하기로 결정했다. 메릴랜드에 살 때 친구 가족에게서 이 방법을 배웠다. 그들도 역시 어려움에 처한 사람들을 돕고 싶었지만 단순히 돈을 주고 싶지 않아서 식사권을 생각해냈다고 했다.

맥도날드 선물권을 받은 사람들은 흥분하며 "감사합니다" "하나님의 축복이 있을 것입니다"라고 중얼중얼 말하곤 한다. 휴스턴은 너무 덥기 때문에 차 안에 늘 물병을 놓아두었다가 식사권과 함께 건넨다. 이렇게 우리는 아이들이 다른 사람들을 도우며 자신들의 생활 반경을 넘어서 또 다른 세상을 볼 수 있는 기회를 제공하려 노력했다.

> 불우한 이웃을 돕는 일은 세상을 향한 아이들의 생각을 넓혀주며, 그들의 인성을 다듬는 데 도움을 주므로, 우리 주변에서 불우한 이웃을 찾아보자. 아이들과 부모가 함께 봉사할 수 있는 단체를 찾아보는 것도 좋다. 현실적인 계획을 짜서 아이들과 함께 지속해보자.

♪ 방과 후의 대화

우리는 또한 아이들에게 닥치는 여러 가지 부정적인 것들로 인한 충격과 유혹을 막기 위해 노력했다. 우리가 막아줄 수 없는 것에 대해서는 대화로 아이들에게 바른 개념을 심어주기 위해 노력했다. 예를 들어 아이들에게 좋지 않은 영화는 보지 못하도록 통제할 수 있었지만 학교에서 보거나 듣는 것들은 그렇게 할 수 없었다. 매일 학교까지 가는 10분 동안 아이들은 학교버스 안에서 모든 종류의 상스러운 언어들과 성적인 풍자를 듣거나 무례하고 부적절한 행동을 관찰하면서 그것을 배우게 된다. 아이들이 비록 학교버스를 타지는 않았지만 학교 운동장이나 점심시간 식당에서 그러한 것들에 충분히 노출될 수 있었다. 참으로 걱정스러웠다. 어릴 때는 이런 문제들이 그다지 심하지 않았지만 아이들이 중학교에 진학하면서 우리는 끊임없이 보이지 않는 전쟁을 치러야 했다. 우리 가족은 아이들이 어렸을 때부터 다양한 주제로 대화를 나눴다. 그중에는 성(性)을 주제로 한 것들도 있었다.

_____ **루스**　　내가 아이들의 방과 후에 집에 있으면서 이런 주제로 깊이 있게 대화하는 것이 매우 중요하다고 생각했다. 아이들은 내가 준비한 간식을 먹으면서 그날 학교에서 누구에게 무슨 일이 일어났으며 무슨 말들을 들었는지 등에 대해 대화를 시작하곤 했다. 하루는 한 아이의 음악 레슨 때문에 방과 후 네다섯 시간이 지난 후에 아이들과 그날 학교에서 있었던 일들에 대해 대화를 나누었는데 별 흥미를 보이지 않았다. 가르칠 수 있는 적기를 놓친 것이다. 학교에서 돌아온 지 몇 시

간이 지나면서 아이들의 관심이 이미 다른 것들로 바뀐 뒤였다.

하루를 함께 마무리하기

우리 가정에서 잠자리 습관은 매우 중요했다. 습관을 들여 지속할 때 아이들은 안정되고 삶의 질서를 잡는다. 아이들은 정해진 일과를 좋아하고 일단 그것이 아이들에게 습관이 되면 더이상 의문을 제기하지 않는다. 우리는 아이들이 침대에 누우면, 성경책을 읽어주고, 간단히 기도해줌으로써 하루를 마감했다. 아이들이 안정된 마음으로 잠자리에 들기를 원했다. 만일 집에서든 밖에서든 좋지 않은 일이 있었을 때에는 몇 분간이라도 함께 그 문제를 이야기하며 좋은 방향으로 마무리 짓고 잠자리에 들었다. 래리와 나는 각기 두 아이를 맡아 기도해주었다. 그리고는 다른 두 아이들에게 가서 안아주고 입 맞춰준 후 잠자리에 들도록 했다.

아이들이 중학교에 들어가면서 365일 동안 하루 분량씩 읽을 수 있는 신앙 서적을 구입하여 각기 읽은 후에 모두 둘러앉아 함께 기도하고 잠자리에 들게 했다. 아이들이 고등학교를 들어가면서 우리보다 취침 시간이 늦어졌을 때 이 예배를 그만뒀다. 그러나 막내는 여전히 일찍 잠자리에 들게 되는 날이면 우리가 자기 방에 가서 침대에 뉘어주고, 기도해주고, 뽀뽀해주고, 안아주기를 원한다. 안나가 대학에 가면 아마도 래리는 이 시간을 무척 그리워할 것 같다.

; 벤을 위한 기도

모든 부모들이 아이들을 대학에 보낸 후 동일한 어려움들을 이야기
하곤 한다. 내 아이가 갑작스럽게 닥친 자유와 독립적인 환경을 어떻
게 잘 다룰 것인가? 유혹과 동료 집단으로부터의 압력에 어떻게 대처
할 것인가? 첫 강의 시간에 지각하지 않을 수 있을까? 그리스도인 부
모로서 한 가지 더 고민이 있었다. 아이들이 대학에 가서도 그들의 믿
음을 지킬 것인가? 물질주의나 지성주의에 빠지지는 않을까? 아이들
이 인생에 놓인 여러 가지 시험에 빠져보기 전까지는 아이들이 어떻게
그 시험에 반응할지 아무도 모른다.

우리가 전혀 상상도 하지 않았던 아들 벤이 단지 그의 신앙뿐 아니
라 인생의 모든 것에 의문을 가진 것은 참으로 의외의 사건이었다. 벤
은 대학에 입학한 후 그 아이의 인생에서 처음으로 자유와 독립을 느
꼈다. 벤은 자라면서 배웠던 '바른길', 즉 부모의 방법이 아닌 자기가
선택한 방법대로 인생을 경험하길 원했다. 선을 넘지는 않겠다고 하면
서 대학에서 활발하게 열리는 파티에 참석하는 아이로 변했다. 특별히
남학생들만의 동아리에 참석한 후 모든 사람들이 좋아하는 상당히 사
교적이며 자유로운 청년으로 변했다. 대략 짐작은 했지만 대학 생활의
모든 것을 자세히 알지는 못했다. 아마도 이것이 서로에게 잘된 일인
지도 모르겠다.

우리는 하나님께서 벤을 보호해주시며 간섭해주시기를 간절히 기
도했다. 하나님께서 결국에는 벤의 관심을 돌리실 것을 믿었지만 그때
가 언제일지, 어떻게 변할지는 몰랐기에 걱정됐다.

대학 3학년 말 즈음 벤은 드디어 하나님이 없는 인생은 공허하며 목적이 없는 삶임을 깨닫게 되었다. 우리는 우리를 창조하시고 삶에 의미와 목적을 부여하신 하나님이 없는 성공, 독립, 돈, 교육은 모두 의미가 없음을 아이들이 깨달을 수 있도록 기도하고 있다.

; 나단의 기독교 동아리 활동

나단은 대학 시절 동안 여러모로 잘 다듬어졌다. 대학에 입학하면서 자신의 목표에 집중했고 그 목표에 도달하기 위해 열심히 공부했다. 제자도와 성경 공부를 강조하는 크리스천 조직에 가입해서 믿음의 기반을 쌓았고 대학 생활을 잘 마무리했다.

라이언이 대학에 입학한 뒤 '서로 돕고 함께 교제하자'는 모토를 가진 아시아 그리스도인 동아리에 가입하여 우리 부부는 그가 무척 자랑스러웠다. 그 아이는 자신의 직업을 통해서 하나님을 섬기고 싶다는 믿음을 가지고 있다.

우리는 막내 안나도 역시 대학 생활 동안 예수님을 더욱 알게 되어 믿음이 성장하기를 간절히 바라고 있다. 아이들이 대학 생활 동안 하나님께 중심을 두고 하나님과 동행하는 생활을 한다면, 우리는 다른 어떤 것도 바랄 것이 없다.

즐거운 가족의 밤과
우리 가족의 전통

아이들이 성장하면서 우리의 '즐거운 가족의 밤'은 영화
를 보는 것으로 발전했다. 나단은 고등학생이 돼서도 영
화를 함께 보는 주말 밤에 좀처럼 빠지지 않았다. 팝콘
을 잔뜩 튀겨서 옆에 가져다놓고 네 명이 모두 소파에 앉
아 팝콘을 오물오물 씹으며 영화를 보았다. 물론 후식
도 먹는다. 나는 매주 모두 함께 볼 수 있는 영화를 골라
야 했는데 쉽지 않았다.

9 즐거운 가족의 밤

_____ **루스**   아이들이 어렸을 때부터 스케줄에 따라 금요일이나 혹은 토요일에 '즐거운 가족의 밤'이라고 칭하는 가족의 전통을 만들었다. 그날은 우선 아이들이 먹고 싶어하고 직접 만들 수 있는 메뉴를 선택하여 그들과 함께 저녁식사를 준비한다. 가령 아이들이 피자를 선택하면 나는 모든 재료를 준비해놓고 아이들이 직접 만든다. 때로는 아이들에게 하나씩 피자 크러스트를 주고 자신들의 피자를 직접 디자인하도록 했다. 식사 후에는 아이들이 직접 만든 아이스크림선디 같은 후식을 먹고 주로 보드 게임을 즐겼다. 우리 가족이 가장 좋아한 게임은 라이프 게임, 모노폴리(어린이용), 그리고 야찌(Yahtzee) 게임이었다. 아이들이 점점 나이가 들면서 좀더 어려운 게임을 골라서 했는데 안나와 나단의 여덟 살 나이 차를 최소화할 수 있는 게임을 찾기는 쉽지 않

았다. 그러나 나단은 착한 아이여서 비록 훨씬 어린 아이들의 게임을 하게 되어도 동생들에게 잘 맞춰주었다. 지금도 우리는 가족끼리 모이는 휴일이나 여름 방학에는 '닭발 게임'을 한다. 단순하지만 모든 사람이 즐길 수 있어서 좋다. 특별히 할아버지, 할머니가 오시는 날이면 윷놀이, 닭발 게임, 우노(UNO, 특수한 카드 벌을 이용해 벌일 수 있는 카드 놀이의 한 종류로, 트럼프 카드로 하는 마우마우 놀이와 매우 비슷하다) 카드 게임 등을 하는데 집이 떠들썩해지고 경쟁이 치열해진다. 우리 여섯 명은 또한 '다섯 개 크라운'이라는 카드 게임도 좋아한다. 복잡한 규칙이나 전략을 좋아하지 않는 나 같은 사람도 이해할 수 있는 쉬우면서도 재미있는 게임이기 때문이다.

❜ 함께 영화 보기

아이들이 성장하면서 우리의 '즐거운 가족의 밤'은 영화를 보는 것으로 발전했다. 나단은 고등학생이 돼서도 영화를 함께 보는 주말 밤에 좀처럼 빠지지 않았다. 팝콘을 잔뜩 튀겨서 옆에 가져다놓고 네 명이 모두 소파에 앉아 팝콘을 오물오물 씹으며 영화를 보았다. 물론 후

> 게임이나 즐거운 놀이를 통해서 가족이 함께 추억과 기쁨을 공유하는 게 좋다. 더욱이 게임을 하려면 규칙과 기능을 알아야 하기 때문에 이 과정을 익히면서 다른 사람과의 상호 작용, 협동, 인지 능력, 문제 해결법 등을 배울 수 있다. 보드 게임의 경우에는 실제 생활과 같은 간접적인 체험을 할 수 있어서 교육적 효과 또한 크다.

식도 먹는다. 나는 매주 모두 함께 볼 수 있는 영화를 골라야 했는데 쉽지 않았다. 몇 년 동안 '가족용' 영화를 대여해주는 온라인 비디오 회사가 있었다. 가족용 영화란 적절하지 못한 언어나 성인용 주제, 이를테면 폭력적이거나 성적인 장면을 편집한 영화였다. 그래서 보통은 가족이 함께 볼 수 없는 다양한 영화를 시청할 수 있었다. 불행히도 그 회사가 문을 닫는 바람에 우리 가족은 더이상 다양한 장르의 영화를 함께 보기 힘들어졌다.

그러던 중 친정오빠가 영어 자막이 나오는 한국 드라마 〈주몽〉의 전편을 사주셨다. 꽤 오랫동안 80편의 드라마를 가족이 함께 보며 즐길 수 있었다. 요즘은 영어 자막이 달린 한국 드라마를 볼 수 있는 인터넷 웹사이트에 회원으로 가입해 다양한 드라마를 볼 수 있다. 지난 겨울 방학 동안 우리는 비록 마지막 장면을 그다지 좋아하진 않았지만 〈아이리스〉라는 드라마를 재미있게 봤고 속편을 고대하고 있다.

❡ 아이들이 즐겼던 드라마

우리 가족은 '오디세이의 모험'이라고 불리는 오디오 드라마를 함께 즐겨 들었다. 상상의 무대에서 다양하고 놀라운 모험을 통하여 성경적인 교훈을 전달하는 기독교 어린이 오디오 드라마다. 상상의 무대를 통해서 아이들은 중요한 역사적 사건들 속으로 빨려 들어가게 된다. 진주만 공격, 미국 혁명, 제1차 세계 대전 등 세상을 변하게 한 사건들을 이야기 속에서 경험을 할 수 있다. 오디세이 프로덕션에서는 또한 유명한 책인 「사자, 마녀 그리고 옷장」이 포함된 『나니아 연대기』, 찰스 디

킨스의 『크리스마스 캐럴』 등을 출간하기도 했다. 눈으로 보는 것이 아니라 들으면서 상상 속에서 일등급 영화를 즐기는 듯한 느낌을 준다. 아이들은 차에 탈 때면 오디오 드라마를 틀어달라고 요구했다. 오디오 드라마를 듣는 한 장거리 자동차 여행이나 비행기 여행을 할 때 누구도 불평하지 않았고 아파서 침대에 누워 있을 때도 몇 시간이고 CD를 듣곤 했다. 오디오 드라마는 아이들이 어그러진 문화 속에서 잘못 배우는 여러 가지 부정적인 것들을 바로 잡아주는 중요한 역할을 했다.

⁹ 6월의 놀이 공원

_____ 루스　매년 6월이면 우리는 '허쉬 파크(Hershey Park)'라는 놀이 공원에 가서 한 학년의 졸업을 축하했는데 이는 우리 가족 행사의 하이라이트 중 하나였다. 가까운 친구 가족과 함께 갔는데 그 집 아들 세 명이 모두 우리 집 아들 셋과 친하게 지냈다. 한 시간 30분을 운전하면 펜실베이니아의 허쉬라는 도시에 위치한 놀이 공원에 도착했다. (래리와 그 집 아버지가 주중에 휴가를 내어 복잡한 휴일을 피해서 갔다.)

허쉬는 허쉬 초콜릿 회사의 창시자인 밀턴 허쉬가 공장 주변에 세운 도시로, 허쉬 파크는 초콜릿을 주제로 세운 놀이 공원이다. 공원 전체와 도시 주변에 초콜릿 냄새가 가득하다. 입장하기 전에 먼저 초콜릿 견학을 하는데, 지붕 없는 전차를 타고 초콜릿이 어떻게 만들어지는지를 보여주는 진열장들을 관람한다.

견학을 마치고 나오는 출구에서 아이들은 초콜릿을 선물로 받은 후 놀이 공원 입구를 향해 달려가서 자신들의 키를 재며 더 높은 수준의 기구를 탈 수 있는지를 알아본다. 안나의 경우 체구가 작아서 오랜 기간 동안 '허쉬 키스(Hershey's Kisses)'라는 어린이 코너에 남아있어야 했기에 낙심했다. 드디어 트위즐러(137센티미터~152센티미터의 키를 가진 아이들이 탈 수 있는 기구들이 이 범주에 들어 있다)에 들어 롤러코스터를 탈 수 있게 되던 해 안나는 몹시 신나했다. 안나가 같은 롤러코스터를 거듭거듭 타는 바람에 다른 아이들이 지쳐버렸다. 결국에 롤러코스터를 좋아하는 아이들과 그렇지 않은 아이들로 그룹을 나눴다.

아이들 일곱 명과 어른 네 명은 서로를 쉽게 알아볼 수 있도록 모두 빨간색 셔츠를 입었다. 첫 해 나단과 벤이 우리와 떨어져 길을 잃었는데 빨간색 셔츠를 입고 있어서 쉽게 아이들을 찾을 수 있었다. 우리의 규칙은 만일 길을 잃어도 움직이지 말고 그 자리에 머물러 있기였는데 나단이 우리를 찾아 거슬러 가는 바람에 놓쳤다. 우리는 너무 놀라서 주변을 뛰어다니며 빨간색 셔츠를 찾았다.

마침내 군중 속에서 검은 머리의 두 빨간 셔츠를 찾았다. 우리가 아이들에게 달려갔을 때 나단은 울고 있었다. 나단은 나이가 들었기에 길을 잃는다는 것이 무엇을 의미하는지 알고 있었지만 벤은 아무것도 몰라서 길을 잃어버린다는 것을 이해하지도 못했다. 벤은 우리를 봤을 때 어리둥절해하며 "나단이 울어요. 형이 슬퍼요. 엄마"라는 말을 했을 뿐이었다. 이것이 매년 여름 우리가 기다리던 즐거운 가족 전통이었다.

● 크리스마스의 추억

___루스___   크리스마스는 기독교 가정에게는 특별한 날이다. 우

리는 축하와 추억이라는 면에서 크리스마스가 기억에 남는 휴일이 되길 원했다. 아이들이 어리고 메릴랜드에 살았을 때는 매년 크리스마스 휴일 몇 주 전에 래리가 아들들을 데리고 나무 농장에 가서 나무를 하나 골라서 잘라 왔다. 그날 저녁에는 여섯 식구가 모두 모여 캐롤을 틀어놓고 뜨거운 애플 사이다와 맛있는 쿠키를 먹으며 나무를 장식했다. 집은 삽시간에 엉망이 됐고, 아이들이 이리저리 뛰어놀면서 나무를 장식하다 보니 시간이 오래 걸렸다. 그러나 나단이 무리들의 양치기 역할을 하여 장식을 마무리 지으면 마침내 전구에 불이 들어왔다. 아이들의 키 높이에 모든 장신구가 달리거나 나무 장식이 완벽하지 않아도 상관없다. 아이들이 즐거운 시간을 보냈다는 것이 중요하다.

크리스마스 날 아침에는 가족끼리 크리스마스에 관련된 책을 읽고 서로 자신들이 감사하게 생각하는 것 하나씩을 돌아가면서 말한다. 매년 우리는 왜 우리가 선물을 나눠주는지에 대한 이유를 설명하며 선물이 상징하는 것을 알려준다. 불행히도 미국에서 크리스마스는 상당히 상업화되어서 선물을 주고받는 것, 파티를 즐기는 것, 먹는 것, 휴가를 가는 것, 그리고 즐거움을 만끽하는 것에 너무 집중하고 있다. 이러한 것들도 중요하지만 나는 우리 아이들이 하나님께서 본인들에게뿐 아니라 인류에게 주신 가장 큰 선물인 구원을 알고 깨닫길 원했다. 아이들이 어릴 때는 이것을 이해하기 어렵다. 소파에 꼼지락거리며 앉아서는 나무 밑에 놓여 있는 선물에만 온통 마음이 가 있었지만 우리가 이야기를 마치고 마지막으로 기도를 끝낼 때까지 참고 기다려야 했다.

아이들이 자라면서 크리스마스에 관련된 책을 한 명씩 돌아가며 읽었고 각자가 그해에 가장 기억에 남거나 특별했던 일 혹은 어떻게 하나님께서 한 해 동안 그들의 삶을 인도하셨는지 이야기를 나누었다. 단지 지난 일뿐 아니라 다가올 새해에 누릴 축복에 대해 하나님께 감사기도를 드렸다.

또 다른 크리스마스 행사는 크리스마스 쿠키 만들기였다. 아이들이 어렸을 때는 모두 함께 쿠키를 만들었다. 부엌은 아이들의 웃음소리, 찌그러진 눈사람 모양의 쿠키에 대한 재미있는 평들과 자신이 만든 이상한 별 모양 쿠키를 애도하는 말들로 가득했다. 부엌은 완전히 엉망이 되어 청소해야 했지만 아이들은 정말 즐거워했다. 이제 그 아들들은 쿠키를 만들기보다는 먹기에만 관심이 있다. 안나는 나처럼 빵 굽기를 좋아하여 혼자서 그 전통을 지켜나가고 있다. 앞으로는 안나가 오빠들을 불러다 앉혀놓고 적어도 쿠키를 자르거나 쿠키 위에 장식을 하도록 시킬 것이다. 그때나 지금이나 아이들은 자기들끼리 모여 있으면 얼이 빠지거나 유치해진다. 이제는 점차로 집이 빈다. 그러다 보니 휴일은 더욱 의미가 깊어진다. 짧지만 온 가족이 함께 모여 지난 이야기와 즐거운 추억을 나누는 특별한 시간이 바로 그것이다.

♪ 추수감사절의 의미

미국에서 기념하는 또 다른 명절은 11월에 있는 추수감사절이다. 이것은 온 가족이 모여 한 해 동안 얼마나 축복 가운데 살았는지를 기념하는 날이다. 이 명절은 오래전 필그림(1620년에 메이플라워호(The Mayflower)를 타고 미국으로 간 청교도 영국인)이 미국에 도착하여 인디언들의 도움으로 혹독한 겨울을 무사히 보낸 후 그들과 함께 음식을 나누고 하나님께 감사를 전한 데 기원이 있다. 전통 음식은 칠면조 구이, 그레이비 소스, 크렌베리, 으깬 감자, 고구마, 그리고 옥수수 빵이다. 후식으로 호박 파이, 사과 파이, 피칸 파이를 먹는다. 미국 전역에 흩어져 사는 식구들이 한데 모이는 날이며 친구들끼리 모이기도 한다.

지난 해 추수감사절에는 래리의 연구실에서 일하는 외국인 과학자들을 초대하여 함께 음식을 나눴다. 그들에게 미국 명절을 경험할 수 있는 기회를 주고 한 해 동안 받은 축복을 함께 되새겨볼 수 있어서 좋았다. 요즘은 아이들이 멀리 대학에 있기 때문에 가족끼리 함께 보낼 수 있는 시간이 줄어들어서 다른 친구들을 자주 부르지는 않지만 특별한 한두 가정이나 혼자서 휴일을 보낼 것 같은 외국인들을 초대하여 식사를 나누며 교제한다. 추수감사절 연휴가 4일밖에 되지 않고 비행기 값도 비싸며 장거리 여행이지만, 아이들은 언제나 집에 온다. 당연히 벤과 라이언은 고등학교 친구들을 만나고 싶어했지만 가족과 어느 정도 시간을 보낸 후 친구들을 만나도록 타협점을 찾았다. 대학교로 돌아가기 전날 밤은 크리스마스 날이건 추수감사절이건 여섯 식구가 모두 모인다.

♥ 즐거운 가족 간의 스킨십

우리 식구들과 같이 만났던 가족들 특히, 아이들은 언제나 우리 집 아이들이 매우 재미있다고 말하며 서로 정말 친하다는 말을 전한다. 아이들은 나이가 들었어도 서로 재미있는 별명을 붙인다. 나도 엄마란

호칭 대신 'Squishy(물렁물렁한, 질척질척한)'로 불린다. 아이들은 내 팔이 부드럽고 물렁물렁해서 그런 별명을 지었다고 하지만 나의 축 처진 팔 때문에 생겼다는 생각이 든다.

아이들은 사이가 좋으며 함께 있을 때는 서로에게 매달려 있다. 안나는 언제나 오빠들을 안아주고, 라이언도 형들을 안아주길 좋아한다. 끊임없이 농담을 주고받고, 시끄럽게 떠들고, 깔고 앉는다. 아들들이 신체 접촉을 상당히 좋아하다 보니 빈번하게 다리를 걸거나 레슬링을 한다. 그들이 어렸을 때 거실(living room)에 가구를 놓지 않았다. 거실은 아이들의 놀이터였다. 가족 거실(family room)에도 거의 필요한 만큼만 가구를 놓아서 아이들이 뒹굴면서 에너지를 발산할 수 있게 했다. 지금도 라이언에게 업히는 안나와 무겁다고 불평하는 라이언을 보면 즐겁다. 라이언이 대학을 간 후론 안나는 나단의 등에 업힌다. 서로 즐거워하는 것 같다.

우리는 이 좋은 관계가 '즐거운 가족의 밤' 같은 가족이 함께 보낸 시간에서 시작됐다고 믿는다. 서로 소리를 지르고 눈물을 흘리며 싸우기

전자 제품이나 컴퓨터 사용은 고립적인 활동이라서 사용을 제한하며 관찰해야 하는데 아이가 어릴수록 더 주의를 기울여야 한다. 가족과 함께 할 수 있는 활동들을 개발하여 창의적인 대안을 제공해주어야 한다. 가족과 함께 보내는 시간들은 좋은 기억을 남기며 형제간에 우애를 돈독히 할 수 있다. 함께 즐기는 가족들은 함께 지낸다는 말이 있지 않은가?*

* 속담 "Families that play together, stay together."

도 하지만 각자 준비가 되었을 때 화해하는 과정이 꼭 필요하다는 생각이 든다. 아이들이 그들의 화와 억울함을 오랫동안 마음에 품고 있지 않았던 것을 감사하게 생각한다. 아이들은 어른인 나보다 훨씬 더 마음에 맺힌 것들을 잘 풀어버렸다.

ꝗ 아버지와의 데이트

래리 메릴랜드는 미국의 동부 해안가에 위치하고 있다. 워싱턴 DC로부터는 운전해서 한 시간 떨어진 거리이고 역사와 문화가 풍부한 필라델피아로부터는 두 시간 떨어진 거리에 위치하고 있다. 다른 주에 사는 많은 사람들이 이 지역을 관광하려고 특별한 여행을 계획한다. 우리는 메릴랜드에 사는 동안 아이들이 유익한 것을 많이 누리기를 원했고, 실제로도 중요한 문화적, 역사적 명승지를 방문할 기회가 많았다. 그때는 나도 어느 정도 직장에서 안정을 찾았기에 몇 가지 예외를 두고 주말에는 일을 하지 않기로 결정했다.

팀 스포츠나 음악 활동이 없는 주말이면 계획을 짜서 아들들을 데리고 워싱턴 DC를 방문했다. (안나는 너무 어려서 우리와 함께 갈 수 없었다.) 이 가족 나들이는 아들들이 가장 좋아하는 시간이었던 만큼 추억도 많다. 시골에 살다 보니 나의 아버지가 내게 하셨던 것처럼 아이들이 큰 도시와 세상을 보는 것이 중요하다고 생각했다.

아침 일찍 출발해 도시 근처의 가장 좋아하는 식당에서 팬케이크를 먹는 것으로 하루가 시작된다. 거기서 우리는 차를 지하철역에 주차시키고 워싱턴 DC까지 지하철을 타고 갔다. 백악관, 스미스소니안 자연사 박물관, 항공 우주 박물관을 관람했고 그 다음에는 법을 만드는 국회의사당과 미국 국방성 본부인 펜타곤을 방문했다. 이런 경험들은 아이들의 역사 수업 시간에 도움을 주었다. 하루 종일 걸어 다니다 지치면 우리가 사는 평화롭고 조용한 시골 동네로 돌아왔다. 또한 미국 시민전쟁의 역사가 깊은 펜실베이니아 주의 게티즈버그에 간 적도 있다.

안나가 어느 정도 성장했을 때에는 온 가족이 함께 미국의 첫 번째 대통령 조지 워싱턴의 생가 마운트 버논을 방문했다. 우리는 또한 필라델피아에 위치한 미국의 출생지 인디펜던스 홀도 방문했다. 뉴욕으로 출장을 갔을 때는 아들들을 함께 데리고 갔다. 아이들은 처음 보는 뉴욕의 수많은 사람들과 소리에 마음이 사로잡혔고, 차이나타운의 계란 수프를 매우 좋아해서 한 아이마다 서너 그릇씩 먹었다. 새벽 3시에 눈을 떴는데 라이언이 호텔 창문에 코를 박고 거리의 차들을 내려다보고 있었다. 그 시간에도 바깥세상은 부산하게 움직이고 있었다. 그때 라이언은 어른이 되면 뉴욕과 같은 큰 도시에서 살고 싶다는 결정을 하게 된 것 같다.

이런 나들이뿐만 아니라 우리 가정의 또 다른 전통은 '아빠와 아들' 혹은 '아빠와 딸'만의 일대일 데이트를 하는 것이었다. 루스는 많은 시간을 아이들과 보낼 수 있지만, 내가 아이들과 보내는 시간은 주로 악기 연습, 숙제 봐주기, 운동팀이나 음악 경연대회장까지 운전해주기 등의 활동 위주였다. 각 아이들과 재미있는 시간을 보내본 적이 거의 없었다. 아이들이 네 명인 데다가 그들을 위해서 끊임없는 에너지가 필요하다 보니 각 아이들과의 관계를 돈독히 하기가 어려웠다. 나단이 미니 골프를 선택하여 나와 둘이서만 재미있는 시간을 보내면서 이 일대일 데이트를 시작했다. 미니 골프는 자주 해보지 않았었다. 여섯 식구가 함께하기도 힘들었고 골프를 하러 모일 자유 시간도 없었기 때문이다. 나단은 미니 골프를 즐겼고 나는 그 시간에 완전히 나단에게 집중하여 헌신했다. 그 후에는 아이가 좋아하는 맛있는 간식을 먹으러 가곤 했다.

벤과는 함께 자전거를 타며 아름다운 시골 도시의 경치를 즐겼고 해가 떨어지면 우리가 살았던 프레더릭 시의 한 식당에 멈춰 저녁식사를 했다. 라이언은 다섯 살 쯤 되었을 때 일찍이 나와 데이트를 시작했다. 처음에는 주말에 볼일을 볼 때 데리고 나가 단순한 일상을 특별하게 느끼도록 해주기 위해 평상시 집에서는 거의 맛볼 수 없는 청량음료를 사주었다. 라이언이 좀더 자랐을 때는 볼링을 좋아해서 함께 볼링장에 갔다. 볼링은 곧 라이언의 취미가 되었고 어린이 볼링 리그에 참석하기도 했다.

안나는 자신의 순서를 기다리길 힘들어했다. 드디어 데이트하는 날, 안나는 스케이트를 타러 가겠다고 했다. 나로서는 오랫동안 스케이트를 타보지 않았지만 함께 가서 즐거운 시간을 보냈다. 안나는 스포츠에 관한 한 전혀 두려움이 없다. 안나는 세 살이 되기도 전에 이미 동네 수영장의 다이빙 보드에서 뛰어내렸다. 스케이트도 마찬가지다. 스케이트를 잘 타지 못해 계속 넘어졌지만 울지도 않고 다시 일어나 또 타고 또 탔다. 안나가 스케이트를 너무나 좋아했기 때문에 루스가 레슨을 받을 수 있도록 등록을 했다. 강사는 이렇게 두려움이 없고 단호한 아이를 가르쳐본 적이 없다고 말했다. 만일 안나가 축구를 자신의 운동으로 결정하지 않았더라면 지금 스케이트 선수가 되었을지도 모르겠다.

내가 아이들과 일대일 데이트를 즐겼던 것 못지않게 아이들도 무척 좋아했고 이 데이트는 일년에 두 번 있는 특별한 날이 되었다. 다른 활동들과 행사로 인해 데이트 시간을 마련하기가 힘들었지만 아이들이 중학교에 들어갈 때까지 이 전통을 지속했다.

엄마들은 주로 아이들과 많은 시간을 보내지만 아버지는 그렇게 하기 어렵기 때문에 작은 이벤트를 만들면 좋다. 함께 즐거운 시간을 보내면서 아이들에게 추억을 쌓아주고 사랑을 표현함으로써 그들의 생활을 풍성하게 해 줄 수 있다.

젊은 부모들이여,
자녀 양육을 즐겨라

부모님, 형제, 친척들, 그리고 가까운 친구들과 같은 믿을 만한 주변 사람들과 자녀들에 대한 의견을 나누는 것이 필요하다. 이런 대화를 나누는 가운데 내 아이에 대한 다른 사람의 의견을 들을 수 있다. 필요에 따라 내 양육방식의 속도를 조절할 수도 있다. 그러다 보면 내가 부모로서 바른 길로 가고 있는지, 혹은 내 아이가 버릇이 없지는 않은지를 알게 될 수 있을 것이다.

♬ 주변 사람들과 자녀에 대한 의견 나누기

자녀 양육은 인생에서 겪는 일들 가운데 가장 어려운 일임에 틀림없다. 성공을 장담할 수 있는 명확한 방향이나 청사진이 없기 때문에 더 어렵다. 이런저런 많은 일들이 자녀 양육에 영향을 끼쳐 그 결과를 알기 어렵고 때로는 원하지 않는 결과에 이르게도 된다. 어떤 틀이나 훈련 없이 자녀에게 너무 많은 사랑을 쏟고 응석을 받아주면 자신밖에는 모르는 이기적이며 무례한 아이가 된다. 너무 심하게 훈련을 시키고 엄하게 다루면 분이 가득하고 억울함을 느끼는 아이가 된다. 너무 많은 자유가 주어지면 바람직하지 않은 행동을 하게 되고, 너무 많은 구속을 받으면 반항을 하게 된다. 너무 많은 비판으로 상처를 받거나, 과한 칭찬으로 교만하고 오만한 아이가 될 수도 있다.

우리는 모두 우리 자녀들이 똑똑하고, 재능이 넘치길 희망한다. 유명한 대학에 입학하길 바란다. 우리가 아이들을 키우면서 발버둥치고, 그들과 씨름을 하고, 여기저기 뛰어다니다 보면 깨닫지 못하는 사이에 시간은 훌쩍 지난다. 우리가 정도(正道)를 걷고 있겠거니 생각하며 안개 자욱한 길을 헤매다 보니 지치고, 스트레스받고, 갈팡질팡하게 되는 것은 당연하지 않겠는가?

　부모님, 형제, 친척들, 그리고 가까운 친구들과 같은 믿을 만한 주변 사람들과 자녀들에 대한 의견을 나누는 것이 필요하다. 이런 대화를 나누는 가운데 내 아이에 대한 다른 사람의 의견을 들을 수 있다. 필요에 따라 내 양육방식의 속도를 조절할 수도 있다. 그러다 보면 내가 부모로서 바른 길로 가고 있는지, 혹은 내 아이가 버릇이 없지는 않은지를 알게 될 수 있을 것이다. 그러므로 그들의 솔직한 의견을 물어보자. 어떻게 내가 다른 방법으로 양육할 수 있을지를 물어보는 것이 좋지 않을까. 도움이 될 만한 그들의 의견을 묻고, 건설적인 비판도 잘 듣자. 그들의 말에 귀를 기울이는 것이 좋다. 그들이 아무리 친절하게 이야기 할지라도 사실 비판을 듣는 것은 편치 않다.

❷ 사소한 것부터 아이들과 함께하기

_____루스　　나의 경우, 부모님들, 시누이, 오빠와 올케언니, 그리고 가까운 친구들에게 조언을 구했다. 그래서 때로는 우리 아이들이 어떤 행동을 해야 하거나 혹은 하지 말아야 한다는 이야기를 듣게 될 때 표정을 관리하기가 힘들다. 또 아이들은 이래야 되는데 저렇다는 이야기를 듣게 될 때 마음이 불편하다. 그러나 그러한 진실어린 말을 새겨

들지 않으면 우리 식구들에게 발전이 없겠지, 라는 생각을 해본다. 친척들이 서로 멀리 떨어져 살고, 그나마도 각자가 직장에 다녀서 자주 만나기가 힘들다. 그렇지만 서로 만날 기회가 생기면 그들은 내가 평상시 볼 수 없는 우리 아이들의 좋은 변화나 혹은 나쁜 변화를 정확히 볼 수 있다. 그래서 매번 내가 친척들과 함께 만나 아이들에 관련된 대화를 하다 보면 깨닫는 부분이 많아 지금까지 내가 보지 못했거나 아니면 무시했던 아이들의 모습이나 내 양육방식을 돌아볼 수 있다.

지난 25년 동안 언젠가는 한 인격체로 성장하게 될 네 명의 어린아이들을 키우면서 내게 이런 감정들이 있었나 싶을 만큼 극한 감정들을 경험해왔다. 형용할 수 없는 큰 기쁨에서부터 극한 슬픔과 비통에 이르기까지, 믿을 수 없는 스트레스와 피곤에서부터 뿌듯함과 행복에 이르기까지, 화와 분노에서부터 완전한 겸손과 좌절에 이르기까지 나라는 존재는 하나님의 능력과 인간의 회복력을 보여주는 산 증거인 듯싶다. 만일 내게 이 자녀 양육의 일을 다시 하겠냐고 묻는다면, 물론 나는 다시 하고 싶다. 다른 방법으로 해보겠냐고 묻는다면, 물론 나는 다른 방법으로 하고 싶다.

그러나 나의 모든 시간과 에너지를 아이들에게 쏟아부을 것이라는 점에서는 변함이 없을 것 같다. 이 두 가지가 빠진다면 기초가 부실한 집을 짓는 것과 같다는 생각을 해본다. 나는 이 글을 읽는 독자들이 자신들의 가정의 특성을 잘 살피고, 그 특성 위에 튼튼한 기초를 세울 수 있기를 기도하며 이 글을 적는다. 이미 때가 늦은 것은 아니라는 사실을 독자들이 발견하길 원한다. 그것이 양육이건 결혼이건 간에 언제나 희망은 존재한다.

　어린 자녀들을 기쁘게 해주기 위해 많은 것이 필요한 것은 아니다. 많은 돈, 최신형 장난감이나 도구가 필요한 것이 아니다. 유명 디자이너의 옷이나 신발이 꼭 필요한 것도 아니다. 아이들이 어렸을 때는 부모의 관심을 받으면 가장 해맑은 웃음을 짓는다. 공원에서 부모와 함께 김밥을 먹거나 공원 주변을 함께 뛰는 것에도 그들은 세상을 모두 얻은 것처럼 행복해한다. 부모와 단지 아이스크림을 함께 사먹는 것 하나에도 크게 즐거워하는 아이들의 얼굴이 떠오르지 않는가. 이런 작은 일들이 하나씩 하나씩 차곡차곡 쌓이면서 추억을 남기고, 좋은 관계가 형성되며, 의사소통이 가능해진다. 이런 것들은 자녀가 사춘기가 되었을 때 부모와의 관계에 기초가 된다. 부모를 적으로 보는 대신 언제고 자신들이 슬프거나 실망하거나 실패했을 때 달려갈 수 있는 같은 팀으로 여길 것이다. 누구든지 그의 입장에서 무조건적인 사랑을 베풀며, 그를 절대 포기하지 않고 끝까지 격려해주는 사람이 있다는 사실을 알고 있다면 인생에서 겪게 될 어떤 일에도 정면으로 직면할 수 있을 것이다.

　이 글을 읽는 독자들의 가정이 이같은 가정이 되길 기도한다. 나는 독자들의 가정에 맡겨진 자녀들을 가장 소중한 인생의 자산으로 여겨 단단히 붙잡고 소중히 여길 수 있기를 기도한다. 이렇게 되기 위해서는 아버지와 어머니가 서로 맞서기보다는 힘과 생각을 모아야 한다. 각자 자신을 반대편이 아닌 팀의 일원으로 바라보아야 한다. 자녀들 앞에서는 서로 존중하고 의견을 공유하며 만일 함께 해결해야 될 문제가 있다면 두 사람이 조용히 풀어가는 것이 좋을 것 같다.

부모가 다투는 것을 보는 것만큼 자녀들을 무섭고 불안하게 만드는 것은 없다. 나단이 세 살 때 우리는 값을 치루고 이것을 배웠다. 그때 우리는 심하게 다투었고 나단이 우리를 보고 있을 거라는 데까지 생각이 미치지 못했다. 그런데 갑자기 아이가 자기 방으로 달려가더니 문을 쾅 하고 닫았다. 우리는 서로를 쳐다보며 그 순간 아무 말도 하지 못했다. 우리가 방으로 달려갔을 때 곰 인형을 끌어안고 흐느껴 울고 있는 나단을 보았다. 이 사건이 우리에게 큰 교훈을 남겼고 그 후론 아이들 앞에서 다투지 않으려고 노력하고 있다. 몇 년 전 주일 예배 때 들은 목사님의 설교 중에 '우리가 자녀들을 위해 해줄 수 있는 가장 큰 것은 화목한 결혼 생활을 해나가는 것'이라고 했던 말이 기억난다. 우리의 결혼 생활이 문제나 충돌이 없다는 사실을 아이들에게 보이는 것이 아니라 문제와 충돌 가운데서도 그것들을 해결해나가는 과정을 보여주려 한다. 농담이길 바라지만 가끔 나단은 "내가 결혼을 해야 될지 모르겠어요. 결혼하면 해야 할 일이 너무 많은 것 같아요"라는 회의적인 말을 하여 과연 우리가 좋은 본을 보였을까 하는 생각이 들 때가 있다. "값진 것을 소유하기 위해 시간과 정성을 쏟아야 한다"는 진부한 말을 되새겨본다. 이 말을 인생의 두 가지 가장 귀한 선물인 결혼과 자녀 양육에 적용해보자.

❞ 아내의 행복을 먼저 생각하기

_____ 래리　　우리의 결혼생활에 나를 도와주는 성경적인 원리가 있는데, 그것은 내 자신의 행복보다 아내의 행복을 먼저 생각하라는 것

이다. 이것이 언제나 쉬운 것은 아닌데, 특별히 직장에서 일을 끝내고 귀가해서 앉아 쉬고만 싶을 땐 정말 어렵다. 그러나 루스가 하루 종일 아이들 주변을 뛰어다녔다는 것을 알 때, 그리고 루스의 지친 모습을 보았을 때는 내가 원하는 바를 접고 루스를 돕는다. 주말 동안 아이들과 많은 시간을 함께 보내는 이유 중 하나는 그들과 소통하기 위해서이다. 또 주말 동안 내가 아이들을 돌보면 루스는 시장을 가든지 아니면 친구들과 만나든지 자신을 위해서 무엇인가를 할 수 있게 된다. 루스가 가장 좋아하는 생일이나 크리스마스 선물은 물건이 아니라 내가 주는 쿠폰이다. 이 쿠폰은 루스가 조용히 혼자서 시간을 보낼 수 있는 호텔 숙박권이나 아니면 아내가 소중하게 여기는 혼자만의 하루를 즐기기이다.

_____ **루스**　　나는 이 선물을 무척 좋아하는데, 그것은 래리의 마음에서 우러나온 선물이기 때문이다. 돈이면 무엇이든 살 수 있지만 시간을 주는 선물은 값을 매길 수 없지 않은가. 집에 돌아왔을 때 집이 정돈되어 있고 청소가 되어 있는 것을 보면 놀랍고 기분도 좋다. 래리와 아이들이 내가 집으로 돌아오기 전에 청소를 하고 접시도 모두 제자리에 정리해놓아 상큼한 기분으로 깨끗한 집에 들어올 수 있다. 이것은 지금까지 내가 받은 선물 중에 가장 귀한 선물이고 이렇게까지 나를 생각해준 남편에게 진심으로 고마운 마음이 든다.

_____ **래리**　　자녀 양육에서 모든 사람에게 맞는 한 가지 정석은

없다는 것을 강조하고 싶다. 모든 아이들은 각각의 독특한 기질, 성격적 특성, 그리고 본연의 성향을 가지고 이 세상에 하나밖에 없는 개개인으로 창조된다. 내가 가장 안타깝게 여기는 것은 자녀 양육의 초기에 내가 이 사실을 깨닫지 못했다는 점이다. 과학자로서 아이들의 양육을 위해 내가 세운 전략은 연구 프로젝트였다. 내가 첫째를 잘 키우면, 후에 태어날 아이들도 첫 아이를 본보기 삼아 따라오면서 잘 배우겠지, 라며 단순하게 생각했다. 이 원리는 네 명의 아이들을 모두 자발성을 가진 아이들로 키웠다는 점에서는 맞았고, 그것을 지금까지도 기쁘게 생각한다.

그러나 각기 다른 아이들의 타고난 특성을 개발시켰어야 했는데 내가 각 아이들의 개별적 차이를 과소평가했고, 그로 인해 여러 차례 좌절에 빠졌었다. 아이들이 어렸을 때는 그들 개개인의 차이를 전적으로 인정하지 못했고, 아이들의 개성에 맞게 함께 활동하지 못하여 공유할 수 있었을 다채로운 경험들의 기회를 잃었던 것은 아닌가, 라는 생각이 든다.

나단의 산만하고 즉흥적인 성향을 받아들여 인정했더라면 좋았을 것 같다. 첫 아들로서 갖추어야 하는 나의 기대치처럼, 집중력 없고 산만한 그 아이에게 많은 요구와 비난을 하지 않았더라면 하는 아쉬움이 남는다. 이러니저러니 해도 내가 루스에게 끌렸던 것은 아내의 이런 성향들 때문이 아닌가.

벤이 어렸을 때는 팀 스포츠를 같이 하면서 많은 시간을 보냈고, 나중에는 피아노 경연대회를 데리고 다니면서 그 아이가 하는 활동들에 많이 관여했지만, 내가 좀더 지금 함께 즐길 수 있는 것들을 개발시키지 못했던 것이 후회된다. 함께 테니스를 즐겼는데, 아마도 테니스를 하면서 관계를 더 쌓았더라면 아이와 더 마음을 나누는 사이가 되었을 것 같다는 미련이 남는다.

라이언은 매우 예민한 아이인데 아이가 어렸을 때 나는 이 사실을 알지 못했다. 알았더라면 그때그때 아이가 어떻게 느꼈는지 잘 이해하기 위해 아이의 말에 더 귀기울였을 것이고, 아이에게 일방적으로 말하는 것이 아니라, 아이를 면밀히 살피면서 함께 대화했을 텐데 그러지 못한 것을 안타깝게 생각한다.

뒤돌아보면 고등학교(안나가 성숙하여 또래 친구들보다 공부를 잘하기 시작했던 시기이다) 전까지 안나의 인지 발달은 다소 느렸다는 생각이 든다. 나이가 어렸을 때 피아노와 어려운 학교 공부를 서둘러 시키기보다는 이런 것들을 좀더 나중으로 미루었더라면, 안나와 내가 겪었던 많은 좌절의 시간들을 피할 수 있었을 텐데 그러지 못한 것이 내내 마음에 걸린다.

비록 정해진 공식은 없지만 우리는 이 책을 읽는 독자들이 자녀들의 신체적, 감정적, 지적인 건강을 보살피는 것에 대해 우리가 경험한 것들 가운데서 원리를 모을 수 있었으면 한다. 그리고 아내 루스가 수년에 걸쳐 우리 아이들을 위해 수고해주었던 것 같은 열린 대화의 장을 독자들 가정 안에도 만들었으면 한다. 무엇보다도 독자들이 자녀들과의 시간을 즐기길 바란다! 잘 알겠지만, 시간은 너무도 빨리 지난다. 지금도 내 막내딸이 얼마 후면 대학을 가기 위해 집을 떠난다는 사실을 받아들이기 힘들다. 긴 여행이었지만 나는 그날들이 모두 그립다.

청소년들에게 전하는
인생의 성공 요소

부모는 인내해야 하고 어려움을 지속적으로 극복하는 용기도 있어야 한다. 양육 목표에 주의를 기울이며, 아이들을 위한 현명한 멘토를 찾아보고, 가정 안팎에서 진실을 따르는 본을 보여야 되지 않을까라는 생각을 가져 본다. 작은 눈들이 우리를 끊임없이 주시하며 배워가고 있다. 우리에게 맡겨진 소중한 자녀 양육의 기간이 그리 길지 않다는 믿음과 희망을 가지길 바란다.

안나 학교 학생 중에 '쿰 라우디 소사이어티(Cum Laude Society)'*에 선정된 고교생들을 위한 축하 만찬 행사에서 부모 연사로서 내가 강연한 내용의 일부분을 발췌했다. '쿰 라우디(Cum Laude)'란 라틴어로 '영예로운'이란 뜻이다.

의사이자 과학자로서 내가 배운 교훈

내가 생각하는 암 연구의 주된 개발이 이루어질 분야를 먼저 설명하겠다. 1971년에 미국의 닉슨 대통령은 암과의 전쟁을 선포했다. 그때 이후로 우리는 눈부신 발전을 이루었고 암 사망자 수가 계속 감소하고

---

* 쿰 라우디 소사이어티는 고등학교 학업의 우수성을 기리기 위해 1906년에 설립되었다. 쿰 라우디 소사이어티와 파이 베타 카파 소사이어티(Phi Beta Kappa Society)의 회원들로 구성된 교사 위원회는 매년 성품이 단정하고 학업 성취도가 높은 학생들을 선정한다. 파이 베타 카파 소사이어티는 쿰 라우디의 대학 버전이다.

있는 추세다. 이것은 주로 금연과 생활습관의 개선으로 얻어진 결과다. 그럼에도 불구하고 미국 인구의 40퍼센트 이상이 살아 있는 동안 암이라는 진단을 받게 되며, 거의 모든 사람이 가족 구성원 중 암으로 고통을 겪는 경험을 할 뿐만 아니라, 적어도 암으로 고통받는 사람을 안다. 그러니 암 연구에서 아직도 해야 할 일은 많이 남아있다.

새로운 암 치료제는 사람의 면역체계가 암과 싸울 수 있다는 기본 개념에서 출발했다. 고교 졸업 직후 인턴십을 하면서 멘토 교수님으로부터 처음 이 개념을 들었는데, 이것이 내 마음을 사로잡았다. 암을 연구하는 과학자들과 제약회사에서 개발한 기존의 화학요법은 암세포를 직접 죽이는 대신, 우리 몸에 2차적인 손상을 입혀서 면역체계를 약화시킨다. 최근 들어 나의 동료 과학자들이 면역체계의 역할에 실제적인 관심을 보이기 시작했다. 암 덩어리의 크기와 암이 퍼진 정도의 지표로 예후를 판별하는 기존의 방법과 비교해보면, 현미경으로 암세포 주변의 면역체계 세포 수(number)를 분석하는 것이 기존의 방법보다 예후를 더 정확히 알 수 있다. 이런 새로운 이해는 활성화된 면역세포들에 의해 암세포를 죽이는, 즉 '면역치료'라는 새로운 시도를 이끌어내게 했다.

바로 이 활성화된 면역체계로 암과 싸우는 암 백신 치료법, 즉 면역치료가 지금 주목받고 있다. 암 백신은 소아마비, 천연두, 파상풍 같은 전염병 예방을 위해 쓰이는 전형적인 소아 백신과 같은 개념이다. 예를 들면 파상풍 백신은 파상풍균이 가지고 있는 특정 단백질을 담고 있고, 이를 주사했을 때 인체 내 면역체계를 활성화시켜, 아기가 그 균에 감염되었을 경우 그 적(파상풍 균)과 싸워 이길 준비를 시키는 것이다. 이와 같은 원리로 암세포 표면에 붙어 있는 특정 단백질을 환자에게 주입하면, 면역체계는 무장되어 그 표적(특정 단백질)을 가진 세포를 적으로 인식하여 암과 싸우는 것이다. 지난 18개월 동안 의학계에서 전립선암, 두 건의 피부암, 림프종에 임상 3상 실험(3상 실험이란 FDA, 즉 미국식품의약국의 승인을 받기 전의 마지막 단계의 임상 실험)을 시도하였는데 효과가 있음이 드러나면서 면역치료의 새로운 지평을 연 셈이다. 위의 네 건 중 두 건의 경우에는 이미 일반적인 사용을 위해 FDA의 승인을 받았다.

사람들이 알지 못하는 암 백신 개발의 뒷이야기들이 있다. 지금 암 백신에 대한 이야기를 들어도 백신을 개발하기까지는 수많은 세월이 걸린다. '사물이 겉보기와는 달리 그렇게 단순하지 않다'는 옛 속담이 인체생물학에 확실히 적용된다. 림프종 백신 연구를 하면서 사실상 초기 암 백신 임상 실험은 실패했지만, 지난 20년의 세월 동안 왜 백신이 실패했을까? 어떻게 이런 장애를 극복할 수 있을까?라는 질문에 답을 달아가면서 유레카의 순간들을 맞이했었다. 오늘 이 자리에서 몇 가지 성공요인을 소개하고 싶다.

성공요인 1 : 올바른 타깃 선정

암 표면의 어떤 단백질을 백신의 타깃(target)으로 삼을 것인가? 이 매직 총알(암 백신)은 정확하게 암세포를 찾아 쏘아 죽여야 한다. 정상 세포는 피해가 없어야 한다. 암세포는 교활하고 영리해서 정상세포 단백질을 이용해 더 활발하게 성장한다. 림프종 백신을 연구하면서 우리는 환자마다 암세포 분자의 특징이 조금씩 다르다는 것을 알아냈다. 그리하여 암세포보다 더 스마트하게 환자에게 맞는 백신을 만들어야 한다. 두 환자가 같은 림프종을 가지고 있어도, 각 환자에게 맞는 환자 맞춤형 백신을 따로 만들어야만 한다. 암 백신은 약국에서 손쉽게 살 수 있는 타이레놀과 같은 약이 아니다.

성공요인 2 : 적에 대한 이해

왜 면역체계는 초기 암 발생 장소에서 암을 발견해서 제거하지 못하는지를 우리는 알아내야만 했다. 암세포는 여러 가지 속임수로 면역 감시망을 피해갈 수 있다. 한 가지 예로 암세포는 백신의 타깃이 되는 단백질을 분비하여 면역 감시망을 교란시키거나, 어떤 물질을 분비하여 감시체계를 약화시켜버린다. 인체 내에서 면역반응이 일어나기 전에 반응을 일으킬 대상이 적인지 아군인지를 구별하는 점검 기작(mechanism)이 있다는 획기적인 발견이 있었다. 즉, 정상 면역체계는 우리 자신의 세포를 죽이지 않기 위하여 면역반응의 전원을 끄는 기작을 사용한다는 사실이었다. 이런 기작은 암환자에겐 정말 안 좋은 영향을 주는데 암세포도 이 원리를 교묘하게 이용한다. 마치 세탁기의 전원 꺼짐에 영구적으로 다이얼을 맞춰놓는 것처럼 암세포가 면역체계의 작동을 완전히 꺼버린다.

암 백신은 이미 병이 진행된 상태의 환자와 상대해야 된다. 이는 정상 면역체계에 병을 예방하기 위해 놓는 예방주사와는 확연히 다른 개

넘이다. 그렇기 때문에 우리가 생각해낸 해결책은 백신과 면역체계의 전원을 다시 켤 수 있는 약을 함께 투여하는 것이다. 이는 암환자의 면역체계를 다시 깨워주는 역할을 하게 된다.

성공요인 3 : 실패했을 때를 생각해보기

초기 암 백신은 기존의 항암치료와 비교했을 때 실제적인 효율이 떨어졌다. 우리는 실패했지만 연구를 돌이켜 쥐 실험을 다시 하는 대신, 우리가 한 연구를 잘 관찰했더니 적은 양의 암이 있을 때 백신을 환자에게 주입하면 효율이 높다는 사실을 알게 되었다. 다시 말하면, 기존의 항암 치료로 90퍼센트의 암을 죽인 후에 남아있는 적은 양의 암에 백신을 처리하는 것이다. 쥐 실험에선 이 방법을 쓰면 거의 모든 쥐에게서 암이 사라진다. 림프종의 경우 대부분의 암세포는 항암치료로 제거되지만, 적은 수의 암세포가 남아있어, 이 암세포가 다시 재발의 요인이 된다. 쥐 실험에서 얻은 원리를 림프종 환자에게 적용하여, 항암치료와 백신을 함께 시행해보았더니, 환자의 생존율은 기존 항암치료만 했을 때보다 2배나 높았다. 15년 전 백신을 맞은 환자가 지금도 암이 재발되지 않고 있다. 그렇다면 나는 왜 내 전공에 관련된 자세한 이야기를 했을까? 나의 일이 좋아서이기도 하지만, 무엇보다도 인생의 중요한 시기로 접어드는 청소년들이 알아둘 가치 있는 인생의 성공 요소들이 그 속에 담겨 있기 때문이다.

1. 첫 번째 충고 : 기꺼이 인내하기

인내력의 가치는 아무리 강조해도 지나치지 않다. 즉 어떤 아이디어나 꿈이 이루어질 것이라고 믿으며 끝까지 고수하는 것이 중요하다. 결국 성공은 단거리 질주가 아니라 장거리 마라톤이라는 속담 안에 많은 지혜가 담겨 있다.

깊이 탐구하겠다는 의지가 있으면 쉽게 인내할 수 있게 된다. 우리 연구 팀이 암 백신이 효과 없던 초기에 그 원인을 발견하기 위해 더욱 깊이 연구하였던 것처럼 하는 것이다. 나는 아이들이 다녔던 고교의 AP* 미국 역사 선생님을 무척 존경한다. 벤, 라이언 그리고 안나(세 아이 모두 이 선생님께 배웠다)의 어깨 너머로 그 선생님이 얼마나 아이들에게 깊이 탐구하도록 지속적으로 격려하는지 볼 수 있었다. 그 결과로 아이들은 이따금씩 새로운 통찰력을 얻었고, 유레카의 순간을 맞이했다. 세 아이들이 모두 이 선생님으로부터 많이 배웠고 좋은 성적을 거두었지만, 특별히 안나는 더 깊이 있게 공부시키는 선생님의 도전에 부응했다. 안나가 많은 시간 논문에 대한 연구와 공부를 한 끝에 '위대한 지도자들의 특성은 결코 시대에 국한되지 않는다'라는 제목의 연구 논문을 발표했다. 북 베트남의 장군이었던 보응우옌잡과 조지 워싱턴은 공통된 리더십의 특성들이 있고, 각기 당대의 초강대국을 물리쳤다는 내용의 논문이었다. 안나의 논문은 가장 좋은 연구 논문으로 뽑혀 학교에서 상을 받았다.

---

* AP는 대학 과목으로, 성적이 우수한 고등학생들이 고등학교에서 미리 이수할 수 있는 대학 과목들을 말한다. 각 고등학교마다 다양한 AP과목들을 제공한다.

끊임없이 탁월함을 추구할 때 인내하기 쉽다. 나는 아리스토텔레스가 탁월함에 대해 내린 정의를 좋아한다. "사람은 반복적으로 행하는 것에 따라 판명되는 존재이다. 따라서 탁월함은 단일 행동이 아니라 습관에서 온다."

2010년에 「타임(TIME)」 잡지가 선정한 영향력 있는 100인이 한자리에 모이게 되어 아내 루스와 나는 그곳에 참석했다. 우리는 유명 인사들이 방 안 가득히 모인 자리에 함께했다는 것 자체에 무척 흥분되었다. 빌 클린턴, 베티 화이트, 김연아(올림픽 피겨 스케이팅 금메달 선수), 미쉘리, 벤 스틸러와 같은 많은 유명한 사람들을 볼 수 있었다.

그러나 우리는 이런 유명한 사람들뿐만 아니라 함께 있었던 유명하지 않은 사람들에게 더 깊은 감명을 받았다. 그중에 첸 슈추라는 타이완 여성분이 계셨다. 그녀의 대사관 후원자와 통역관이 우리에게 다가와서는 그 여성분의 이야기를 나눠도 괜찮겠냐고 물었다. 그분은 타이완 동부 해안가 작은 마을의 재래시장에서 야채 장사를 하는 여성이었다. 자신이 번 돈을 절약하여 어린이 기금, 도서관 설립, 지역 고아원 등의 다양한 곳에 4억 원에 달하는 돈을 기부했다. 그녀는 현재 가난한 사람들의 교육비, 식비, 의료보험료를 돕기 위한 기금을 모으고 있다고 했다. 그 여성분의 이야기는 작더라도 한 가지 일을 수년에 걸쳐 지속적으로 실천하여 기념비적인 결과를 이끌어낸 습관적 생활 방식의 좋은 일례이다. 소박하고 겸손한 품성의 그 여성분은 뉴욕에 온 이유는 단지 타이완 대통령이 이 장소에 참석하라고 권하여 거절할 수 없었기 때문이라는 말을 남기고는 경축하는 자리를 떠났다. 그 여성분은 열악

한 환경 속에서 인내하며 겸손한 본을 보였기에 우리에게 깊은 인상을 남겼다.

결국 선구자가 되기 위해서는 역경과 맞서는 용기가 필요하다. 나는 지난 20년 동안 암 백신 연구에 전념했다. 4G 통신시대에, 즉각적인 욕구를 충족시켜야 하는 문화 속에 살면서, 한 가지 개념을 믿고 시간과 노력을 전부 기울이며 그 개념을 고수한다는 것이 이 시대의 젊은이들에게는 인기 없는 일일지도 모르겠다. 나의 둘째 아들 벤은 노골적으로 "와우! 아버지는 대단하십니다. 그렇지만 누가 어떤 이유로 20년 동안 같은 문제에 매달려 있길 원하겠습니까?"라고 물었다. 다른 아이가 대화에 끼어들었다. "그것은 아버지가 완고하다는 것을 보여주는 또 다른 증거입니다." 그렇다. 나도 비난받을 만하다고 인정한다.

그러나 내 연구팀이 초기에 실패했던 개념을 고수하며, 실패 원인을 찾기 위해 더 깊이 연구하여, 난관을 극복해갔던 과정은 강을 역류하여 헤엄치는 것과 같았다. 초반에 가장 실망스러웠던 어려움은 다른 과학자들의 회의론이었다. 그들은 면역체계가 암과의 싸움에 성공적으로 이용될 수 있을지에 의문을 가지기 시작했다. 최근에는 많은 사람들이 개인 맞춤형 치료가 재정적으로 실행가능한지에 의문을 제기한다. 제약 업체들의 비즈니스 모델은 '개인을 위한 약'이라는 개념보다는 대량생산하여 많은 소비자들에게 팔 수 있는 규격화된 약을 만들길 원한다. 그러나 우리가 효율 높은 암 백신을 찾아낸다면 그것을 환자들에게 전달할 방법 또한 찾을 수 있을 것이라 믿는다.

고인이 된 스티브 잡스(타임이 선정한 100명의 수상자 명단에 있었지만 그날 밤 보이지 않았다)는 일찍부터 컴퓨터계의 비틀즈가 되기로 결심했다고 말한 바 있다. 그는 비관론자들의 비현실적이라는 평에 맞서며, 끊임없이 낙관하는 비틀즈의 정신을 받들어, 대중이 쉽게 접근하여 즐길 수 있는 컴퓨터 사용을 실현키 위해 일생 노력했다. 나는 축구 경기 때마다 안나에게 긍정적인 생각을 하되, 기꺼이 할 수 있다는 믿음을 가지라고 격려해준다.

2. 두 번째 충고 : 현명한 멘토를 구하라

선생님이나 교수님이 멘토가 될 수 있다. 지역 사회의 전문가들 중에서 기꺼이 멘토가 되어줄 사람을 찾을 수 있다. 내 경우 고교 졸업 후 의대 실험실에서 인턴십을 하면서 병리학자 멘토 선생님을 만나 많은 영향을 받았다. 매일 정해진 일과를 마치면 본인 연구실로 나를 불러 한 시간 가량 현미경으로 암세포를 담고 있는 실제 사람 조직을 보여주셨다. 암세포들 사이사이에 배치된 정상 면역체계 세포들의 직접적인 위치를 보여주셨다. 면역체계 세포들이 거기서 무엇을 할지 깊이 한번 생각해보라고 하셨다. 암과 싸우기 위해 면역체계가 이용되고 있다는 개념이 무척 흥미로웠고 지금까지도 내가 그 연구를 하고 있지 않은가.

우리는 청소년들에게 부모를 믿으라고 말해줘야 한다. 나단은 지금 의과 대학의 소아과에서 순환 근무를 하는데 며칠 전 이런 말을 했다. "청소년기 아이들의 심리적 특징은 대부분 경험 부족으로 그들에게 나쁜 일이 생기지 않을 것이라는 착각을 하며, 두려움을 인식하지 않는다고 합니다." 부모는 지식과 경험이 있어서 지혜의 공급처가 된다. 내가 대학 입학을 앞두고 집을 떠났을 때 어머님이 해주신 말씀이 생각난다. "무엇이 옳은지를 선택해야 되는데 확신이 들지 않을 때는 단순히 어머니가 뭐라고 말할까를 생각해라"고 당부하셨다.

3. 세 번째 충고: 진실을 실천하라.

세상은 말하기 좋아하는 사람들로 가득 차 있다. 그러나 일반적으로 말하기를 좋아하는 사람들은 행동을 취하는 데는 더디다. 나는 직장에서 행정적인 일도 하는데, 얼마나 많은 직원들이 단순히 그들이 하겠다고 말한 것을 수행하지 않고 빠져나가는지 놀라고 있다. 우리는 아이들에게 개인의 책임이 중요하다고 가르쳐야 한다. 많은 순간 잘해낸 일은 그 일을 한 사람을 대변한다.

칭찬을 받아야 마땅한 사람들에게 칭찬해주는 것도 진실이다. 이 시대에 성취되는 업적들은 한 사람의 힘으로 이루어지기는 좀처럼 힘들다. 발전은 같은 목표를 가진 개개인들로 구성된 팀이 함께 노력하여 만들어진다. 실험실에서 얻은 새로운 암 치료제를 사람에게 직접 투여하는 임상 실험도 독특한 기술을 연구팀에 도입시킨 헌신적인 공동 연구자들이 이루어낸 팀워크임을 상상할 수 있지 않겠는가. 림프종 백신 개발의 진보는 팀 일원의 공동 노력이었다. 이것이 진실이다. 임상 실험에 참여하는 선구자적인 환자들의 공로 또한 빼놓을 수 없다. 매년 크리스마스 시즌이면 백신 치료를 받은 두 명의 환자들이 카드를 보내와 늘 기쁜 마음으로 읽는다. 지난 크리스마스에 열아홉 번째 카드를 받았다.

4. 네 번째 충고: 영적 믿음의 성장을 고려하라

약 10년 쯤 전에 한 환자분이 내게 "당신은 하나님의 도구입니다"라는 말을 건넸다. 나는 그것이 내 사명이라 생각한다. 내가 어려움에 직면하여 어떻게 극복해갈지 알 수 없을 때 그 사명은 인내할 수 있는 힘을 준다. 많은 과학자들이 과학이 사실상 창조주에 대한 믿음을 뒷받침한다는 결론을 내리고 있다는 사실은 흥미롭다. 현재 워싱턴 DC에 위치한 국립 보건원 원장인 프란시스 콜린이 『하나님의 언어』라는 책을 썼는데 뉴욕 「타임」지가 베스트셀러로 선정했다. 그는 인간의 유전물질을 구성하는 2만 5천 개의 유전자의 지도를 밝힌 인간 게놈 프로젝트의 책임자였다. 무신론자였던 그는 유전자 코드의 복잡성과 대리 기능성이 우연히 생겼다고 보기 힘들며 도리어 창조 사실을 검증하는 것이라 내다봤다. 이 글을 읽는 젊은이들의 믿음의 배경이 무엇이든 대학에 입학하면서 대다수는 인생의 의미가 무엇인지에 의문을 가질 것이다. 믿음이 있다면 어떠한 장애나 도전도 극복할 수 있다는 열린 마음 자세를 가지고 있길 바란다.

사랑하는 독자여러분,

고교 졸업생들에게 나눈 위의 글은 부모로서 아이들에게 알려주고 싶은 중요한 가치들을 담고 있다. 청소년기의 자녀들은 점점 더 독립적으로 행동하며, 인생의 가치들을 형성해간다. 날마다 최선을 다해 아이들 양육에 고전하는 동시대를 사는 한 부모로서 우리의 양육의 경험을 적어봤다. 부모는 인내해야 하고 어려움을 지속적으로 극복하는 용기도 있어야 한다. 양육의 목표에 주의를 기울이며, 아이들을 위한 현명한 멘토를 찾아보고, 가정 안팎에서 진실을 따르는 본을 보여야 되지 않을까라는 생각을 가져본다. 작은 눈들이 우리를 끊임없이 주시하며 배워가고 있다. 우리에게 맡겨진 소중한 자녀 양육의 기간이 그리 길지 않다는 믿음과 희망을 가지길 바란다.

할아버지와 할머니가
주는 교훈

우리는 손자·손녀를 버릇없이 만들지 않으려고 조심했다. 우리는 '거친 사랑'이 중요하다고 믿는다. 거친 사랑이란 아이들이 요구하는 모든 것을 들어주는 것이 아이들을 위해 최선이 아니라는 사실을 염두에 둔 채, 조심하여 아이들을 사랑하는 것을 뜻한다. 심지어 장난감을 하나 사줄 때에도 주의 깊게 선택하여 잠시 즐거움을 줄 수 있는 전기로 가는 자동차 대신에 블록과 같은 교육적인 장난감을 선물하여 조합과정에서 상상력과 창의력을 키울 수 있게 했다.

〿 아이들은 본 대로 배운다

남편과 나는 하나님이 자녀 양육에 대한 책임을 조부모가 아닌 부모에게 일차적으로 허락하셨다고 믿는다. 손자와 손녀들이 가족의 일원이기 때문에 의식적으로건 무의식적으로건 그들에게 긍정적인 영향을 끼치기도 하지만 부정적인 영향을 줄 수도 있다. 그들은 성장하면서 우리를 지켜보며 그들이 본 대로 영향을 받게 된다. 심지어 우리가 인식하지 못하는 사이에도 우리를 지켜본다. 아이들은 그들이 본 대로 배우게 된다. 그래서 우리는 늘 적절하며 받아들여질 수 있는 본이 되는 행동을 보이려고 노력했다. 특히 아이들 앞에서는 우리만 있을 때보다 더 나은 행동을 하려고 노력했다.

손자들과 손녀가 어렸을 때 우리는 그들 근처에 살지 않아서 자주 볼 수 없었다. 그래서 그들을 만날 때마다 우리는 아이들과 좋은 관계를 형성하며 즐거운 시간을 보내고 싶었다. 우노 카드 게임, 보드 게임 (라이프 게임, 모노폴리), 그리고 윷놀이 같은 게임을 함께 즐겼다. 아이들은 언제나 좋아했고 웃음이 넘쳤다. 우리는 휴가를 함께 보냈고, 크리스마스 때면 언제나 래리와 루스가 우리를 초대했다.

❟ 거친 사랑이 중요하다

할아버지, 할머니로서 많은 것을 가르칠 수 있다. 가족의 중요성을 가르칠 수 있고, 식탁 예절, 바르게 말하고 걷는 것, 좋은 학업 습관, 악기 연습을 도와주는 등 많은 것을 알려줄 수 있다. 기회가 닿는 대로 우리는 어떠한 전공을 선택할지 어떠한 직업을 가지면 좋을지에 대한 우리의 생각과 믿음을 그들에게 나눠주었다. 우리는 그들이 비실용적인 학문보다는 실용적인 전공을 선택하길 원했다. 철학이나 역사학을 전공했을 때는 직업을 얻기가 어렵다. 머리가 좋고 열심히 공부를 했는데도 직장을 얻지 못했던 친구 자녀의 이야기를 들려주며 설명해주었다. 가령 래리가 비올라에 빠지기 시작했을 때 우리는 래리가 음악을 전공으로 선택할까 봐 염려했다. 음악을 전공으로 선택하기보다는 나중에 가족을 부양할 수 있는 직업으로 의학이나 공학 분야를 선택하기를 원했기 때문이다.

비록 우리가 기회 닿는 대로 손자·손녀들에게 여러 가지 우리의 생각을 권하지만, 결국 자녀 양육은 부모에게 달려 있다고 굳게 믿는다. 때문에 우리는 한 번도 아이들을 직접적으로 야단치거나 꾸짖지는 않았다. 만일 아이들의 성격 개발을 위해 꼭 고쳐야 될 행동이나 태도가 보였을 때는 래리나 루스에게 먼저 부드럽게 말하여 그들이 듣고 직접 손자·손녀들에게 가르치게 했다. 루스는 가르침을 잘 받아들였고 현명했다. 대부분의 경우에 우리의 의견을 존중해주었다. 식당에서 우리가 식사를 할 때 지나가는 낯선 사람들이 아이들을 칭찬할 때면 우리는 무척 흐뭇했다.

우리는 손자·손녀를 버릇없이 만들지 않으려고 조심했다. 우리는 '거친 사랑'이 중요하다고 믿는다. 거친 사랑이란 아이들이 요구하는 모든 것을 들어주는 것이 아이들을 위해 최선이 아니라는 사실을 염두에 둔 채, 조심하여 아이들을 사랑하는 것을 뜻한다. 심지어 장난감을 하나 사줄 때에도 주의 깊게 선택하여 잠시 즐거움을 줄 수 있는 전기로 가는 자동차 대신에 블록과 같은 교육적인 장난감을 선물하여 조합 과정에서 상상력과 창의력을 키울 수 있게 했다. 아이들이 무엇인가를 잘하거나 바른 행동을 보였을 때는 서슴지 않고 아이들을 크게 칭찬해주었다. 덕분에 거짓 없고 진실한 칭찬을 많이 듣게 되면 아이들이 그러한 바른 행동을 더욱 하려고 애쓰는 것을 볼 수 있었다.

우리는 손자·손녀들이 부모를 존중하는 아이들이 되길 원해서 우리도 아들과 며느리를 존중하는 모습을 보여주려 노력했다. 래리는 아들이지만 또한 손자·손녀들의 아버지였기에 아버지에게 도움이 되는 자녀들이 되라고 그들을 격려했다. 손자·손녀들이 나이가 들면서 우리는 생일이나 크리스마스 때 선물을 주는 대신 돈을 주기 시작했다. 처음으로 돈을 주기 시작했을 때 우리는 각 아이들의 크리스마스 선물로 돼지 저금통을 하나씩 선물하여 그들이 번 돈을 모으라고 가르쳤다. 아이들은 이것을 재미있어 했고 더 나이가 들 때까지 이렇게 돈을 모으는 것을 즐겼다.

🖋 부트 캠프에서 보낸 여름

어느 해 여름 래리와 루스가 나단과 벤이 우리 집을 방문해도 좋은지를 물었다. 나단은 열 살이었고 벤은 여섯 살이었다. 부모 없이 처음으로 우리 집을 방문하는 것이었다. 우리는 이것이 아이들과 함께 즐거운 시간을 보낼 수 있을 뿐만 아니라, 그들을 훈련시킬 수 있는 좋은 기회라고 생각했다. 나단과 벤은 우리 말을 잘 들었고 착한 아이들이었다. 그래서 아이들이 방문해도 좋다고 허락했고 한 가지 조건을 내걸었다. 먼저 아이들이 우리와 어떻게 시간을 보낼 것인지를 볼 수 있는 계획표를 만들어 보냈다. 아이들이 먼저 알고 와야 놀라지 않을 것이고 준비가 되어서 올 것이라 생각했기 때문이다. 다음이 그때의 스케줄이다.

아침 6:00 기상, 침대 정리, 세수, 할아버지와 산책

　　　7:00 성경 읽기

　　　7:30 아침식사

　　　9:00~11:00 나단은 바이올린 연습, 벤은 피아노 연습

　　　12:00 점심식사

오후 1:00~6:00 자유 시간(박물관 견학, 수영하기 등)

　　　6:00 저녁식사

저녁 7:00~9:00 가족 시간(아기 때 사진 함께 보기, 함께 게임하기)

밤   9:00 취침

우리는 만일 나단과 벤이 이 스케줄을 지켜서 2주 동안 잘 따라오면 나머지 한 주 동안은 그들을 데리고 콜로라도로 여행을 가겠다고 약속했다. 비록 벤이 아침에 일어나는 것과 할아버지와 산책하는 것을 힘들어하긴 했어도 잘 따라와주었고 우리는 그들이 스케줄대로 따라와주는 것이 너무 자랑스러웠다. 후에야 우리는 래리와 그 두 아이들이 그 2주일 동안을 '부트 캠프(boot camp, 해병대 신병 훈련소)'라고 부르는 것을 알게 되었다.

비록 콜로라도가 다른 주라서 우리가 살던 캔자스 주로부터 열두 시간을 운전해서 가야 했지만 아이들은 콜로라도까지의 자동차 여행을 좋아했다. 첫 번째 도착지는 캔자스 주의 에빌린이라는 도시였는데 〈아이젠하워 박물관〉을 방문했다. 나단과 벤이 아이젠하워의 삶과 대통령(제34대 미국 대통령)의 임기를 이해하길 바랐다. 나단이 우리와 성이 같은 대한민국 제5대 국회 의장이었던 곽상훈 선생께서 아이젠하워 대통령에게 드린 선물을 발견하여 우리 모두는 깜짝 놀랐다. 나단과 벤은 위대한 정치인과 자신들의 성이 같다는 사실에 무척 자랑스러워했다. 곽 씨가 한국에서 흔한 성씨는 아니다.

다음 도착지는 콜로라도의 에스테이트 공원(Estate Park)이었는데 거기서 며칠을 머물렀다. 물병과 샌드위치를 가지고 산 정상에 가까운 세 개의 호수 지역을 모두 하이킹했다. 사실 우리 같은 할아버지 할머니가 오르기에는 어려운 코스였지만 멋진 경치 덕에 힘든 줄도 몰랐다. 호수의 물이 어찌나 맑던지 짙은 파란 빛을 띠었다. 산을 내려와서 우리는 작은 호숫가에 멈췄고 아이들은 저녁식사로 먹을 물고기를 잡느라 즐거운 시간을 보냈다.

다음날 우리는 로키 산(Rocky Mountains)으로 향했다. 대륙분수계(Continental Divide)를 가로질러서 산의 정상까지 운전을 했다. 길을 따라서 많은 눈이 덮인 언덕이 펼쳐졌다. 아이들은 언덕까지 뛰어올랐고 썰매도 없이 미끄럼을 타듯 내려왔다. 아이들의 바지는 모두 젖었지만 눈 쌓인 언덕을 미끄러져 내려오는 재미에 시간 가는 줄 모르고 놀았다. 메릴랜드에도 눈은 많았지만 나단과 벤이 그렇게 많은 눈을 처음 보아서인지 무척 즐거워했다. 나단과 벤은 지금까지도 그때 이야길 하곤 한다.

다음으로 콜로라도의 비버크릭(Beavercreek)에 도착하여 아름다운 대저택들을 구경했다. 우리는 아이들에게 열심히 공부하면 앞으로 저렇게 큰 집에서 살 수 있다고 이야기해주었다. 큰 목표와 그에 따른 노력이 있으면 이 세상에서 이룰 수 없는 일이 없다고 가르쳐주었다. 우리는 아이들에게 평생 햄버거를 뒤집으면서 살고 싶은지 아니면 우아하게 살고 싶은지를 물었다. 그 선택은 각자 자신에게 달려 있음을 알려주면서 열심히 일하는 것이 얼마나 중요한지를 강조했다.

콜로라도의 서남쪽에 위치한 블랙 캐년(Black Canyon)에 도착해 웅장한 협곡을 구경했다. 가장 인상 깊었던 점은 협곡의 깊이와 폭이었다. 가장 좁은 협곡이 533미터 깊이에 4백 미터의 폭이었으니 놀랄 만한 절경이었다. 우리는 나단과 벤이 창조주 하나님이 어떠한 분이신지를 깨달을 수 있기를 바랬다.

다음날은 동쪽으로 향해서 모나크 패스(Monarch Pass, 해발 3,447미터로 로키 산의 가장 높은 지역)를 경유해 대륙분수계를 지나 로얄 협곡(Royal Gorge, 알칸사스 강에 있는 협곡)에 도착했다. 협곡을 연결하는 현수교를 걸어서 건너볼 수 있었다. 공중에 높이 매달려 있는 이 다리에서 아래를 내려다보는 것은 정말 무서웠다. 우리는 또한 인디언 마을에 들러 인디언 춤과 인디언들이 만든 동굴 집을 구경했다.

콜로라도 스프링스(Colorado Springs)에 있는 공군사관학교(Air Force Academy)를 방문했다. 사관생도들이 행진하는 것을 구경하면서 아이들에게 게으르게 걷지 말고 사관생도들처럼 씩씩하게 걸으라고 말했다. 학교 내에 로켓과 B-29 폭격기 같은 전시물 외에도 멋있는 채플이 있어서 구경했다. 우리는 또한 '포커스 온 더 패밀리(Focus on the Family, 복음을 전하는 미국의 유명한 방송사 중의 하나)'의 본사에도 방문했고, 어린이 놀이터에서 나단과 벤이 즐거운 시간을 보냈다. 아이들이 평소에 포커스 온 더 패밀리에서 제작하는 오디세이 모험 드라마를 무척 즐겼기 때문에 의미 있는 방문이었다.

숙소에서도 우리는 나단과 벤에게 신발과 침대 정리하는 법을 가르쳤다. 요즘 우리가 래리네 집을 방문하면 나단이 우리가 가르친 대로 침대를 잘 정리해놓은 것을 볼 수 있어서 기쁘다. 우리가 아들네를 방문할 때면 늘 나단 방에서 잠을 잔다.

콜로라도의 여행을 마친 후 집으로 돌아와서는 함께 집을 청소했다. 우리는 나단과 벤이 아무런 불평 없이 춤을 추며 청소하는 것을 지켜보며 흐뭇해했다. 나단은 고무장갑을 끼고 화장실 유리를 닦았고 벤은 허리를 구부려 스펀지로 욕조를 청소했다. 화장실 청소를 마친 뒤 아이들은 할아버지 차를 세차하겠다고 자원했다. 차를 닦으면서 아이들은 노래를 부르며 즐거운 시간을 보냈다. 나중에 친구들에게 우리 손자들을 자랑했더니 친구들이 자기 집으로 손자들을 보내 달라고 부러워할 정도였다.

여행 후 두 손자들과 관계가 훨씬 좋아졌다. 함께 나눈 경험 덕분에 각별한 유대감이 생겼다. 우리는 언제나 손자들과 손녀딸을 환영한다. 그들을 너무나 사랑한다.

나단과 벤의 소감

나단 할아버지와 할머니는 언제나 교육에 관심이 많으시다. 두 분은 우리들에게 늘 열심히 공부하여 의사, 변호사 혹은 엔지니어 같은 전문인이 되어야지, 햄버거를 뒤집으며 살진 말라고 말씀하셨다. 두 분의 행동에는 언제나 특별한 목적과 목표가 있었다. 할아버지 댁을 나서면서 콜로라도 여행을 시작했을 때 눈에서 놀고, 하이킹을 하며, 강이나 호수에서 수영을 하겠지, 라는 생각을 했던 기억이 난다. 여행의 즐거움이 있었던 반면, 할아버지 할머니는 나와 벤을 교육시킬 수 있는 모든 기회를 얻어 뭐든 가르쳐주시려 애쓰셨다.

볼거리가 많지 않은 캔자스 주 중부 지역에서 미국 34대 대통령의 박물관을 찾아 들렀는가 하면, 미국 인디언 정착지도 방문했다. 게다가 미국 공군 기지에 방문하여 군인들이 어떻게 씩씩하게 걷는지를 배웠다. 그 여름 내내 두 분은 우리에게 성공하기 위해서는 훈련과 공부가 중요함을 강조하셨다. 더불어 세상에 공짜는 없다고 거듭거듭 말씀하셨다. 그 가르침의 본질을 배우기 위해서 매일의 벅찬 스케줄을 감수해야 했는데, 평상시 내가 일어나는 시간보다 훨씬 이른 시간인 아침 6시부터 다양한 활동들과 집안일을 해야 했다. 악기와 테니스 연습, 컴퓨터 그래픽 수업도 했다. 침대 정리, 식탁 차리기, 식탁 치우기, 정원에 물주기, 잔디 깎기, 그리고 천장에 달린 선풍기나 부엌의 개수대와 같은 집 주위에 다양한 고장난 것을 수리하는 할아버지를 도와드리는 일을 했다.

할아버지와 할머니는 하루에 한 시간씩만 텔레비전을 시청할 수 있게 허락하셨다. 처음에는 실망했지만 남는 시간 동안 벤과 나는 우리의 상상력을 동원하여 이야기를 만들고, 인형들을 가지고 연극 놀이를 하거나 노래를 만들었다. 지금까지도 우리는 그때 만든 노래들을 함께 부르며 웃곤 한다. 남는 시간에는 할아버지 할머니가 읽어주시는 성경 내용을 듣거나, 우리 가족의 역사를 듣거나, 함께 카드 게임을 했다. 그 여름 기간 동안 아버지가 왜 지금과 같은 모습의 어른이 되셨는지 이해할 수 있었다. 지금은 아버지가 왜 항상 우리를 박물관, 싸움터, 국가 유적지와 역사적인 건물들에 데리고 다녔는지 이해가 된다. 할아버지가 아버지를 그런 교육적인 장소에 데리고 다녔기 때문이고, 그래서 아버지 또한 우리가 가능한 많은 정보를 흡수할 수 있기를 원하셨던 것 같다. 또한 왜 아버지가 생각한 것을 숨김없이 말하지 않고 다정다감하지 않은지도 이해할 수 있었다. 이유는 할아버지 할머니가 대단히 일 중심, 목표 중심적인 분들이며, 별로 감정적이지 않으신 분들에 의해 양육되셨기 때문인 것 같다.

_____ **벤**   당시 나는 여섯 살이었기 때문에 자세한 여행의 내용은 기억나지 않지만 상당히 긴 여행이었던 것 같다. 또한 할아버지 할머니 댁이 아이들이 좋아하는 스타일의 집이 아니었고 장난감도 없었던 기억이 난다. 그래서 나단과 나는 자유 시간에는 알아서 놀아야 했다. 할아버지 할머니 앞이었기 때문에 말썽을 부리지 않으려고 노력했다. 부모님 앞에서 했던 것처럼 불평이나 떼를 쓰지도 않았다. 나는 할머니와 피아노 연습을 했는데 연습 시간은 집에서 했던 것보다 훨씬 길고 어려웠다. 할머니는 연습을 즐겁게 할 수 있는 게임과 장난감을 가지고 계셨지만 내가 참을성이 없었기 때문에 힘들게 느껴졌다. 그럴 때마다 나는 할머니 앞에서 좌절감을 표현할 수 없었기 때문에 불평을 내뱉지 않았다. 그 기간 동안 나는 내가 가장 싫어하는 훈련, 해야 할 일들, 스케줄과 같은 것을 배웠다.

    콜로라도까지의 자동차 여행이 정말 길었던 기억이 난다. 차 안에서 많은 시간을 보냈다. 캔자스의 경치가 그다지 좋지 않았던 것 같다. 수없이 펼쳐진 밀밭과 유정(oil well)이 여기저기에 있었던 기억이 난다. 마침내 콜로라도에 도착했고 거기서는 무척 즐거운 시간을 보냈다. 콜로라도에 거의 도착했을 무렵 눈 덮인 언덕을 미끄러져 내려갔던 기억은 지금도 마음에 남아있다.

에필로그 🍂
나는 자랑스러운 한국인

미리 전제할 것은 나는 내가 한국인임이 무척 자랑스럽다. 그도 그럴 수밖에 없는 것이 그 어려운 시기에도 강인하게 살아오신 조부모, 부모님의 삶이 자랑스럽기 때문이다.

나의 할아버지 곽만영은 가난한 농촌에서 태어났다. 1920년대 초반부터 2차 대전 말인 1945년까지 당시 서울에 있던 일본인 소유의 후지사와 제약회사에서 일했다. 어린 동생들과 부모를 부양해야 하는 어깨 무거운 부담이 있었다. 정작 본인은 대학을 다니지 않았지만 어린 동생들을 고등학교 이상씩은 교육시키셨다. 할아버지가 겪은 가장 힘든 일들 중의 하나는 결핵에 결려 사랑하는 가족과 떨어져 멀리 산속에서 격리된 채 혼자 생활했던 경험이다. 중요한 것은 이 기간 동안 하나님의 은혜와 사랑을 경험하게 되었고 기독교인이 되었다. 할아버지는 자녀들에게 인류에 봉사할 시민으로 자라라고 하셨고, 그 영향력의 결과로 자녀들은 모두 대학의 교수나 의사가 되었다.

나의 아버지 곽노환은 여섯 명의 동생과 다른 부양가족들을 둔 대가족의 장자(長子)로 서울에서 태어났다. 아버지는 할아버지의 삶을 보고 배워 가족들을 물심양면으로 돕는 일, 정직, 성실, 어른 공경, 그리고 부유할지라도 검소한 생활을 하는 정신을 물려받았다. 부모님의 권유에 따라 1952년에 서울대학교 물리학과를 졸업한 후, 도미하여 1962년에 터프츠 대학교에서 박사학위를 받으셨다.

나의 외할아버지 오정수는 심지어 더 혜택을 받지 못한 배경에서 태어났다. 어머니가 아주 어린 나이에 돌아가셔서 고아였고 이른바 자수성가하신 분이다. 청소년기에 도미하였을 당시 주머니에는 단지 몇 달러밖에 없었지만, 마침내는 MIT(매사추세츠 공과 대학)에 입학하여 1927년에 공학부에서 학사학위를 받고 MIT를 졸업한 첫 번째 한국인이 되었다. 나중에는 한국으로 되돌아가 상공부 장관을 역임하셨고 1983년에 대통령상을 수상하기도 하셨다.

나의 어머니 오창숙은 사랑이 넘치는 가정에서 성장하셨고 더러 좋은 것들을 접하며 자랄 수 있었다. 외할아버지는 오랜 시간을 미국에서 사셨기 때문에 가정 안에 미국식 사고방식을 도입했다. 일찍이 어머니의 외할아버지도 미국 선교사에 의해 영향을 받은 터라 미국식의 영향력은 어머니의 외가 쪽으로부터도 있었다. 어머니의 외할아버지는 평양에 위치한 한 교회의 이름난 장로셨고, 본인의 딸을 일본에 유학 보내 대학에서 피아노를 전공하게 하셨다. (그 시대엔 희귀한 일이었다.) 심지어 집에서 미국식 식사도 했었다. 나의 어머니가 다소 독불장군이었던 것은 아마도 이런 영향이 어머니의 성격과 어우러졌기 때문이었던 것 같다. 생각이 독립적이었기 때문에 한국 전통 문화의 순종적 여성 역할이 어머니에게 편할 수는 없었다. 그래서 어머니는 1952년에 경기 여고를 졸업한 후 열여덟 살의 나이에 도미했다. 당시 어머니는 젊었기에 큰 꿈을 품고 새로운 세상을 향해 나갔으며 변화를 맞을 준비가 돼 있었다. 미국 생활 동안 어머니는 자유를 느꼈고 심지어 성격도 변하여 더 사교적이 되었고 더 솔직해졌으며 수다스러워지셨다. 전액 장학금으로 생물학 학사학위와 피아노과 학사학위를 받았다. 비록 의학에 관심이 많으셨으나 부모님의 반대로 마음을 바꾸어 무대음악 분야의 석사학위를 받기 위해 미국 동북부에 있는 오하이오 주에 위치한 신시내티 음악 학교에 입학했다.

어머니는 두 자녀를 양육하기 위해 전업주부의 길을 선택했다. 파트타임으로 작은 개인 피아노 스튜디오를 시작했지만 네 살의 나이에 바이올린을 배우기 시작한 누이동생을 직접 가르치기 위해 일을 그만두셨다. 내 여동생이 나이가 들어 혼자서 잘할 수 있게 된 후에야 어머니는 스즈키 피아노 강사로서의 본인의 경력을 쌓기 시작했고, 여러 해 동안 미국 국립음악협회에서 상급 음악 세미나를 열어 가르치는 일을 하셨다.

책을 쓸 생각도, 계획도 전혀 없던 내가 책을 쓰게 된 것은 참으로 우연이었다. 모든 것은 작년 여름 한국을 방문했을 때 인터뷰한 「조선일보」의 김윤덕 기자가 계기가 되었다. 인터뷰를 하는 동안 부모로서 우리가 겪은 경험 중에서 특별히 아버지의 관점에서 책을 써보면 어떻겠느냐는 제안을 받았고, 그로부터 얼마 후에 푸르메출판사의 김이금 대표로부터 출판 제안 이메일을 받으면서 일은 일사천리로 진행되었다.

믿기 어려운 글 쓰는 여정이 그렇게 시작되어 8개월이라는 시간이 지났다. 책을 쓰게 되었다는 이야기를 아이들에게 처음으로 말했을 때 그들은 의아해하며 우리 가정에 대한 이야기에 누가 관심이 있을지 궁금해했다. 그리고는 자신들에 대해 무슨 이야기를 써나갈 것인지 알고 싶어했다. 크리스마스 연휴 때 식구들이 모두 모이게 되었는데 우리는 거의 반 권에 가까운 책의 분량이었던 그때까지 쓴 내용들을 그들에게 읽도록 했다. 그들은 각기 자신들의 어린 시절들에 대해 "그런 일이 있었나?" 내지는 "와우 그렇지. 내가 그 일을 잊어버리고 있었어" 등의 말을 했다. 아이들은 추억에 잠기기도 했고, 나단의 스케줄에 '대변 보기'가 있었다는 것과 음식을 너무 좋아했던 벤의 이야기를 나누며 함께 웃기도 했다. 각 아이들에 대해 자세하게 적은 내용들 중 특히 어려움을 겪었던 내용을 함께 읽어나갔을 때는 마음의 불편함이 있었지만, 뭔가를 새로이 깨닫게 되는 시간이기도 했다.

처음에 나단은 우리가 쓴 자신에 대한 내용을 기뻐하지 않았다. 그 아이는 우리가 자신을 마치 '길들여야만 하는 통제 불능의 아이'로 묘사했다고 말했다. 나단은 한때 아버지에게 실망을 했던 큰아들이었는데 이 시간을 통해 자신이 아버지를 확실히 이해할 수 있도록 대화를 나누게 되어 참으로 좋은 기회였으며, 나단은 자신이 〈토끼와 거북이〉 우화에 나오는 거북이 같았음을 깨닫게 되었다고 했다. 나단은 의심할 여지없이 우리가 본인을 얼마나 자랑스럽게 여기는지 알고 있으며, 요즘은 아버지와도 매우 가깝게 지내는데 이 부분이 무엇보다도 감사하게 생각하는 점이다.

벤의 이야기는 아직 진행 중이지만, 아버지가 쓴 내용을 읽었을 때 아버지의 감정과 어려움의 깊이를 깨닫지는 못하고 매우 놀란 것처럼 보였다. 벤 자신의 생각과 감정에 대해 써줄 수 있겠느냐는 우리의 제안에 벤은 "저는 현재 진행 중인 일에 대해서는 쓰고 싶지 않아요. 과거에 있었던 일도 내게는 중요한데 현재 벌어지고 있는 일은 더더욱 안 될 말이에요."라고 말했다.

라이언은 자신에 대한 글을 읽으면서 상당히 즐거워했는데 우리가 생각하기에는 자신의 양육과정을 이해하는 데 도움을 얻었기 때문인 것 같다.

안나에게는 이 책이 마치 흥미롭고 재미있는 소설책처럼 다가왔던 것 같다. 안나는 '좋은 가족'을 둔 것에 대해 기쁘고 축복을 받았다는 이야기 외의 다른 말은 하지 않았다. 처음 이 책을 쓸 때의 목적은 다른 부모들, 특별히 어린 자녀를 둔 젊은 부모들을 격려하기위한 것이었지만, 결국 감동을 받고, 변화를 겪고, 축복을 얻게 된 것은 다름 아닌 우리 가족이었다.

이 글을 한국어로 옮기는 벅찬 일을 맡아준 박선아 씨가 없었더라면 이렇게 책을 만들기는 어려웠을 것이다. 수많은 격려, 조언, 안내와 도움을 통해 미국과 한국이라는 두 다른 문화의 차이에 다리를 놓아주었기에 우리가 함께 이 책을 완성할 수 있었다. 우리 가정을 잘 알 뿐만 아니라 두 문화를 이해할 수 있는 메신저를 안다는 것은 참으로 소중한 것이었다. 더욱이 그녀의 헌신, 성실, 기도로 우리가 기대했던 것 이상의 글을 써나갈 수 있었다. 나의 연구소에 조교수로 있는 그녀의 남편인 차성철 박사와 지난 8개월 동안 이 책과 엄마를 나눠 가져야 했던 혜진, 석진에게도 감사를 전한다.

_____ 루스   마지막으로 많은 희생을 하신 나의 부모님께 사랑과 감사의 마음을 전하고 싶다. 부모님이 나와 오빠 제임스를 위해 많은 헌신을 하셨다는 것을 알며 우리는 부모님의 노력과 헌신의 수혜자들이었다. 놀라운 영적인 유산, 우리를 향한 기도, 나를 언제나 믿어준 부모님께 이 지면을 빌어 감사를 전한다.

수년 동안 우리의 보호 아래 사랑을 전하시고자 하나님께서 허락하신 우리 네 명의 자녀들에게 하고 싶은 말이 있다.

"비록 우리가 완전한 부모도 아니었고, 지금도 아니지만 너희들 한 명 한 명을 모두 사랑하며 앞으로도 하나님께서 허락하실 더 많은 웃음의 장과 추억을 기대한다. 너희들이 하나님의 소중한 아들들과 딸임을 기억하길 바란다."

"하나님께 가장 큰 감사를 전한다."

옮긴이의 말 🌿

자녀 양육은 부모의 한마음 팀워크

곽 선생님 댁과의 인연은 남편이 곽 선생님의 백신 연구실에 들어갔던 2000년도에 시작되었다. 처음 그 가정을 방문했을 때 가구 없는 거실에 덩그러니 놓여 있던 그랜드 피아노와 보통 집보다 몇 배나 넓은 뒷마당에 대한 기억이 지금도 생생하다. 그 그랜드 피아노와 넓은 뒷마당의 의미를 지금은 잘 알게 되었지만, 그때는 그것들이 무척 인상적이었다. 당시에도 새벽 5시면 아이들이 일어나서 악기 연습을 한다는 이야기를 들어서 주변의 부모들이 곽 선생님의 가정을 본으로 삼고자 했고, 어떻게 자녀들을 양육하는지 늘 배우고 싶었는데 이 책을 번역하면서 숨겨진 많은 보물을 캘 수 있었다.

전문가가 아닌 내가 번역 제안을 받았을 때 해보겠다는 결정을 내리기가 쉽지는 않았다. 그러나 이 책을 통해 단 한 가정이라도 배우는 바가 있어 그 가정이 변화된다면 기쁘게 이 책을 쓰고 싶다는 곽 선생님의 취지와 사랑하는 남편의 격려에 마음이 움직였다. 게다가 푸르메출판사의 김이금 대표가 보람 있는 일을 함께 해보자는 권유를 주서서 결국 시작할 마음을 먹게 되었다. 하지만 살아계신 하나님께서 도와주실 것이라는 확신이 마음에 생겨 원고를 받게 되었다. 막상 일을 시작한 후에는 직접 배우며 깨닫게 되는 바가 많아 힘든 줄 모르고 도리어 재미있게 글을 옮길 수 있었기에 보잘 것 없는 내게 이일을 맡겨주신 것에 참으로 감사했다.

부모가 한마음으로 이루어내는 팀워크

이 책을 통해 배우게 된 것은 자녀 양육이 '부모가 한마음으로 이루어내는 팀워크'라는 점이었다. 아빠와 엄마가 각기 더 잘해낼 수 있는 분야를 맡아 치우치지 않는 전인 교육에 집중함으로써 너무도 다른 성격을 지닌 네 명의 자녀를 키워낸 한 가정의 생생한 이야기는 그렇기 때문에 여러 가지 면에서 많은 생각을 하게 만든다.

암 연구로 바쁜 와중의 래리 곽 선생님이 다른 사람들을 돕는 일을 아이들과 함께하면서 "내가 대접을 받고 싶은 대로 남을 대접하라"는 황금률, 즉 타인의 모습이 어떠하든 그 사람됨으로 인해 타인을 존중하는 교육을 가정에서 실천해나가는 모습을 통해 독자들은 진정한 리더십 교육의 본보기를 볼 수 있을 것이다.

뿐만 아니라 물질 사용을 지혜롭게 가르쳐 작은 것에 감사하는 마음, 인내, 절제와 책임감을 훈련시키는 모습 외에도, 부모가 스스로 아이들의 말에 집중함으로써 몸소 경청의 본을 보여 내 주장을 말하기는 느리게 하되 먼저 남의 말을 들어주는 귀한 성품을 길러주는 것도 인상적이었다.

언젠가 프린스턴 대학의 학장이 한국 학생들이 지력(智力)은 뛰어난데 체력이 부족하여 공부하는 데 어려움을 겪는다는 기사를 읽은 적이 있다. 곽 선생님 내외가 아이들에게 운동을 지속적으로 시킨 내용은 한국 사회의 실정과 다소 동떨어질 수 있을지 모르나, 세계적인 인재들을 키워내기 위해 한국 부모들이 반드시 유념해봐야 할 부분이라고 생각한다. 이 가정에서는 운동을 통해서 팀워크, 적극성, 참여성, 자신감과 강인함에 이르기까지 인생의 실제적인 기초를 쌓아주는 일을 게을리 하지 않았다.

다른 무엇보다도 대학 입학을 양육의 목표로 세우지 않고, 학업의 성취는 단지 인생의 성공을 위한 도구일 뿐, 오히려 학업 윤리(work-ethic), 동기부여와 열정을 아이들에게 지속적으로 심어주는 기초 공사를 통해 아이들이 '자기 주도 학습'을 할 수 있도록 지도한 자세한 내용은 사교육비로 어려움을 겪고 있는 한국의 가정에 신선한 충격과 새로운 대안을 제시해줄 것이라 믿는다. 지력을 키워주기에 앞서 심력(心力)을 키웠던 양육방식은 근시적 결과보다는 인생이라는 '장거리 달리기'에서 완주하려는 큰 그림을 그렸기 때문이라는 생각이 든다.

이 가정에서 볼 수 있는 독특한 점은 음악 교육(제7장)이다. 독자들도 왜 이 가정에서 음악 교육에 그토록 집중했는지 그 이유를 생각하면서 이 책을 읽어보시기를 권한다. 다른 장에서도 그렇지만, 특히 음악 교육 편을 보면 성공담과 실패담의 교훈이 모두 있어 각 가정에 알

맞게 적용해볼 수 있을 것이다. 각 아이들은 모두 다르며 각자 독특한 재능을 가지고 있는데 그 재능을 찾아 개발시켜주는 것이 얼마나 중요한 부모의 역할인지를 배울 수 있다. 우리 가정도 아이들의 재능보다 부모의 생각이 앞서서는 결코 진정으로 행복한 자녀를 키워 나갈 수 없다는 큰 교훈을 얻어 현재 나름의 변화를 겪고 있다.

그밖에도 어린아이의 훈육에서 시작하여 대학 전공과 배우자 선택에 이르기까지 다양한 내용의 에피소드를 접할 수 있으며, 의사이자 과학자이신 곽 선생님의 '청소년에게 전하는 인생의 성공 요소'(제14장)는 자녀들에게 직접 읽게 하여 비전을 심어줄 수 있는 좋은 교재가 될 것이다.

참여하는 아버지, 달라진 가정

지난 8개월간 이 글을 번역하면서 자녀 양육에 대한 새로운 개념이 우리 가정에 서서히 싹트게 되었는데 그것은 무엇보다도 '아버지의 역할'이 중요하며, 아버지가 살아야 가정이 산다는 점이었다. 한국인 아버지로서 지금까지 그 중요성은 실감했어도 실천하지는 못했던 남편의 행동이 변하기 시작했고, 나 또한 남편이 비록 서툴지만 자녀 양육에 참여할 수 있도록 그를 믿으며 격려하는 일에 더욱 마음을 쓰게 되었다.

우리 가정에 맞게 적용하여 실행한 것 중의 한 가지는 아이들과 함께 시간을 보내는 것이다. 이 점이 가장 인상 깊었기에, 기회가 주어지는 대로 아이들과 함께 시간을 보내며 마음을 나누는 투자를 적극적으로 하게 되었는데, 앞으로도 늦었다고 생각하지 않고 지속적으로 실천하려고 한다. 한국의 보수적인 가정에서 자라난 남편과 내가 이 참여하는 아버지의 개념을 우리 가정에 적용하기는 그리 쉬운 일이 아니다. 하지만 그것의 가치를 감히 무엇과도 비교할 수 없다는 것을 깨닫게된 이상 이 변화의 어려움은 겪을 만한 일이라고 믿고 있다. 이 글을 읽으시는 각 가정의 아버지와 어머니도 이러한 변화에 대한 두려움과 불편함을 능히 이겨나갈 것이라고 확신한다. 작은 씨앗이 심어진 후 곧바로 그 결과를 볼 수는 없지만 후일에 그 씨앗을 통해 나온 생명력이 많은 열매를 맺게 되는 것처럼, 이 책을 선택한 순간 그 가정에 심어진 작은 씨앗이 풍성한 결과를 얻어내는 그날을 미리 보게 될 것이라고 확신한다.

지금껏 단 한 번도 글을 쓰는 일을 생각하지 않고 살아온 내가 이 일을 하면서 한 가지 생각의 전환이 있었다. 수많은 책들을 손쉽게 접할 수 있는 사회에 살면서도 한 권의 책을 소중히 여기기보다는 오히려 커피 한 잔의 값어치로 바꿔버렸던 그동안의 내 자신을 반성하게 되었다. 그 한 권 한 권의 책들이 얼마나 많은 사람들의 노고와 땀방울로 만들어졌는지, 거기에는 얼마나 소중한 삶의 교훈이 담겨 있는지 다시 생각하게 되었다. 만약 앞으로 내게 또다시 이와 같은 일이 주어진다면 좀더 겸손하고, 좀더 진실되게 다른 사람들의 귀한 삶을 진지하게 들여다볼 수 있게 허락받은 것을 감사하며 그 여정을 즐길 수 있을 것 같다.

2012년 봄 미국 휴스턴에서
옮긴이 박선아

자녀 교육에 해답은 없다

닥터 곽과 루스는 이 지구상에 존재하는 가장 놀랍고도 멋진 사람들 중 몇 안 되는 사람들이다. 나는 지난 20년 가까이 이 부부를 잘 알고 지내고 있다. 이들은 다른 사람들과 비교할 수 없을 정도로 전문적, 학문적인 자질을 가지고 있는 참 뛰어난 부모이다. 사실 한국뿐 아니라 미국에서도 본인의 일에 전념할 뿐 아니라 가족에게도 헌신하는 사람들을 찾기란 좀처럼 쉽지 않다. 그런 의미에서 자녀들에게 보다 나은 삶을 살게 하기 위해 노력하는 모든 부모들에게 루스와 래리는 훌륭한 롤모델이 될 것이다.

『아이의 잠재력을 깨워라』는 이들 가족의 매우 진솔하고 개인적인 삶을 들여다볼 수 있는 점이 흥미로운 책이다. 마치 TV의 리얼리티 쇼와 토크 쇼를 결합시킨 것 같은 프로그램에 우리가 게스트로 초대받은 것처럼, 때로는 전쟁터 같고 때로는 지상의 낙원 같은 삶의 현장에서 서로의 관계를 돈독히 하며 살아가는 가족을 친밀하게 관찰할 수 있다. 가족 간의 사랑과 갈등과 화해의 순간들이 숨김이 없고 정직하게 쓰였을 뿐만 아니라 들여다볼수록 그 속이 아름답게 느껴지는 점이 이 책을 더 신뢰하게 만드는 것 같다.

얼마 전에 나는 래리·루스와 함께 점심식사를 하면서 가족 간에나 나눌 수 있을 법한 즐겁고 생기 넘치는 대화를 나눴다. 그들은 더러 자녀들과 있었던 어려움들을 이야기했다. 특별히 래리는 한 아이와 그 아이가 현재 직면하고 있는 문제에 대해 말을 꺼냈다. 나는 그들의 얼굴에서 '어두운 안색'을 볼 수 있었다. 그것은 무엇을 어떻게 해야 할지 몰라서 짓는 걱정의 표정이었다. 그러나 실망의 얼굴빛은 동시에 자녀들에게는 희망의 메시지이기도 하다. 부모는 자녀들이 살면서 다양하고 풍성한 인생 경험을 하되, 자녀들의 삶에 나쁜 영향을 끼쳐서 상처가 될 수 있는 것들로부터는 보호할 수 있기를 진심으로 원하기 때문이다. 하지만 우리 부모들의 의도가 좋다고 할지라도 자녀들이 부모의 말을 달갑게 받아들이지 않을지도 모른다. 사실상 부모가 무슨 말을 하든 자녀들은 귀담아듣지 않는다. 나도 그랬다.

나는 래리와 루스에게 우리가 자녀들에게 해답을 제시하려 애쓰지 말고, 그들과 함께 우리의 감정을 나누는 것이 더 나은 방법임을 이야기했다. 어쩌면 그것은 자녀들이 듣기 원하는 우리의 대답 그 이상의 것일 수도 있다. 우리 집 아이들도 종종 내게 단지 자신들을 있는 그대로 이해해주고, 그들의 말에 귀를 기울여달라고 말한다. 내 아들 녀석은 최근에 어떤 의미를 두지 말고 단지 많은 시간을 함께 보낼 때가 더 좋다는 말을 하기도 했다. 시간을 함께 보내다 보면 더 깊이 있는 대화를 하게 될 수도 있다.

래리와 루스 부부가 그동안 해온 방법 그대로 말이다. 어느 화창한 날 휴스턴에서 나는 이들 부부와 서로 대화를 나누며 바로 그런 배움의 시간을 보냈다. 아이들과 전쟁을 치룬 이야기, 상처들, 기쁨과, 희망에 관해 함께 이야기를 나누며 마음을 주고받았다. 이 책은 이와 같은 이야기들을 반영했다. 독자들은 이들 부부의 실제적인 삶 속에서 그리고 진실된 대화 가운데서 흘러나오는 지혜를 공감하게 될 것이다.

이 책은 자녀 교육에 대한 해답을 제시하는 책이 아니다. 현재 자녀를 키우는 모든 가정이 겪고 있는 문제들을 똑같이 고민하되, 아이들의 잠재력을 계발하기 위해 어떤 노력을 기울이는지, 거기에서 어떤 예기치 않은 반발과 갈등이 생기고 그것을 슬기롭게 해결해나가는지 등의 모델을 보여주는 책이다. 그런 과정에서 모든 가정들이 수용해야 하는 시대를 초월하는 자녀 교육의 정석, 즉 원리들을 보여준다. 자녀들과 최대한 함께하라는 것. 나는 이 책을 읽는 독자들이 이 부부의 지혜를 그 가정에 적용한다면 책에서 나타난 원리들이 그들의 가정 안에서 가족 관계를 돈독히 하는 데 큰 도움이 될 것이라고 믿어 의심치 않는다. 또한 동·서양 문화를 모두 접할 수 있는 것도 이 책이 가진 매우 독특한 장점이다. 독자들은 원리들을 통해 단지 집(house)이 아닌 가정(home)을 가꾸어 나가야겠다는 새로운 목표를 발견할 수 있게 될 것이다. 집이란 단순히 자재들로 구성되는 것이지만, 가정은 어디든 의미 있는 관계들이 존재하는 곳을 말한다. 그런 의미에서 래리와 루스는 가정을 세우는 자, 바로 '홈빌더(home builder)'들이다.

다음은 이 책에서 내게 영향을 준 몇 가지 보석 같은 내용을 정리해 본 것이다. 이 내용들은 마치 아름다운 가정의 기초를 쌓는 벽돌들과 같다.

1. 공동체 의식을 개발하도록 아이들을 고무시켜라. 다른 사람과 조화하며 협력하도록 아이들을 격려해라. 갈등을 조절하고, 함께 조화로울 수 있도록 격려하라.

2. 아이들과 자연스럽게 즐겨라. 래리는 아이를 데리고 다른 지역의 시합에 참석했다가 돌아오는 길에 역사적인 명소에 들리기도 했다. 래리는 닥친 일에만 집중하는 것이 아니라 아이들과의 관계에서도 창의력을 발휘했다.

3. 자녀들의 성향에 맞춰 흥미를 조절하라. 이를테면 래리와 루스는 자녀들의 흥미와 재능에 맞는 운동을 선택했다.

4. 아이들이 있는 곳, 아이들이 원하는 곳에서 아이들과 친해져라.

5. 부모가 마음을 합해라. 아이들은 자신의 목적을 이루기 위해 교묘하게 아버지와 어머니의 의견을 이간질한다. 아이들과 함께 공부를 하고 훈육을 시킬 때 부부가 연합하기를 힘쓰라.

6. 지속성을 가져라. 이것은 무엇보다도 어려운 일이다. 부모로서 자녀들의 반복적인 잘못을 훈련하거나 같은 말을 여러 번 반복해야 할 때 화가 날 수 있지만 실망하지 말고 지속해서 훈련하라.

7. 자녀들이 위험을 감수하도록 도전시켜라. 한 가지 재미있었던 에피소드는 아이들이 낯선 사람들에게 다가가서 질문을 했을 때 래

리가 보상을 해주었던 것이다. 래리는 자녀들이 인간관계에서 담대함과 자신감을 개발하기를 원했다.

위의 내용은 래리와 루스가 이 책에서 소개한 슬기로운 조언들을 정리한 것 중의 단지 몇 가지일 뿐이다. 나는 독자들이 내가 존경하며 나 또한 배움을 얻은 이 가정의 이야기를 읽으면서 큰 즐거움과 깨달음을 얻게 될 것이라 믿는다.

데이브 기븐스*

* 데이브 기븐스(Dave Gibbons)는 미국 LA의 오렌지카운티에 위치한 다민족 교회인 뉴송교회 (Newsong Church)의 설립자이자 신 기독교 문화를 창조하는 리더이다. 그는 인기 있는 연사로 전 세계의 예술가, 사업가, 공동체 리더들의 고문을 맡고 있다. 미국 〈월드비전〉의 위원이자, HopeMob.org(불우 이웃을 돕는 비영리 조직)의 공동 창립자이며, XEALOTS(리더십을 세워주는 비영리 조직)의 최고 비전 경영자(Chief Visionary Officer)이다. 저서로는 문화와 리더십 분야에서 수상한 『The Monkey and the Fish』와 『XEALOTS』가 있다.

옮긴이 박선아는 건국대학교 농화학과에서 학사학위를, 동 대학의 생물학과에서 분자생물학으로 석사학위를 받았다. 원자력병원에서 연구원으로 일했고, 한국과학기술원(KIST)에서 해외저널인 「과학 저널(Scientific Journal)」을 번역하여 데이터베이스 구축하는 일에 참여했다. 현재는 미국 휴스턴 대학교(University of Houston)에서 회계학을 공부하고 있다.

아이의 잠재력을 깨워라

초판 1쇄 발행 2012년 6월 8일
초판 2쇄 발행 2012년 6월 25일

지은이 | 래리 곽·루스 곽
옮긴이 | 박선아
펴낸이 | 김이금
펴낸곳 | 도서출판 푸르메
등록 | 2006년 3월 22일(제318-2006-33호)
주소 | 121-869 서울시 마포구 연남동 568-39 컬러빌딩 301호
전화 | 02-334-4285~6
팩스 | 02-334-4284
E-mail | prume88@hanmail.net
인쇄·제본 | 한영문화사

ⓒ 래리 곽·루스 곽, 2012

ISBN 978-89-92650-74-8 03370

이 도서의 국립중앙도서관 출판시도서목록(CIP)은 e-CIP홈페이지(http://www.nl.go.kr/ecip)와
국가자료공동목록시스템(http://www.nl.go.kr/kolisnet)에서 이용하실 수 있습니다.
(CIP제어번호: CIP2012002336)

아이의
잠재력을
깨워라